일본의
역사관을
비판한다

# 일본의 역사관을 비판한다

미야지마 히로시 지음

창비

주지하듯이 한국과 일본 사이에는 역사인식 문제를 둘러싸고 심각한 대립이 존재한다. 이 대립은 오래 전부터 존재하다가, 특히 1980년대 이후 심각해지면서 앞으로도 쉽게 해결될 거라고 보기 어려운 상황이다. 한국사를 일본인의 입장에서 연구해온 나로서는 40년 가까운 연구생활에서 항상 이 문제를 의식할 수밖에 없었으며 나의 연구를 통해서 조금이나마 이 문제의 해결에 일조할 수 있으면 좋겠다는 마음을 품고 살아왔다.

일본인 한국사 연구자로서 무엇을 할 수 있는가를 생각하면, 무엇보다 중요한 일은 한국사를 연구함으로써 일본인에게 별로 알려지지 않은 한국의 역사, 특히 그 매력을 알리는 일일 것이다. 나도 이러한 일에 나름대로 노력해왔다고 생각하지만 이 책에서는 또다른 하나의 문제, 즉 일본의 역사인식, 그중에서도 특히 일본사인식 비판이라는 문제와 관련된 글을 모았다. 한국사를 연구하는 내가 왜 그러한 작업을 해야 하는가? 또 할 수 있는가? 이 물음에 답하면서 이 책의 출간의도를 간략하게 설명하기로 한다.

일본의 역사인식, 특히 일본사 인식에 대해 한국사 연구자인 내가 방관할 수 없는 이유 중에서 가장 큰 것은 일본사 인식과 한국사 인식이 불가분의 관계에 있다는 점이다. 그것은 과거도 그러했고 지금도 그러하다. 즉, 일본사 인식이란 일본의 역사를 어떠한 특색을 가진 것으로 인식하는가의 문제인데, 일본에서는 그 문제를 생각할 때 항상 한국의 역사가 제일 가까운 비교대상으로 존재한다는 이야기다.

일본사의 개성을 파악하기 위해 한국사를 비교대상으로 삼는 일이 언제부터 시작되었는지는 정확하게 말하기 어렵지만 적어도 토꾸가와(德川)시대에는 그러한 의식이 분명히 존재했다. 당시는 한국을 중국에 종속된 나라로 보고 그와 달리 중국에 종속하지 않는 나라로서 일본의 우위를 주장하거나, 혹은 유교에서 이상적인 통치체제로 간주되던 봉건제(封建制)가 실현되고 있는 일본과 봉건제보다 바람직하지 않다고 생각되던 군현제(郡縣制)에 의해 통치되는 한국을 비교함으로써 역시 일본이 한국보다 낫다고 하는 담론이 많은 유학자에 의해 제기되었던 것이다.

이러한 인식은 근대에 들어와 또다른 형태로 나타나게 되는데, 그 전형적인 담론이 '봉건제'의 존재 유무에 의한 일본과 한국의 비교론이다. 여기서 '봉건제'라는 것은 토꾸가와시대까지의 봉건제와는 다른 개념, 서구의 역사를 파악하는 개념으로 사용되던 feudalism의 번역어로서의 '봉건제'이다. 근대일본에서는 이 '봉건제'를 기준으로 삼아 '봉건제'를 경험한 일본과 경험한 적 없는 한국과 중국이라는 식으로 역시 동아시아에서 일본의 우위를 주장했다. 그리고 이러한 인식은 당시 동아시아에서 유일하게 근대화에 성공한 일본이라는 현실을 잘 설명해주는 방법으로서, 역사학만이 아니라 일본의 모든 학문분야에 지대한 영향력을 발휘하게 되었다.

일본의 역사를 서구의 역사와 유사한 것으로 이해하려는 이와 같은 인식은 이른바 역사인식에 있어서의 '탈아입구(脫亞入歐)'라고 할 수 있는데, 그것은 단순히 일본의 역사를 미화하는 역할을 했을 뿐만 아니라 일본의 한국과 중국에 대한 침략과 지배를 합리화하는 역할까지 하게 되었으며, 그러한 의미에서 대단히 정치적인 성격을 갖는 것이기도 했다.

'봉건제'를 기준으로 한 이와 같은 역사인식은 지금도 영향력을 지니고 있는데, 그후 일본과 서구의 유사점을 찾으려고 하는 비슷한 담론들을 낳았다는 점에서도 연구사적으로 큰 의미를 가지는 것이었다. 예를 들어 우메사오 타다오(梅棹忠夫)가 제창한 '문명의 생태사관(生態史觀)'이라든가 아다찌 케이지(足立啓二)가 주장하는 '단체집적사회론(團體集積社會論)' 등, 요컨대 일본의 역사와 사회의 특색을 서구와의 유사성, 한국·중국과의 이질성으로 파악하는 담론이 끊임없이 일본에서 재생산되어왔으며, '봉건제'론이야말로 그 선구를 이룬 담론이었던 셈이다.

일본에서는 왜 이러한 담론들이 계속해서 나오는 것인가? 나는

서구에 대한 열등의식, 그리고 그것과 불가분의 관계에 있는 아시아, 특히 한국과 중국에 대한 우월의식이 이러한 담론을 낳는 토양이라고 생각하는데, 제일 심각한 문제는 21세기에 들어서도 여전히 비슷한 담론이 모양만 약간 바꾸면서 주장되고 있다는 데 있다. 예를 들어 일본 중세사가로 잘 알려진 이마따니 아끼라(今谷明)가 2008년에 간행한 『봉건제의 문명사관: 근대화를 가능케 한 역사의 유산』(封建制の文明史觀: 近代化をもたらした歷史の遺産, PHP研究所)이라는 책이 그 대표적인 것이다.

19세기 후반부터 20세기 전반까지는 이러한 담론도 어느정도 현실적 유효성을 가진 것이었다. 즉 구미 이외의 지역에서 유일하게 근대화에 성공한 일본이라는 당시의 현실 자체가 이러한 담론을 뒷받침해주었던 것이다. 그러나 20세기 후반 이후, 특히 1970년대 이후에 일어난 한국과 대만의 경제성장, 그리고 1979년에 시작된 중국의 개혁개방정책 이후의 현실을 보면 유일하게 근대화에 성공한 일본이라는 인식은 현실성을 잃게 되었다고 해야 하는데, 그럼에도 불구하고 일본의 역사인식에서는 여전히 19세기 패러다임이 살아남아 있는 셈이다. 역사인식을 둘러싼 대립이 해결되지 못하는 가장 큰 원인이 여기에 있다는 입장에서 집필한 논문들을 모아서 이 책을 출판하는 이유도 여기에 있다.

한가지 이 책의 독자들에게 미리 설명해두고 싶은 것은, 이 책에서 비판의 대상이 된 일본인 연구자가 대개 일본에서는 진보적 연구자로 알려져 있는 사람들이라는 점이다. 일본의 역사학은 2차대전까지는 이른바 '황국사관(皇國史觀, 천황제를 중심으로 일본사를 파악하는 입장)'이 지배해왔는데, 2차대전 패배를 계기로 그전의 역사학에 대한 비판과 반성을 토대로 진보적인 경향이 강하게 나타나게 되었다. '전후역사학(戰後歷史學)'이라 불리는 조류가 그것인데, 이 책에서 내가 비판한 사람들은 주로 전후역사학에서 큰 비중을 차지해온 연구자들이다.

현재 일본의 역사학계는 크게 나누어서 보수적인 진영과 진보적인 진영, 두가지 조류가 존재한다고 할 수 있다. 한국에도 잘 알려진 '새로운 역사교과서를 만드는 모임'에 참가하는 사람이나 그 조직이 만든 후소오샤(扶桑社)의 교과서를 집필한 사람들이 보수진영의 대표적 연구자라고 할 수 있는데, 이들은 지금도 '탈아입구'적 역사인식을 고수하면서 한국과 아시아에 대한 일본의 침략이라는 사실을 변호 혹은 부정하고 있다. 따라서 일본의 역사인식을 비판할 때 무엇보다도 이 조류에 대한 비판이 선행해야 하는 것은 물론이다. 그런데 이 책에서는 이러한 조류에 대한 비판보다 오히려 그 반대쪽에 있는 연구자들을 주로 비판하였다. 그것은 아래와 같은 이유에서이다.

일본 역사학계의 두가지 조류는 근대일본의 한국·중국 침략과 지배에 관해서는 대립하고 있지만, 일본사 전체에 대한 이해라는 면에서 보면 근본적으로 대립하고 있다고는 보기 어렵다. 예를 들어 이 책 1부에서 자세하게 다룬 일본 '봉건제'론에 있어서는 두 조류가 기본적으로 같은 입장에 서 있는 것이다. 진보적 역사연구자들이 근대일본의 역사를 비판적으로 보려는 입장에서는 보수적 연구자들과 첨예하게 대립하지만, 일본사회가 서구적 '봉건제'를 경험한 것으로 파악하는 면에서는 똑같은 이해가 지배적이며, 따라서 '탈아입구'적 일본사 인식이라는 면에서도 큰 차이가 없다고 판단된다.

내가 진보적 경향의 연구자를 주로 비판한 것은 보수적 연구자들의 문제를 과소평가해서가 아니라 진보적 연구들을 존경하고 그만큼 기대하는 바가 크기 때문이며, 다른 정치적 의도가 있는 것은 결코 아니다. 이 부분에 관해서는 한국 독자들이 오해가 없기를 바라 마지 않는다.

제1부가 주로 일본 '봉건제'론 문제를 대상으로 한 것이라면, 제2부에서는 일본 역사학계의 유교인식을 비판적으로 검토한 논고가 중심을 이룬다. 왜 그런가 하면 일본을 한국이나 중국보다 높이 평가하려는 일본의 역사연구자와 일반국민의 인식에서 유교에 대한 올바른 이해의 결여가 큰 문제점으로 생각되기 때문이다. 일본에서 유교는 오래된 사상, 보수적이고 체제유지를 위한 사상, 근대화를 위해서는 먼저 극복해야 할 사상 등등 아주 나쁜 이미지가 강하다. 그리고 그러한 유교가 강한 힘을 갖고 있던 한국과 중국에 비해 일본은 유교의 지배력이 그다지 강하지 않았기 때문에 근대화에 빨리 적응할 수 있었다는 식으로, 유교에 대한 부정적 인식과 아시아에 대한 일본의 우월의식이 결합되었던 것이다. 이러한 인식을 형성하는 데 결정적인 역할을 한 사람이 이 책 11장에서 검토한 후꾸자와 유끼찌(福澤諭吉)인데, 그에게는 유교에 대한 부정적 인식과 동아시아에 대한 일본의 우월의식이 전형적으로 나타나 있다.

즉 유교에 대한 부정적 인식은 보수적 연구자도 진보적 연구자도 똑같은 입장을 공유한다는 의미에서, '봉건제'론과 마찬가지 현상이 존재한다고 하겠다. 전후 일본에서 계몽사상가로 활약한 마루야마 마사오(丸山眞男)의 유교(주자학)이해에 그러한 부분이 특징적으로 나타나는데, 마루야마가 후꾸자와를 높이 평가했던 것도 우연이 아니다. 이러한 유교인식은 한국에도 존재하는데(소위 '유교망국론儒教亡國論') 그것은 아마도 일본의 영향이 아닌가 싶다.

이런 이유로 일본의 부정적인 유교인식을 비판하게 되었는데, 이 비판을 위해서는 유교가 어떤 사상인지, 그리고 유교를 기반으로 한 조선시대 한국과 명·청시대 중국의 국가체제·사회체제가 어떤 것이었는지에 대해 대안적인 역사상을 제시할 필요가 있다. 그렇지 않으면 유교에 대한 부정적 인식을 비판한들 이데올로기적인 비판에 머무를 수밖에 없기 때문이다. 따라서 일본 역사학계의 유교인식 비판과 함께 조선시대의 국가체제, 사회체제와 유교이념이 어떻게 연관되었는지에 대한 내 나름대로의 실증작업도 진행했는데, 이 문제와 관련된 논문들은 2013년 1월 간행된 『나의 한국사 공부』(너머북스)에 수록하였다. 관심 있는 분들은 참조하시기 바란다.

이상이 이 책을 집필하고 출간하는 의도이다. 각 논문은 그때그때 개별적으로 집필된 것이기 때문에 내용상 중복된 부분이 없지 않다. 이 점에 대해서도 독자의 양해를 구하는 바이다.

이 책에 수록된 논문을 다시 보니, 무슨 인과로 이렇게 일본의 연구를 비판하게 되었는지, 이것이 내 팔자인가보다 하는 감회가 새삼스럽다. 그러나 일본사람들이 듣기 거북한 말을 끊임없이 해온 것은 일본을, 그리고 일본과 한국의 미래를 생각하기 때문이었으며, 그런 면에서는 추호의 후회도 없다. 나의 일본 비판이 맞는 것인지 아닌지를 떠나서 반응이 전혀 없다는 것이 그동안 나를 가장 힘들게 했지만 이제 조금씩이나마 학계에서도 새로운 움직임이 일어나고 있는 것 같다. 이 책 6장의 논문을 처음 발표한 일본 잡지『역사학연구』의 발행기관인 역사학연구회 주최로 2013년 1월 12일에 심포지엄이 개최되었는데, 거기서는 나의 논문에 대한 토론이 이루어졌다.

이 책을 포함해서 지금까지 나의 연구는 한국사를 공부하면서 일본사를 다시, 새롭게 보려는 연구였다고 할 수 있다. 다만 이러한 나의 입장은 어쩌면 한국사, 일본사라는 틀을 너무 강하게 의식한 것으로, 최근에 그 극복이 절실한 화두가 되어 있는 일국사적 역사인식을 오히려 강화할 위험성도 있다고 여겨진다. 그러한 비판에 아직 충분히 대답할 준비가 되어 있지는 않지만, 이 문제를 해결하기 위해서는 한일 양국의 근대역사학의 시발점부터 근본적으로 재검토해야 한다는 생각이다. 특히 시대구분 문제가 중요하다고 보이는데, 각 시대의 분기점이 언제인가에 대해서는 여러 의견들이 있지만 한국에서도 일본에서도 고대-중세-근세-근대라는 시대구분이 통용되고 있다. 그러나 이것이야말로 서구중심주의일 뿐만 아니라 일국사적 역사인식의 전형이라고 말할 수 있을 것이다. 예를 들어 한국사나 일본사에서 고대사라는 것이 정말로 존재했는가, 고대사가 왜 필요한가 등의 문제부터 생각해야 한다는 이야기이다. 최근에 이 문제에 관해서도 조금씩 검토하고 있지만 이 책에서는 그 부분까지 다루지 못했다. 앞으로의 과제로 삼고 싶다.

이 책의 출판에 많은 분들의 도움을 받았다. 특히 현재 재직 중인 성균관대 동아시아학술원의 동료 선생님들과 학생들, 그리고 여러

심포지엄과 공동연구, 학술 세미나에서 같이 토론할 수 있었던 선생님들에게 진심으로 감사 말씀을 전하고 싶다. 창비의 백영서 주간님, 편집을 담당해주신 염종선, 김정혜 님을 비롯해 창비 편집부 여러분께도 감사드린다.

2013년 3월
미야지마 히로시

제2부

# 일본의 동아시아 인식

제1부

# 일본의 '봉건제'론과 탈아적 일본사 인식

## 제1장

# 일본 '국사'의 성립과 한국사 인식

'봉건제'론을 중심으로

## 1. 왜 '국사'의 성립이 문제가 되는가

역사인식의 문제는 개인뿐 아니라 국가와 민족의 자기인식에 있어 큰 부분을 차지하는 것으로, 특히 근대 국민국가의 형성과정에서는 역사인식이 '국민'의 의식형성에 커다란 역할을 하게 마련이다. 그리고 자신이 속한 국가나 민족의 역사에 대한 인식은 다른 국가나 민족의 역사와 비교할 때에 비로소 성립할 수 있다. 일본과 한국의 경우도 예외는 아니다. 자기 나라 역사에 대한 인식을 확립하는 데 있어 항상 서로를 비교대상으로 의식해왔다는 점에서, 한일 양국처럼 밀접한 관계를 오랫동안 유지해온 경우도 드물다 하겠다.

한국에서는 역사인식에 있어 중국을 가장 강하게 의식하던 시대

가 계속되다가 근대 이후에 일본의 존재가 부각되었지만, 일본에서
는 일관되게 타자에 대한 인식에서 한국이 중추적인 위치를 차지해
왔다. 이러한 상황은 근대에 들어와 유럽으로부터 근대역사학의 방
법이 도입되고, 이를 바탕으로 일본역사에 대한 새로운 연구가 시작
되었을 때도 마찬가지였다.

메이지유신(明治維新)에 의해 성립된 근대 일본국가는 국가의 정
통성을 확립하는 한가지 수단으로 '국사(國史)'란 것을 만들었는데,
'국사' 성립의 근저에 자리잡은 것이 천황제와 봉건제이다. 즉, 천황
제는 '일본민족'의 독자성을 나타내는 근원으로 인식되고, 봉건제
는 아시아에서 일본의 특수성(즉 유럽과의 유사성)을 나타내는 중
요한 개념으로 새롭게 발견되었던 것이다.

천황제와 봉건제를 주축으로 하는 '국사'가 성립된 것은 대일본
제국헌법(1889년 2월 11일 공포, 1890년 11월 29일 발효. 일명 '메이지헌법' 또는
'제국헌법')이 제정되었을 때부터 러일전쟁(1904~5) 사이의 시기였다.
이 글의 주제는 왜 이 시기에 '국사'가 성립되었는지, 또 한국사와의
비교작업과 한국사에 대한 인식이 '국사'의 성립에 어떤 의미를 가
졌는지를 알아보는 것이다. 현 시점에서 이러한 문제를 재차 거론하
는 것은, 이 시기에 성립된 '국사'의 틀과 한국사 인식의 기본구조가
오늘날까지 지대한 영향력을 행사하고 있다는 나의 판단에서 비롯
한다. 특히 '국사' 성립의 근저에 있는 천황제와 봉건제 중 봉건제에
관한 논의는 오늘날 거의 상식화되어 일본사에서 그 실재를 의심하
는 학자는 거의 없다고 하겠다. 따라서 여기서는 '국사' 성립기의 이
봉건제논의의 이데올로기성을 명확하게 하는 데 중점을 두고 논하

려 한다.

일본의 봉건제논의는 현재에도 계속되고 있으므로, 이에 대한 비판도 '국사' 성립기로 한정할 수는 없다. 또한, 이 글은 일본의 봉건제논의를 비판하기 위한 3부작 중 제1부에 해당하는 것으로, 전전기(戰前期)·전후기(戰後期)를 다룬 속편을 조만간 발표할 예정임을 부언해두고 싶다.

## 2. '국사' 성립 이전: 문명주의와 아시아주의

### 민간사학

메이지유신 이후 일본의 역사학은 크게 나누어 민간사학(民間史學)과 아카데미즘사학 두가지 조류로 이뤄졌다는 것이 일본사학사의 통설이다.[1] 그리고 각각 대표저작으로 민간사학에서는 타구찌 우끼찌(田口卯吉)의 『일본개화소사(日本開化小史)』와 타께꼬시 요사부로오(竹越與三郎)의 『이천오백년사(二千五百年史)』를, 아카데미즘사학에서는 토오꾜오제국대학 사학과 교수였던 시게노 야스쯔구(重野安繹)·쿠메 쿠니따께(久米邦武)·호시노 히사시(星野恒) 공저 『고본(稿本) 국사안(國史眼)』을 들 수 있다.

그러나 미야찌 마사또(宮地正人)나 코지따 야스나오(小路田泰直) 등은 민간사학과 아카데미즘사학이 대립적이라는 통설을 비판하면서, 양자 모두 문명주의(文明主義), 아시아주의라는 공통점이 있으므로 천황제 국가체제가 확립되는 1890년대부터 러일전쟁 시기의 사학과는 다르다고 주장한다.[2] 나는 미야찌와 코지따의 이해방법이 옳다고 생각하는데, 여기서는 우선 '국사' 성립 이전 일본사학의 특징을 살펴보기로 하겠다.

먼저 민간사학을 대표하는 저작으로 평가되는 『일본개화소사』와 『이천오백년사』를 검토해보자. 전자는 1877~82년 사이에 6회에 걸쳐 자비출판된 것으로, 일본 근대의 새로운 역사서술방식을 보여주는 기념비적인 작품으로 평가된다. 스마일스(S. Smiles)의 『서국입지편』(西國立志篇, 원제 *Self Help*), 기조(F. Guizot)의 『구라파문명사(*History of Civilization in Europe*)』, 버클(H. T. Buckle)의 『영국문명사(*History of Civilization in England*)』 등이 인용된 것으로도 알 수 있듯이, 유럽의 역사서술 방식과 사상의 영향을 강하게 받고 있다. 타께꼬시의 저작은 1896년에 간행되었는데, 일본사를 남인(南人)과 북인(北人)의 대립을 기본축으로 그려낸 독특한 통사이다. 이 책의 서두에도 몸젠(T. Mommsen), 매콜리(T. B. Macaulay), 버클에 대한 언급이 있는 것으로 보아 역시 유럽의 영향을 받았다고 할 수 있다.

『일본개화소사』는 신대(神代)에서 메이지유신까지의 통사를 개화의 진전이라는 입장에서 일관되게 서술하였는데, 일본의 개화에 중국과 조선의 영향이 컸다는 사실을 중시하고 있어서 아시아주의적인 경향을 엿볼 수 있다. 몇가지 예를 들겠다.

700년대부터, 삼한(三韓)과 지나(支那, 중국)사람들이 우리나라에 와서, 교역을 하면서 서로 부족한 것을 융통하도록 했다. 〔국사國史에서는 입공入貢이라고 하지만, 기실은 교역이다. 근년에는 류우뀨우琉球

(현재 오끼나와沖繩 지방)에서 지나로 가서 교역하는 것과 대등하게 취급하여, 일부분을 정부에 상납하면, 그 나머지를 교역해서 이익을 얻었다.]

당시 이들 나라에서 일찍이 기물(器物)과 의복을 제조하는 데 기계를 사용하는 방법을 발명했기 때문에, 이 교역은 일본에게 큰 이익이 되었을 것이다. 또 우리나라는 이미 먹을 것에 부족함이 없었으므로, 그 나라들의 직인, 상인뿐만 아니라 학자들까지 건너와 기술을 팔고 그 길을 넓혔다. 그후 1000년대가 되어, 우리나라 병위(兵威)가 강해져 삼한이 우리나라에 속하게 되자, 화재(貨財)의 상황은 점점 더 성영(盛榮)했다.[3]

한학이 우리나라에 건너온 지는 매우 오래되었는데, 삼한과의 교통(交通)이 시작되었을 때부터 오가는 문서는 전부 한자로 기재했다. 그러나 인심을 얻는 데는 별 효험이 없었으므로 앞장에서 설명하지 않았다. 한학이 건너온 이래 우리나라에는 여러가지 일들이 있었는데, 간단히 두가지만 들자면 첫째는 문학상의 변화이고, 둘째는 정부체제의 변화이다.[4]

이와 같이 일본 고대문명의 여명기에 한반도와 중국의 영향이 결정적이었다는 사실을 역설하고 있는데, 이러한 경향은 이 책뿐 아니라 『이천오백년사』에도 공통적으로 보인다.

삼한 외조(外朝)와 우리 국민이 교통한 지는 이미 오래되었다. 그러나 야마또(大和) 조정이 직접 교통한 것은 스진(崇神, 제10대 천황. 재위 BC 97~29)대 말기부터 스이닌(垂仁, 제11대 천황으로 스진 천황의 셋째아들. 재위 BC 29~AD 70) 초기였는데, 이 교통은 지대한 결과를 초래했다.

〔순사殉死 풍조의 쇠락〕 외국과의 교통의 결과는 이에 국한된 것만은 아니었다. 스이닌 35년, 카와찌국(河內國, 현 오오사까大阪 지방)에 타까시(高石) 지(池)와 치누(茅淳) 지를 만들고 야마또국(倭國)에 사끼(狹城) 지, 토미(迹見) 지를 만들었으며, 여러 지방에 지구(地溝, 농업 수로)를 팔백이나 만들어 농업을 권장하고, 백성들이 풍요롭게 천하태평을 누리게 된 것 역시 외국문명의 덕택이다. 그렇지만 외국과의 교통의 결과로 가장 뚜렷한 것은 황실 내에 한인(韓人)의 피가 섞이게 된 것이다.[5]

한반도와 중국의 영향은 단지 고대에만 중시된 것은 아니었다. 타구찌와 타께꼬시는 근세사회의 성립기에도 중국과 한반도에서 영향을 받았다고 생각했다.

이때, 후지와라 세이까(藤原惺窩, 1561~1619)는 천성이 명민하고 분란투쟁(紛亂鬪爭) 중에도 독서를 하여, 최초로 정주궁리(程朱窮理)의 학(學)을 우리나라에 세웠다. 생각건대 지나국(支那國) 송대(宋代)에 문학이 크게 발전했고, 오로지 이학(理學)에 마음을 쏟았다. 이때 주돈이(周敦頤), 정호(程顥), 정이(程頤), 주희(朱熹) 등 여러 학사(學士)들이 격물치지(格物致知)의 이(理)에 의해 공자의 도를 회석(會釋)하고, 성리(性理)에 관해 연구했다. 이로부터 이 학문이 융성하게 되었고, 결국

에는 우리나라에 전해져 세이까 등이 이를 받들게 된 것이다 ─세이
까가 나타나지 않았으면 토꾸가와(德川)의 문운(文運)이 그렇게 빨리
발전하지 못했을 것이다.[6]

　오규우 소라이(荻生徂徠, 1666~1728, 에도시대 중기의 유학자)는 처음에
는 야나기사와 요시야스(柳澤吉保, 1658~1714) 아래서 그의 서기(書記)
가 된다. 그러나 야나기사와가 자리에서 물러나자, 관계(官界)를 떠나
서 제생(諸生)을 모아 천하의 학자들과 교류한다. 당시 명나라 유신(遺
臣)들이 일본에 무수히 왕래했는데, 명나라에 이어 청나라가 들어서
서도 그 상인들과 문인들의 왕래는 끊이지 않았다. 지나대륙의 진기
(珍器), 이보(異寶), 서책(書册) 역시 높이 받들어졌고, 명나라 말은 문
명국의 언어로 존중되어, 명나라 말이 아니면 중국의 시문과 경의(經
義)의 진면목을 알 수 없다고 말하는 사람까지 출현했다.[7]

　이와 같이 민간사학에서는 고대 이래로 한반도와 중국으로부터
의 영향을 중시했는데, 여기서 또 하나 주목할 것은 봉건제를 보는
시각이다. 주지하는 바와 같이 원래 봉건제라는 개념은 중국 고전
(古典)에서 사용된 말이었으나 이후 영어 'feudalism'의 번역어로 사
용되었다. 봉건제는 민간사학에서도 일본역사의 특징을 나타내는 개
념으로 사용되고 있는데, 이때의 봉건제는 본래의, 즉 중국 고전에
서 사용된 의미의 봉건제이다.[8] 타구찌는 다음과 같이 말하고 있다.

　전란이 있을 때마다 무부(武夫)인 소영주(小領主)는 점차 여러 곳에

서 증가했고, 영토가 자기 차지가 되면 그 땅의 관리의 직무를 했다.
(…) 그렇다면 봉건의 전조는 헤이안(平安, 현재의 쿄오또京都)정부가 집
권하는 데 비하면 매우 다행스러운 것으로, 무부에게는 행복을 안겨
줄 것이고, 또 그 지방 벼슬아치들에게 지배를 받던 그 지역 백성들도,
가혹한 고통을 당하지 않아도 되었으므로 〔군현제와 봉건제를 비교
한다면 봉건제의 폐해가 크다. 그러나 중앙집권적인 성격이 짙은 군
현제보다는 봉건제가 유익하다. 왜냐하면 지방의 준걸(俊傑)들은 그
토지의 정무(政務)를 맡는 데 만족하기 때문이다. 원래 내치(內治)가
잘되지 못했던 이유는 고래로 인민에게 정무를 맡기지 않았기 때문이
다〕 이후 빈번한 전란을 거치면서 점차 영주들의 세력이 강대해져 결
국에는 순연(純然)한 봉건제가 되었다.[9]

인용문에서 알 수 있듯이, 봉건제는 군현제와 짝을 이루는 개념으
로 사용되고 있다. 그리고 양자를 비교해보면 군현제가 봉건제보다
우수하지만 중앙집권의 성격이 짙은 군현제보다는 봉건제의 폐해
가 적다면서 두가지를 비교하고 있는 점이 흥미롭다. 그는 에도(江
戶)막부의 붕괴 역시 봉건제하에서 충의(忠義)관념이 발달했기 때문
인 것으로 본다.

주군에게 충성한다면 봉건제도는 공고해지겠지만, 결국에는 어떻
게 되겠는가. 생각건대 충의의 가르침을 사회 속에서 실천하고 옛 왕
조의 융성했던 역사를 인지(人智)로 알게 되면, 충의는 주군에게가 아
니라 주군의 주군에 대한 것이어야 함이 정리(正理)임을 생각하게 될

것이다. (…) 그래서 왕실이 헤이안에 도읍을 잡고, 범(凡) 세간의 정
무에 관계하지 않으며 깊이 은둔하는 모습은 세상의 존경과 믿음을
받을 만한 최대의 원인이 될 것이다. 특히 신대(神代) 황몽(荒蒙) 때부
터 연면(連綿)히 정경(正經)을 이어온 당시의 역사는 분명히 우리 일
본은 천자(天子)의 것이며 보천솔토(普天率土), 왕토왕신(王土王臣)임
을 밝히고 있다. 중엽, 미나모또 요리또모(源賴朝, 1147~99, 카마꾸라막부
의 초대 장군) 등은 할활(黠猾, 狡猾)한 재량으로 왕권을 훔쳐 결국 장군
정부(將軍政府)의 기초를 세웠으나, 백성들 사이에는 진정한 신권(神
權)은 왕실에 있다는 생각이 점차 널리 퍼져갔다.[10)]

한편, 카마꾸라(鎌倉)막부의 성립을 남인에 대한 북인의 승리라고
보는 타께꼬시도 고전적인 의미의 봉건제 개념을 사용하고 있는데,
여기서 주목할 만한 것은 봉건제에 대해 말하면서 한국과 일본의 우
열을 논한다는 점이다.

이 시기에 봉건제도는 그 공익(功益)을 충분히 발휘했다. 만약 일본
국민들에게 왕조 밑에 있으면서 백성들을 동정하지 않고 토착(土着)
의 의지가 없는 국사(國司)·군사(郡司)로 하여금 전국을 지배하게 했
다면,(즉 군현제에 의한 지배를 의미) 일본에는 오랫동안 한빈(寒貧), 황황
(荒慌)한 광경이 펼쳐졌을 것이고, 인구가 늘어감에 따라 나라는 점점
쇠퇴하여 조선같이 되었을 것이다. 또한 군웅할거가 왕조의 쇠약을
초래한다지만 봉건의 여세로 백성들은 토지를 사유하고 보호를 받게
된 지 200년이나 되어가고 있어 국가의 안강(安康) 및 인민자립의 바

탕이 되었다.

봉건제도가 없었다면 백성들은 모두 노예가 되어 국가성립의 주초(柱礎)가 되었을 것이다. 역사는 봉건제도에 감사해야 할 것이다.[11]

타구찌도 봉건제가 군현제보다 우월하다는 인식을 어느정도 가지고 있었으나, 타께꼬시에 이르러서는 봉건제가 군현제보다 훨씬 우월하다는 사실을 한층 더 강조하고 있음을 알 수 있다.

## 아카데미즘사학

이렇게 민간사학에서는 고대 이래 중국과 한국의 영향을 중시하고, 그것이 일본문명의 성립에 결정적인 역할을 했다는 사고를 공유하고 있었다. 이러한 입장을 '문명론적 아시아주의'라고 하는데, 아카데미즘사학도 기본적으로는 같은 입장을 취하고 있다.

아카데미즘사학은 1889년 창설된 문과대학 국사과(후의 토오꾜오 제국대학 국사과)에 모인 사람들의 연구를 가리키는 말인데, 그 발단은 1872년 태정관정원(太政官正院)에 역사과가 설치된 것이었다. 역사과는 이후 수사국(修史局)·수사관(修史館)으로 명칭이 바뀌었고, 1882년부터는 대일본 편년사(編年史)를 편찬하기 시작했다. 그리고 그 성과가 집성된 것이 1890년에 간행된 『고본 국사안』이다.

『고본 국사안』 집필의 중심인물로 간주되는 시게노 야스쯔구는 수사(修史)사업의 기본입장에 대해 1879년 12월에 열린 토오꾜오학사회원(東京學士會院) 강연회에서 다음과 같이 말했다.

우리나라와 중국의 사류(史類)는 이미 앞에서 논한 바와 같다. 서양 사류가 어떠한지 탐구하려 할 때, 나는 원서를 읽을 수 없기 때문에 한두가지 일한(日漢) 번역서를 펼쳐 읽었는데, 그 사건의 배치와 윤곽을 다듬는 것이 일한사(원문은 和漢史)와 크게 달라서 역사 편찬에 참고해야 함을 알게 되었다. 대체로 그 체재(體裁)를 연월(年月)에 따라 편찬하는데, 사건의 원인과 결과는 반드시 그 아래에 정리하고, 글 가운데 중요한 부분에는 자주 논평을 첨가하여 독자의 주의를 환기한다. 대저 편년(編年)에 기사본말(紀事本末)을 겸하는 것과 같다. 또한, 저명한 인물에 대해 소전(小傳)을 덧붙여 싣는 것은 기전체(紀傳體)적인 성격도 띠고 있다고 할 것이다. 그리고 사편(史編) 머리에 반드시 인종, 지리, 풍속 등을 싣고 그 지방의 인정(人情)부터 서술하기 시작하여, 참조하도록 보충하는 방법은 가장 볼 만한 것이다. (…) 우리나라와 중국같이 사건에 대해서만 기록하고 마는 것과 달리, 원인과 결론을 밝히고 전말을 모두 갖추어 써서 당일 사정을 생생하게 지면에 재현한다. 이러한 체재는 진실로 따라야 할 것이다. 단, 동서와 피차간에 정무(政務)와 인정이 같고다름이 있으니 일률적으로 그 체재를 따르기는 힘들고, 오히려 편견에 빠지기 마련이고, 또 실제로 하지 못할 경우도 있을 것이다. 또 명분을 내세우지 않음과 서법(書法)의 근엄함이 일한사의 장점인 고로, 그 장점을 살려 피아(彼我)의 서체를 참작하여 일부 정사(正史)를 편찬한 다음에, 결국 약사(略史)와 잡사(雜史) 등을 만들면 우리 역사상 일대진전이라 할 수 있을 것이다.[12]

전년에 사국경장(史局更張, 1877년의 수사국 설치) 때에, 서사(西史)의 체재를 절충하고자 청했더니 관(官)은 이를 준허했다. 그래서 더더욱 서양의 수사방법을 상세하게 알려고 했는데, 작년에 서기관 스에마쯔 켄쬬오(末松謙澄, 1855~1920) 등이 영국에 부임하자, 관료들과의 상의를 거쳐 관에 청하여 당시 영국에 있던 세피스 박사라는 자에게 「수사예칙(修史例則)」을 편찬하게 했다. 번역은 곧 나까무라 마사나오(中村正直, 1832~91)에게 청하여 번역이 완성되는 것을 기다리면서 앞으로 사용하기로 했다.[13]

사서 편찬에서 일한사와 서양사 체제를 절충해야 한다고 기술하고 있고, 서양사를 참조하기 위해 일부러 「수사예칙(修史例則)」을 세피스라는 인물에게 만들게 했다.[14] 이러한 시게노의 사고방식은 『고본 국사안』을 편찬할 때도 반영되었을 것으로 생각되는데, 이 책에서도 민간사학과 마찬가지로 고대 이후 조선과 중국의 영향을 강조하고 있다.

한토정복(韓土征服, 이른바 진구우황후神功皇后의 한반도 정복의 신화를 가리킴) 후. 문예(文藝), 지교(智巧), 포백(布帛), 금은기기(金銀器機)가 해외에서 전수됨. 내지(內地)의 힘을 양성. 국운이 점점 왕성해짐.
오오진(應神) 천황조. 백제의 아직기(阿直岐)가 경전을 독(讀)함. 제(帝)가 청하여 피국(彼國) 박사 왕인(王仁)을 징(徵)함. 왕인이 옴. 논어(論語) 10권, 천자문(千字文) 1권을 헌(獻)함.[15]

우리나라의 부강함에 한국이 두려워하며 복종한 지는 오래됨. 그러나 문교(文敎)는 아직 흥하지 않음. 제한(諸韓)은 중국 진(晋) 위(魏) 대부터 사신을 보내 학문을 배웠음. 고로 우리는 그들에게 도움을 받아야 함. 제3기(第三紀)부터 한학이 널리 퍼짐. 케이따이(繼體) 천황조. 백제 오경박사(五經博士) 양이(楊爾) 옴. 최초로 오경학(五經學) 세움. 4년 후 한(漢) 고안무(高安茂) 교대함. 이후 분번교대(分番交代)로 교수(敎授)함. 킨메이(欽明) 천황조. 의(醫)박사·역(易)박사·역(曆)박사 등을 천거(貢)함. 분번교대는 오경박사와 동일. 또 복서(卜書)·역서(曆書)·제약물(諸藥物)을 징(徵)함. 백제 의역역(醫易曆)박사·채약사(採藥師) 및 약공(藥工)을 보냄. 조정에 학술이 흥하게 됨.[16]

시게노는 이외에도, 1907년 빈에서 개최된 제3회 국제학술원연합(Union académique internationale) 총회에서 한 강연을 글로 옮긴 「대일본역사 약설(略說)」에서도 다음과 같이 말하고 있다.

일본은 위로 만세일계(萬世一系)의 천황을 봉대(奉戴)하고, 그 황족(皇族)과 세신(世臣)으로 조직된 국가이므로, 종족이 다양함은 물론이려니와 사방이 바다로 싸인 섬나라인 까닭에 여러나라 각지에서 온 인종도 대단히 많다. 일본 기원(紀元) 1475년(서기 815) 만다 신노오(万田親王, 788~830)가 편집한 성씨록(姓氏錄)에서 황별(皇別)·신별(神別)·번별(蕃別) 세종류로 분류한 중에, 황별 335, 신별 404, 번별 326, 미정(未定) 잡성(雜姓) 117씨(氏) 중 48씨가 번별이었다. 황별이란 친왕(親王)의 지족(支族)이고, 신별이란 국초(國初)부터의 신손(神孫)이다. 그리고 번별이란 외국의 귀화인종을 말한다. 이 성씨록은 조정에서 편집한 것으로, 일본 전국의 성씨를 모두 낱낱이 기재했다고 하지만, 불과 쿄오또 5기(五畿) 안에 한정된 것이었다. 이 책의 세가지 성씨를 비교하면, 번별 외국 지족이 다른 두가지와 각각 거의 동수이다. 쿄오또 5기 안은 소위 연곡하(輦轂下)이다(천황이 있는 곳에서 가깝다). 그런데도 외국인종이 다른 종별에 비해 수가 비슷한 것을 보면 기타 산잉(山陰)·산요오(山陽)·시꼬꾸(四國)·큐우슈우(九州) 및 오오우(娛羽)·홋까이(北海) 지방에 외국인종이 많았음은 의심할 여지가 없다. 일본이란 섬나라 전체가 어떤 지방에서나 모두 이러했다.[17]

아카데미즘사학에서는 봉건제 개념을 고전적인 의미로 사용하는데, 시게노는 다음 문장처럼 일본에는 고전적인 의미의 봉건제가 존재하지 않았다고 주장한다.

도대체 제도면에서 중국의 문자를 빌려 일본의 사정을 기술한 것은 매우 좋지 않은 일이다. 일본에는 일본의 국체(國體)가 있고 제도가 있으며, 지나에는 지나의 국체가 있고 제도가 있는데, 지나의 문자를 우리나라에 가져와 대용했다는 것은 잘못된 것이다.

지나의 봉건은 토지를 각기 분배하여, 천자(天子)의 지방 천리(千里)가 한가운데 있고, 그 주변에 대소 제후의 나라들이 있어 왕기(王畿) 천리인 중심부를 담(垣)으로 둘러싸고 있는 것과 같은데, 이를 번병(藩屏)이라 한다. 『시경(詩經)』에도 '유번유병(維蕃維屏)'이라고 하였는데, 번병이란 담으로 둘러싼 것이므로 중국처럼 평평하고 넓은 나라가 아니면 할 수 없다. 우리 일본과 같이 길고 좁은 나라에서는 봉

건제를 행할 수 없다.[18]

## 문명론적 아시아주의

민간사학과 아카데미즘사학은 예를 들어 『태평기(太平記)』 등의 역사문학이 어느 정도 사실을 반영하고 있는가에 대한 논쟁에서 볼 수 있듯이, 첨예하게 대립되는 면이 있었다.[19] 시게노를 비롯한 여러 학자들은 사료 수집에는 관의 힘이 불가결하다는 것을 강조하면서 민간사학의 한계를 지적한다. 그러나 전체적으로 보면 양자는 모두 서양의 문명론적 역사서술방식의 영향을 받으면서 아시아주의의 입장에서 일본문명의 역사적 전개를 서술하려 했다는 점에서는 공통점을 가지고 있어, 러일전쟁을 전후로 하는 '탈아(脫亞)'적인 일본사 파악과는 크게 달랐다. 즉, 문명론적 아시아주의라고도 할 수 있는 이들의 입장은 한국·중국과 일본 간의 불가분의 관계를 중시한 것이다. 단, 여기서 주의할 것은 문명론적 아시아주의에서 아시아를 보는 입장에 중대한 문제점도 포함되어 있다는 점이다.

그 문제점이란 무엇일까. 하나는 고대 한일관계에서 일본의 우월함을 무조건적으로 전제한다는 점이고, 또다른 하나는, 고전적인 의미이기는 하지만 일본의 중세를 봉건제라고 보고, 군현제를 유지한 한국·중국과 대비하며 봉건제의 우월성을 의식하기 시작했다는 점이다. 특히 이 두가지 문제와 관련하여 그 대비는 중국과 일본이 아닌, 한국과 일본에 초점이 맞추어져 있다.

## 3. 탈아입구의 길

### 일본'봉건제'론의 등장

이상에서 살펴보았듯이 1870년대부터 1890년대에 걸친 문명론적 아시아주의 입장에서의 일본사 파악은 1900년경부터 크게 변모하기 시작한다. 이것은 일본의 역사를 아시아, 구체적으로는 한국과 중국에서 분리하고, 이를 대신해서 유럽역사와의 유사성을 도출하려는 방향이었다. 이 새로운 방향전환을 담당한 것은 아카데미즘사학 제2세대라고 통칭할 수 있는 사람들이었고, 일본사를 파악하는 데 탈아입구(脫亞入歐)의 중심어가 된 것이 봉건제였다. 우선 그 변천내용을 개관해보자.

일본사 중에 유럽적 의미의 봉건제, 즉 'feudalism'의 번역어로서의 봉건제시대가 존재했음을 최초로 주장하기 시작한 것은 역사학 전문가들이 아니라 경제사·법제사 분야를 연구하는 사람들이었다. 가장 손쉬운 예를 경제사학자인 후꾸다 토꾸조오(福田德三)의『일본경제사론』에서 볼 수 있다. 이 책은 원래 1900년에 독일어로 발표된 학위논문인데, 그 집필동기에 대해서는 그의 스승이었던 브렌타노(Lujo Brentano)가 이 책에 기고한 서문이 참고가 될 것이다.

최근 나는 매우 총명한 일본인이 청강생 중에 있음을 알게 되었는데, 후꾸다 토꾸조오가 그 사람이다. (…) 그가 나의 경제사 강의를 청강할 때는 언제나 얼굴에 미소를 띠고, 안광(眼光)이 형형했다. 하루는 내가 왜 늘 얼굴에 미소를 띠고 있는지 물었다. 그는 대답하기를, 내가 선생님께 유럽경제사를 배우는데, 모두 일본의 역사와 일치하기 때문이라 했다. 이에 대해 나는 그에게 권하기를, 일본경제사를 유럽의 독자들에게 소개해보는 것은 어떻겠느냐고 했다.[20]

즉 후꾸다는 유럽경제사와 일본경제사에 일치하는 부분이 많다고 상정하고 이 책을 집필한 것이다. 후꾸다의 일본사 이해는 931~1602년을 봉건시대, 1603~1867년을 전제적(專制的) 경찰국가 시대로 본 것으로, 이 두 시대가 있었기 때문에 일본은 유럽의 압력에 대항하여 통일적 민족국가를 수립할 수 있었다는 주장이다.

케이쪼오 8년(慶長8, 1603)부터 케이오오 3년(慶應3, 1867)에 이르는 이백수십년간은 일본의 봉건제도가 가장 전성에 달한 시대였다는 것이 종래의 통설이다. 이는 일본 학자들이 먼저 주창하고 유럽 학자들이 채택해서 유포한 견해인데, 나는 이를 오진(誤診)된 견해라고 단언한다. 이 오진은 일본의 봉건제도가 메이지유신에 의해 비로소 붕괴되었다는 견해에서 비롯된 것이다. 아울러 이러한 견해는 영국의 봉건제도가 크롬웰(Oliver Cromwell, 1599~1658)에 의해 최초로 무너지고, 프랑스에서는 1789년에 이르러서야 비로소 붕괴되었으며, 프로이센에서는 1851년에 이르러 최초로 작별을 고했다는 것과 같은 오진이라고 할 수 있다. 케이쪼오 8년부터 케이오오 3년까지를 일본 봉건국가의 전성기라고 한다면, 영국은 튜더왕조(1485~1603)부터 크롬웰까지, 프랑스는 루이 11세(Louis XI, 재위 1461~83)나 리슐리외

(cardinal-duc de Richelieu, 1585~1642)부터 1789년까지, 프로이센은 대선제후(大選帝侯)부터 1848년까지를 봉건국가의 전성기라고 해야 할 것이다. 이들 시기에는 형식상으로는 봉건시대가 존속했으나 실제로는 봉건시대가 아니었다. 근세적 중앙집권체제가 봉건국가의 잔적(殘跡) 위에 세워지자, 가신(家臣)이 종래처럼 독립적인 정권을 가질 수 없게 되어 중앙집권의 한 기관으로 변해버리고, 새로운 중앙집권기관이 생길 때까지 한동안 그 구실을 대신한 시대이기 때문이다.[21]

토꾸가와 이에야스(德川家康)가 궐기하기 전의 전국시대에는 봉지(封地)의 급여를 기초로 하는 다이묘오(大名, 토꾸가와시대 쇼오군 직속으로 만석 이상의 영토를 받던 무사. 영주領主)와 무사 간의 은고관계(恩顧關係)가 영주에게 막대한 이익을 주었다. 당시 각 다이묘오들은 항상 다른 다이묘오와 대치하면서, 많은 종신을 거느린 자만이 드물게 그 존재를 유지할 수 있었다. 그런데 이에야스가 권력을 장악하여 250여년에 이르는 평화의 기초를 마련하자, 사정은 완전히 일변하여 검(劍)은 그 용도를 잃게 되었고 무신들은 다이묘오에게 고용되어 그 가치를 적극적으로 발휘하지 못하고 오히려 비생산적인 비용이 드는 요인이 되었다. (…) 이에 반해 일반백성들은 봉건적인 속박에서 벗어나 봉건시대의 부자유한 농민들은 거의 자취를 감추었고, 연공부역(年貢賦役)의 의무는 있었으나 조그만 토지를 자기 소유로 가진 농민 및 소작인들이 생기게 되었다. 이는 종래보다 더 집약적이고 주도면밀한 경작법을 실시하려면 토지경작자들에게 한층 더 공고한 점유권을 부여할 필요가 있었기 때문이다. 이렇게 해서 농민의 토지소유권은 이 시대에

이르러 확정적이 되었다. 단, 그 보유지를 타인에게 파는 것은 금지되었다.[22]

여기서 후꾸다가 봉건제 개념을 엄밀하게 규정하고 있지는 않지만, 유럽적인 feudalism의 번역어로 사용하고 있음은 분명하다. 이 점이 중국의 고전적 봉건제 개념으로 일본사를 보는 기존의 통설과는 달랐다고 할 수 있는데, 이러한 봉건제의 용법은 1900년대에 들어와 법제사학자인 나까따 카오루(中田薰)와 미우라 히로유끼(三浦周行)에게서도 볼 수 있다.

　　일본법제사 연구에서 우리가 항상 기이하게 생각하는 것은 우리 고유의 〔율령법律令法을 대신해서 발달한〕 '시스템'이나 법리(法理)가 로마법이나 로마법의 요소를 많이 포함하는 현대의 법과 일치하는 곳은 적은 데 반해, 이상하게도 유럽 프랑크왕국시대(481~843)의 법제와는 매우 비슷한 점이 많다는 것이다.[23]

　　우리 봉건제의 발달은 사권화(私權化)된 국군(國郡)의 징세권이 부당하게 확장된 슈고(守護, 카마꾸라시대 이후 각 지방에 임명, 파견된 무사의 통솔자)의 공법상의 권력과 상호결합하여 완성되었는데, 그 완성시기는 무로마찌(室町)시대(1336~1537) 중엽이었다고 할 수 있다.[24]

이것은 1906년에 발표된 나까따 논문의 일부분인데 이 논문은 이후 일본법제사 연구에 큰 영향을 주었다. 여기서는 게르만법과 일본

중세법의 친근성을 강조하고 있는데, 탈아의 방향이 분명하게 나타나 있다. 나까따와 함께 일본법제사 연구의 개척자라고 불리는 미우라 역시 같은 견해를 갖고 있음을 알 수 있다.

우리나라에서 봉건제도의 기초를 확립하고, 유력한 무사사회를 조직하여 오랫동안 무가(武家)의 모범이 된 것은 카마꾸라시대(1192~1333)였다. 이 시대의 법제 발달을 설명하는 데 있어 당시 사회의 수뇌이자 중추였던 무사의 발흥을 초래한 원인과 관련하여 법제상의 관찰을 시도해보는 것은 지당한 순서일 것이다.

중세 유럽의 봉건제도는 영주의 사령(私領), 즉 식읍(食邑, bénéfice)의 차지(借地)에서 영주와 봉신(封臣) 간의 종속관계를 바탕으로 하고 있다. 우리나라 봉건제도의 성립은 이것과 그 시작이 같다고 할 수는 없지만, 매우 유사한 점을 발견할 수 있다.[25]

앞절에서 살펴본 아카데미즘사학의 소위 제1세대가 기본교양을 전통한학의 세계에서 양성했던 것과는 달리, 후꾸다와 나까따 등 제2세대는 유럽의 학문을 철저하게 익힌 세대인데, 그들은 이러한 지식을 토대로 일본과 유럽의 유사성을 주장했다. 그러나 그들은 경제사와 법제사라는 특수한 분야를 연구한 사람들로서 역사학 본류(本流)에 속하는 사람들이 아니었다. 역사학 전문가들이 유럽적 의미의 봉건제 개념을 일본사에 적용하게 된 것은 조금 뒤의 일인데, 역사학 분야에서도 러일전쟁을 전후로 하여 큰 변화가 속출했다. 그 변화를 상징적으로 보여주는 것이 하라 카쯔로오(原勝郎)의『일본중세사』와 우찌다 킨쬬오(內田銀藏)의 『일본근세사』이다.

## 2. 역사학계의 새로운 동향

하라 카쯔로오와 우찌다 킨쬬오는 1896년에 토오꾜오제국대학을 졸업한 동기생으로, 재학 중에는 랑케(L. Ranke)의 제자인 리스(L. Riess)에게 배웠다. 그리고 둘 다 쿄오또대학(京都大學) 교수가 되어 재직 중 사망한 것 등 공통된 경력을 가지고 있다. 우선 하라의 『일본중세사』부터 살펴보자.

종래 우리나라의 역사 편술(編述)은 상대(上代)는 상밀(詳密)하게, 중세 이후의 서술은 간략하게 하는 경우가 많았다. 그 이유 중 하나는 국사의 찬집(撰集)이 있던 시대는 사료의 모집·정리가 매우 쉬웠고, 중세 이후에는 이처럼 근본사료를 찾을 수 없어 연구하기 매우 어려웠기 때문인 것이 분명하지만, 가장 큰 원인은 왕조 문물의 발달이 무가시대에 이르러 일단 쇠운의 길로 접어들었다고 생각했기 때문이다. 환언하면 카마꾸라시대(1185~1333)에서 아시까가(足利)시대(1336~1573)를 지나 토꾸가와시대(1603~1867) 초기의 문교(文敎)부흥에 이르는 역사를 우리나라 역사 중 암흑시대로 보고, 많이 언급할 필요가 없다고 생각하는 데에 기인한다. 나는 이를 잘못된 생각이라고 본다. 이러한 단정은 상대에 중국에서 건너온 문물의 가치를 과대평가한 데서 온 것으로, 실제로 당시 수입문명은 결코 충분히 동화되고 이용되지 않았다. 카마꾸라시대가 헤이안시대(794~1192)에 비해 문학적인 면에서 약간 손색이 있음은 논란의 여지가 없는 사실이지만, 단지 이 한쪽 면만을 보고 퇴보했다고 해서 국가 일반의 진보를 간과해서는 안된다. 즉 이 시대가 우리나라 문명발달의 건전한 발기점으로 귀착된다는 점에서, 피상적인 문명을 타파하고 착실한 경로를 밟게 했다는 점에서, 일본인이 독립국민임을 자각하게 했다는 점에서, 우리 역사상 일대 진보를 한 시대였다는 것은 의심할 나위 없는 사실이다.[26]

여기서 하라는 기존의 연구를 비판하는데, 비판의 요지는 종래의 연구에는 고대 중시·중세 경시의 폐해가 있었다는 것이며, 그 폐해로 인해 생긴 것이 '중국에서 도래한 문물의 가치를 과대평가'한 것이라고 지적하고 있다. 그리고 일본의 역사발전에서 중세의 중요성을 강조하는데, 여기서 아시아주의＝고대 중시, 탈아론＝중세 중시라는 도식이 성립함을 알 수 있다. 하라의 저서는 그 미문조(美文調)의 문체와 어우러져 널리 읽혔는데, 하라의 동료 우찌다의 『일본근세사』는 근세(에도시대 1603~1867)를 같은 시기 유럽과의 유비(analogy)로 보려 했다.

이 에도시대 역시 무가의 세상이라고 하지만, 많은 점에서 카마꾸라 및 무로마찌 시대와 그 정취가 다르므로 결코 동일시해서는 안된다. 그리고 아시까가씨(足利氏) 말기부터 오다 노부나가(織田信長, 1534~82)와 토요또미 히데요시(豊臣秀吉, 1536~98) 시대를 거쳐 토꾸가와 이에야스(1542~1616) 초기에 이르는 기간은 한 시기에서 다른 시기로 옮겨가는 과도기적인 시대라고 해야 할 것이다. 이 과도기는 중국에서는 명말, 유럽에서는 이른바 종교개혁시대에 해당하는데, 이 사이에 우리 일본에서 일어난 정치·경제·학문 및 사상상의 변화는 이보다 조금 빠른, 서유럽사회에서 중세에서 근세로의 과도기에 있었던 사건들과 현저한 유사점이 있다.[27]

이렇게 오다와 토요또미 두 사람의 공적으로 평화가 만들어지고, 토꾸가와가 이를 계승하여 질서를 확립함으로써 오랫동안 지속되는 태평의 치(治)를 누리게 되었다. 그 당시의 세력은 아직 봉건을 폐하고 군현으로 하는 진정한 의미의 중앙집권적 정치조직을 구성하는 데까지는 미치지 못했으나, 결합 및 통속 관계가 충분히 확립되어 실제로는 전국을 통일하고 견제할 수 있는 강고한 중앙정부를 건설했다. 이것은 중세 말 유럽 여러 나라에서 왕권을 강화하고 중앙집권을 순치(馴致)하려던 일반적인 추세와 대비할 만한 것인데, 이러한 점에서 우리 국민들의 생활은 이 과도기에 새로운 시기, 새로운 단계를 향해 나아가고 있었다고 보아야 할 것이다.[28]

이 글은 봉건제를 군현제와 짝을 이루는 개념으로 사용하는 고전적인 용어법을 그대로 답습하고 있다. 그러나 우찌다의 눈은 역시 유럽을 향하고 있어 탈아의식을 명료하게 보여준다.

앞에서 살펴보았듯이, 초기 민간사학에서는 일본을 고전적인 의미의 봉건제로 보고 군현제인 한국과 중국을 이에 대비시키려는 인식이 존재했는데, 이 시기에는 아카데미즘사학과 마찬가지로 민간사학에서도 일본을 탈아적으로 이해하려는 인식이 더 한층 확대되었다. 타구찌·타께꼬시와 함께 대표적인 민간사학자로 불리는 야마지 아이잔(山路愛山)이 1907년에 공간(公刊)한 『일한문명이동론』이 이러한 경향을 잘 나타낸다.

그리고 일본은 스스로의 역사가 있어 오늘날의 일본을 이루고, 지나는 스스로의 역사가 있어 오늘날의 지나를 이루었으므로 지나는 일본과 다르다. 일본은 지나와 다르다. 사람들은 이러한 당연한 이치를 모른다. 지나는 곧 일본이 되어야 한다는 망상으로 교만심이 생기거나, 혹은 극동에서 곧 제2의 일본이 생겨 세계는 대변(大變)할 것이라고 걱정하는 것은 모두 기우에 지나지 않는다. 우리가 보기에 지나와 일본은 모든 점에서 전혀 다른 국민으로, 애초 동일하다고 논할 바는 못 된다. 인종으로 보나, 정체로 보나, 사회조직에서나, 종교·도덕적인 측면에서나, 인민의 상태를 보더라도 지나와 일본을 혼동하는 것은 일본을 포르투갈과 혼동하는 정도의 오해이다.[29]

그들 미대륙에서 온 여객(旅客)의 눈에 비친 일본의 생활은 대부분이 공산적이고, 사람들이 서로 의지할 때도 가족이나 부자와 같은 점이 있어서 경이로웠다. 일본의 민법은 서구의 법전을 모방하여 개인주의를 채택했다지만, 일본의 풍습을 보면 사람들은 결코 개인주의의 권화(權化)가 아니다. 친척붕우 간에는 재산을 나누어갖고, 어려울 때 서로 돕는 정이 매우 돈독했다. 자진해서 기꺼이 다른 사람이 급할 때 돕는 것은 말할 나위도 없다. (…) 법률정신은 개인주의라고 해도 풍속과 관습은 오히려 공산적이었다는 것이 사실일 것이다. (…) 공사(公私)라는 두 글자는 일본과 지나의 생활상태를 형용하는 가장 적당한 말로, 일본인들의 생활은 공(公)이다. 대중과 함께한다는 것으로 공동생활의 이상에 가깝다. 지나인들의 생활은 사(私)이다. 대중과 함께하지 않는다. 개인주의가 극단에 달한 것이라 할 수 있다. 일본은 일가(一家) 외에 국가가 있다. 집의 부(父) 외에 부모인 황실(皇室)이 있다. 중국은 집 외에는 아무것도 없고, 집의 부 외에는 더 존경할 만한 것이 없다. (…) 이는 어찌된 까닭인가. 내가 한마디로 단정한다면 일본은 봉건시대의 붕괴가 머지않았으나 중국은 아닌 데에 기인한다.[30]

여기서 야마지는 중국과 일본의 차이점을 강조하면서, 그 원인을 고전적인 의미의 봉건제 개념으로 설명하고 있다.[31]


## 3. 문명론적 아시아주의의 잔존

이렇게 20세기에 들어와서는 아카데미즘사학과 민간사학 모두 일본사의 전개를 아시아와 분리해서 보는 경향이 뚜렷해지지만, 아직까지는 아시아주의적인 경향도 잔존했다. 예를 들어 하라는 중국 난징(南京)에 있는 공원(貢院, 예전의 과거시험장)을 방문했을 때의 일을 기록한 「공원의 봄」이라는 짤막한 글에서 다음과 같이 쓰고 있다.

이렇게 중국은 천여년 전부터 과거시험을 보았는데, 역조(歷朝)가 점차 개선을 거듭하여 마침내 난징 공원 같은 큰 영조물(營造物)이 필요하게 된 것이야말로 대단한 일로, 결코 치소(嗤笑)해서는 안될 것이다. 주의(主義)가 투철한가 여부는 차치하고, 공식적으로 널리 인재를 구한 것은 구미(歐美) 제국(諸國)을 훨씬 앞섰다고 할 수 있는데, 이것이 바로 중국을 선진국이라 할 수 있는 이유로, 중국문명은 일찍이 발달의 정점에 달한데다 오랫동안 해체되지 않고 대대로 쌓아온 위세를 유지할 수 있었던 것이다. 중국에 만약 과거(科擧)가 없었다면, 수세기 이전부터 그 둔명의 말로를 걸었을 것임은 의심할 여지가 없다.[32]

또, 우찌다도 일본 중세성립기에 중국의 영향이 컸음을 중시한다.

일본근세사는 어느 시기를 기점으로 보아야 할 것인가. 광의로 볼 때, 일본의 근세는 지금으로부터 대략 700여년 전, 즉 미나모또 요리또모 및 승려 에이사이(榮西, 선승禪僧 묘오안 에이사이明庵榮西, 1141~1215) 때부터 시작되었다고 할 수 있다. 왜냐하면 이 시대 이전에 수(隋)·당(唐)에서 이입된 제도와 문물은 헤이안시대 말기에는 거의 파괴되어 못 쓰게 되었고, 옛 문물은 파괴되었기 때문이다. 그래서 새로운 문명은 겐씨(源氏, 미나모또씨)가 헤이씨(平氏, 타이라씨)를 대신하여 집권할 무렵부터 발달하기 시작했다고 볼 수 있다. 카마꾸라시대 초기는 중국 남송시대에 해당하고 유럽에서는 십자군시대에 상당한다. 이때는 우리 국민의 발전경로상, 가장 현저한 변화가 일어났던 시기 중 하나이다. (⋯) 이후 우리나라에서는 선종(禪宗)이 크게 일어났고, 선승의 매개로 송·원·명의 문물, 즉 근세중국의 문화는 카마꾸라 및 무로마찌 시대에 계속해서 우리나라에 유입되었다. 송·원·명의 문물은 수·당의 구문명과 경향이 매우 달랐는데, 우리 국민들에게 미친 영향은 예전 수·당의 문화에 비해 볼 때 매우 특별한 것임을 알 수 있다. 단, 송·원·명의 문물, 특히 그 선적인 요소는 매우 청심(淸心)한 취향의 것으로, 이것이 전해짐으로 하여 진정으로 새롭고 건전한 방향을 모색하며 발달하려는 우리 국민들에게 매우 적당한 가르침을 준 것 같다. 이로써 우리 국민은 스스로 예술의 신선한 취미를 터득하고, 정신면에서 새로운 감화를 받아, 마침내 차차 문예부흥을 이루어감과 동시에 일상생활 및 공예기술 등에 있어서도 크게 배우는 바 있었다. 결국, 일본의 근대문화는 주로 이러한 근세 중국문물의 자극 아래서 서서히 발전하고 형성된 것이라 할 수 있는데, 그 발전은 기실 일조일석에 이루어진 것이 아니라 카마꾸라시대 초기부터 배태되었다고 해야 할 것이다.[33]

이러한 우찌다의 생각은 후꾸다에게서도 볼 수 있다. 그는 토요또미 히데요시의 조선침략에 관해 언급한 부분에서 조선과 중국의 영향을 다음과 같이 지적한다.

종래의 전쟁은 오로지 국내의 지배권을 중심으로 한 것이었으나, 이 '정한(征韓)의 역(役)'(조선침략)에서 일본의 전사들은 여러 면에서 일본문명보다 우수한 문명을 가지고 있던 중국인·조선인들과 접촉하여, 종래 미개했던 일본의 전사들이 우수한 문화에 감화되어 고국에 돌아왔다. 십자군도 마찬가지로, 원정에서 예기(豫期)한 목적을 달성할 수 없었던 것처럼 중국과 조선을 일본이 병탄할 수는 없었지만, 이 것이 일본의 문화 및 경제발전에 미친 영향은 십자군이 유럽에 미친 영향에 비고해도 좋을 만큼 결코 적지 않은 것이었다.[34]

이처럼 1900년을 기점으로 탈아의 경향이 역사학계에 지배적으로 나타나고 한편에는 문명론적 아시아주의의 영향도 남아 있었는데, 이 두 방향은 본래 모순되는 면을 가지고 있었다. 즉 고대에서 중세로 이행해가는 데 중국과 한국의 영향을 중시하는 것과 봉건제라는 일본의 독자성을 강조하는 것은 이율배반적이라고 할 수 있는데, 이러한 모순은 거의 의식되지 못했다. 또 문명론적 아시아주의의 잔존은 일본과 유럽의 차이점을 자각하게 하는 역할을 했다. 예를 들면, 후꾸다는 다음과 같이 자각했다.

일본은 오늘날 통일민족국가이다. 수백년 이래의 역사가 그 기초를 쌓아올려 끝내 목적을 이루었고, 각개 경제단위를 형성하면서 이를 지배하고 보호하여 활동범위를 정하는 한층 더 높은 단위로서의 국가가 확립되었다. 그러나 국민생활을 깊이 연구하고 그 실정을 탐구한 사람이라면, 일본국민이 겪은 외형상의 변동은 매우 컸으나 개인의 발전경향은 아주 서서히 일어났을 뿐임을 발견할 것이다.

다른 면에서 살펴보면, 새로운 제도는 피상적인 관찰의 반영이었지, 전혀 새로운 국면을 연 것은 아니었다. 최근의 정치계는 필경 사족〔종래의 무사계급〕의 우세를 의미한다. 그뿐 아니라, 새로운 시대의 사회 및 경제 발전의 선두에 서서 진보적인 역할을 담당했던 사람들

대부분이 사족이었다. 유럽을 모방하여 여러 신흥사업을 조직하고 지배하는, 진정한 기업정신을 대표하는 초오닌(町人, 도시에 사는 상인과 수공업자)은 평민계급 출신이 아니라 정부의 총아인 사족들이었다. 아직 일본의 부르주아는 충분히 발달하지 못했으므로, 경제에서 일어난 일들은 모두 정부의 손에 의해서 이루어졌다. 사회에서 가족이 중요시된 것 역시, 토구가와시대에 비해 별다른 변화는 없었다.

물론 법률상의 가족은 단위로서 자격을 잃었고 가족원의 재산공유제는 폐지되었지만, 사회생활에서는 여전히 가족이 실질적인 단위로 존재한 곳이 아주 많았다.

(…) 오늘날 일본의 가족과 종전의 가속공산체(家屬共産體) 사이에 존재하는 이상의 차이를 제외하면, 오늘날 일본의 가족은 중국과 조선의 가족과 마찬가지로 사회생활 면에서는 가속공산체의 성격을 띠고 있다고 할 수 있다.[35]

야마지 아이잔도 다음과 같이 기술하고 있다.

구미의 논자들 중에는 일본인이 전투는 잘하면서 상업은 서투름을 이상하게 여기고, 국민 공덕(公德)에 있어서 세계가 탄미(歎美)하는 나라이면서 상인의 신용에서는 매우 열등함을 괴이하게 생각하는 사람이 있었다. 그렇지만 일본인들에게 이것은 결코 모순된 일이 아니다. (…) 일본인민의 정화(精華)는 군인이고 정치가이며 교육자인 무사인고로, 상업에 종사하는 자는 국민의 하층에 침전된 재사(滓渣, 찌꺼기)에 불과한 것이다. 유신 이후 일본정부는 일본상인들 개조에 뜻을 두

어 지금은 옛 모습을 많이 개선했다지만 수세기 동안 이어져내려온
습벽이 하루아침에 없어지지는 않는다. 이것이 세상에서 일본의 군기
군율(軍紀軍律)을 탄미하는 것과는 상관없이, 여전히 일본상인들의 신
용이 좋지 않은 까닭이다.[36]

일본인은 전투에는 익숙하지만 상인으로서는 실격이라는 그의
논의는 당시 매우 일반적인 견해였는데, 근년 일부에서 주장하는 에
도시대=경제사회설과 대비해보면 매우 흥미롭다. 군국주의가 화
려했던 시대의 일본인과 경제적 동물(economic animal) 시대 일본
인의 역사인식의 차이를 알 수 있는데, 이데올로기적인 면에서는 동
공이곡(同工異曲), 즉 수법은 다르나 본질은 같은 것이었다.


## 4. 일본 '봉건제'론과 한국사 인식

### 후꾸다의 한국사 인식

유럽적 의미의 봉건제 개념을 일본에 가장 먼저 적용한 후꾸다는
1903년 한국을 방문하고 귀국한 다음 「한국의 경제조직과 경제단
위」라는 긴 논문을 『내외논총(內外論叢)』에 발표했다. 이 논문은 조
선사회 정체론(停滯論)의 원흉이라고 지목되어 많은 비판을 받아왔
다. 이 비판의 대부분은 정곡을 찌르는 날카로운 것이었는데, 앞에
서 살펴보았듯이 일본사 연구의 흐름과 관련해서는 다루어지지 않
았다. 그 때문에 조선사회 정체론의 출현이 일본사에 대한 인식과

어떻게 관련되었는지에 대한 고찰은 충분하게 이루어지지 않았고, 정체론의 진정한 문제점이 사실은 일본에 대한 인식에 있다는 점이 등한시되었다. 여기서 다시 후꾸다의 논문을 다루는 것은 이러한 연구사의 약점을 보완하기 위해서이다.

후꾸다의 논문은 이제까지 여러 차례 소개된 바 있지만, 간단하게 그 내용을 살펴보자. 그는 이 논문을 발표한 의도에 대해 다음과 같이 말하고 있다.

나는 원래 역사적 발전에서 경제현상을 연구하는 데 종사해왔다. 그런데 서구경제사 외에는 전혀 연구한 바가 없었으므로, 한편으로는 경제발전사에 관한 슈몰러(Gustav von Schmoller) 일파의 협애한 견해를 가진 인사들에게 반성할 소재를 제공하고, 정통학파 학자들에게는 경제단위는 일정부동(一定不動)이 아니라 때와 장소, 나라와 사람이 그러하듯 다르다는 것을 증명하고, 사회주의 논자에게는 그들이 장래의 황금국으로 발전할 수 있다고 생각하는 공산공유제가 오히려 인류의 원시경제상태라는 것을 밝히고, 다른 한편으로는 우리나라 경제학 연구의 첫 단계이자 슈몰러 등에 상응하는 일종의 협애하고 교조적인 논자들이 코카서스 인종에 특유하다고 사유하는 것에 대해, 우리 일본국민이 경과해온 발전도정을 들어 경제상의 근본원칙을 서구제국에 적용할 수 있다면 우리나라에도 역시 적용할 수 있음을 밝히고, 남은 모르고 혼자서만 스스로 잘났다고 하거나 오직 남만 대단하게 생각하고 스스로 비천하게 여기는 자에 대해서는 피차 균일한 발전의 역사가 있음을 입증함으로써 우리 일본이 경제단위 발전사의 경과에서 대체즈으로 서구의 국가들과 별다른 점 없이 질서있게 향상 발전하여 오늘날에 이르게 된 것이지, 일본 근세문화의 진보가 일조일석에 이루어졌다고 보고 놀랄 일은 결코 아님을 밝히기 위해, 나는 지난번 『일본경제사론』을 공표했다.

(…) 다간 현재 한국의 사회생활은 혼란이 극심하여, 일본·중국과 비교할 수 없고, 서구제국의 대열에 넣을 수도 없다. 또한, 일본에서처럼 군웅할거를 평정한 토꾸가와막부 같은 예나 공고하게 통일된 하나의 제국을 기룬 예는 한국에서는 도저히 찾아볼 수 없다. 그렇다고 해서 청나라같이 각성분립(各省分立)해서 영역경제를 이루는 것도 아니다. 중앙정부는 미약하고 부패하여 정령(政令)을 행할 때는 경기(京畿)를 벗어나지 못했다. 또한, 각 도의 관찰사에게 청나라 총독이나 순무(巡撫) 같은 지위와 권능이 있다고 볼 수도 없다. 각 군의 군수는 그저 '프론호프'(Fronhof) 혹은 '그룬트헤어'(Grundherr, 장원영주, 대지주)에 비할 정도도 아니다. 중앙집권도 아니고, 그렇다고 해서 지방분권이라는 것 역시 사실무근임을 말해준다. 그러면 일절 권력이 존재하지 않는가. 그럼에도 불구하고 양반, 중인, 상민의 구별은 매우 엄격하고, 대다수 하층민은 인간으로서의 품격과 권리를 인정받지 못했다. '중인'계급은 [즈로 메이지 27년 이후에] 조금은 국민을 대표했다지만, '상민'에게는 오로지 의무만 있고 권리는 전혀 없다. 경제학적인 용어를 빌리자면, '상민'은 경제의 주체이기보다는 경제의 객체였다는 말이다. 이것으로 우리가 일상에서 경제학용어로 관용(慣用)하고 있는 '단위'의 지위가 그 진상과 매우 다름을 알 수 있다. 하물며 차등을 단위로 하는 일개 존재인 '조직'에 대해서는 말할 수조차 없을 것이다.

어떤 사람이 우리들에게 말하기를, 왜 문명국에서 관용되는 개념을 견강부회하여 일개 특수한 민정(民情)과 국체를 가진 한국에 적용하느냐, 고매한 논의도 너무 극에 치우친 것이 아니냐고 했는데, 실로 맞는 말이다. 그렇지만 나는 스스로, 특히 경제조직에 관한 학리적 논쟁의 와중에 몸담고 있으면서, 그 해결의 적례(適例)로 서구제국 혹은 북미합중국 혹은 우리 일본을 원용(援用)하지 않고, 보잘것없는 견문에 불과하다는 조소를 감수하고서라도 한국을 빌려 나의 견해를 입증하려 한다.[37]

여기서 주목할 것은 이 논문이 앞의 『일본경제사론』과 불가분의 관계를 가진다고 후꾸다 자신이 언명하고 있는 점이다. 즉 그는 한편으로는 '정통학파'가 주장하는 '경제단위는 일정부동(一定不動)'이라는 견해를 비판함과 동시에, 다른 한편으로는 경제단위가 발전했다는 사실을 '코카서스 인종'에만 인정하려는 슈몰러 등을 비판하기 위해 『일본경제사론』에 이어 이 논문을 집필한 것이다. 여기서 일종의 문명주의를 뚜렷하게 엿볼 수 있는데, 그러면 그는 이러한 입장에서 한국의 역사적 발전을 어떻게 해석했을까.

한국의 경제조직은 어떻게 말할 수 있을까. 우리가 관용하는 의미의 국민경제의 영역과 거리가 먼 것은 논할 나위도 없다. 도시경제나 영역경제로도 역시 설명할 수 없다. 왜냐하면 교통(交通)경제의 발달은 아직 낮은 단계이고, 전국적으로 화폐경제의 보급을 볼 수 없기 때문이다. 남은 개념으로는 자족경제이자 촌락경제뿐이다. '매너'

(manor)라든가 '장원'이라든가 '프론호프'라는 것을 오늘날 한국에서는 볼 수 없다. 한국의 '양반'은 영토적인 기초를 가지지 않았던 것이다.[38]

한국의 정체(政體)는 그 경제생활과 서로 조응하는 것이다. 한국의 정체는 표면상 전제군주제이다. 그러나 실제 한국의 왕권을 가진 자는 매우 미약했는데, 그는 '프리무스 인테르파레스'(primus interpares, 제일인자)로 비유되지만, 그에는 미치지 못하는 자였던 것 같다. 또한, 한국은 강국들 사이에 끼인 사대적인 완충국으로, 예로부터 밖으로는 청일 양국에 대해 급급히 신속번병(臣屬藩屏, 신하로 복속하여 주변에서 왕실을 수호함)의 예를 갖춤과 동시에 안으로는 귀족들에 대해 세력균형을 유지하려 힘썼으며, 내외적으로 힘이 골고루 미치지 못함을 우려하여 음모와 술책을 최고의 원호(援護)로 삼아 오늘에 이르렀으니, 일국의 군주로서 통일된 권력을 갖지 못하고 통상 주권자가 향유하는 존경과 위엄을 갖추지 못했다. 게다가 왕실이 두려워하는 귀족도 결코 봉건제후처럼 공고한 지위에 있지 못했다. 한국은 국내에 양반이 많다는 것을 자랑하지만, 한국의 진보를 방해하는 것이 다수의 양반임을 모르고 있다. (…) 이를 전제국이라 하는 것은 허명이다. 등족국가(等族國家, 중세후기 유럽에서 나타난 국가형태로, 특권을 가진 여러 신분집단이 신분제의회를 통해 왕권을 제약할 수 있다. 신분제국가라고도 한다)라고 부르기도 충분하지 않으므로 국가라는 개념을 가지고 한국의 정치조직을 자리매김하려는 것 역시 모두 부당하다는 생각이 든다.[39]

이제 그 근본원인을 규명하여, 나는 '봉건제도가 존재하지 않았다는 것'을 결론으로 얻었다. 한국은 진정한 의미에서 아직 '국가'라고 할 수 없다. 또한 '국민경제'도 없다. 이러한 예를 타국에서 찾아보면, 우리나라에서는 카마꾸라막부의 발생 이전, 특히 후지와라씨(藤原氏)시대, 서구제국에서는 카를대제(Karl der Grosse, Charlemagne, 재위 768~814) 사후에서 샤를 2세(Charles II, 서프랑크의 왕 카를 2세. 재위 843~77)에 이르는 시대에 해당할 것이다. 특히 '양반'은 영지가 없다는 점에서, 우리나라의 공경(公卿)에 비유할 수 있다. (…) 그리고 근세국가와 그 국민경제조직의 연원은 전제적 경찰국가에 있다. 하지만 전제적 경찰국가의 발생은, 그에 우선하여 장기간 가장 엄정한 봉건교육시대를 경과한 후에야 비로소 가능한데, 한국은 결국 봉건적인 교육을 받을 운명이 아니었다. 이로써 보면 어떻게 전제국가가 발생할 수 있겠는가. (…) 한국의 오늘이 있는 것은 결코 우연이 아니다. 그 모든 역사적 경과에 의한 자연적인 도행(道行)임을 보여주는 것이다. 나는 일찍이 우리나라에서 이같은 입론을 시도하여, 우리나라의 오늘은 카마꾸라막부의 봉건시대와 토꾸가와막부의 경찰국가시대가 있어서 엄정하고 주도(周到)한 수련(修練) 교육을 했던 시대의 선물이며, 후지와라씨 시대가 영원히 계속되지 않았기 때문에, 결국 명운을 한국과 달리했다는 것을 입증하려고 노력했다. (…) 해석에 매우 고심했던 한국의 사회조직은 이 봉건제도의 결여를 답안으로 하면 거의 그 진상을 알았을 것이다.[40]

여기서 후꾸다는 한국사회의 존재양식, 지배층인 양반의 특징, 경제의 발전단계 등을 근거로 하여 그 다양한 특색을 만들어낸 최대의 원인으로 봉건제의 결여, 봉건제 이전 단계에서의 정체를 지적하고 있다. 앞에서 말했듯이 이 논문은 『일본경제사론』과 불가분의 관계를 가지지만 양자 사이에는 큰 차이점이 있음을 알 수 있다. 즉 『일본경제사론』은 토요또미 히데요시의 조선침략에 의한 조선과 중국으로부터의 문명적인 영향을 중시했는데, 이러한 입장과 20세기 초의 한국을 일본의 후지와라시대에 비정(比定)하는 이 글의 입장은 모순된 것이다. 이러한 모순은 봉건제라는 개념으로 일본이나 한국 역사를 볼 때의 문제점을 단적으로 보여주는데, 어쨌든 아시아주의와의 결별과 그 상징으로서의 일본 '봉건제'론이 여기서 전형적으로 성립된 것을 알 수 있다. 후꾸다는 이러한 인식을 바탕으로 일본의 한국지배가 한국에는 매우 바람직한 것이라고 주장한다.

한인과 러시아인은 경제단위의 발전정도가 매우 낮다는 점에서 아주 근사하다. 러시아인이 한국의 국정을 이해하고 민정을 살펴 그 궁정(宮庭) 소식을 잘 알고 있고 금종(擒縱, 사로잡음과 놓아줌)이 자재(自在)한 것은 필경 이 때문이다. 속담에 '말은 말끼리 어울린다'(馬は馬連れ)는 묘한 말이 있다. 우리나라 사람들이 그들과 각축해서 멀리 미치지 못하는 것은, 결코 누군가가 무능무지하기 때문만이 아닐 것이다. (…) 지금 한국과 국경을 접한 제국(諸國) 중 이런 동화(同化)의 묘를 이해하고 행하는 데 가장 적합한 경제단위 발전사상의 지위가 있는 나라는 공산제를 스스로 민족적인 특성이라고 자랑하는 슬라브 민족밖에 없다. (…) 만약 한국이 그 경제단위의 향상·발전으로 근세문

화의 선물을 향유하고, 경제조직을 확립해서 경제상·사회상·문화상 진보의 도정에 오를 수 있다면, 아니 오르려는 마음이 있다면 이 '특성'은 단호히 타파해야 할 것이다.

지금 한국에서 욕망의 증진에 따른 생산력 향상활동을 추구하고 급속한 경제단위의 발전을 이루려면, 봉건제도의 구성요소이자 근세 국민경제의 양대 요건인 토지와 인민 두가지에 대해 자본주의적 동원(kapitalistische Mobilmachung, 자본화)을 수행하는 것이 최급무이다. 토지를 해방해서 자본으로 삼아야 한다. 인민을 해방해서 진정한 개인성을 환기해야 한다. 그리고 자본이 되려면 그 전제로 자본이 소유권의 목적물이 되어야 한다. 토지를 해방하려면 우선 토지사유제를 인정해야 한다. 진정한 개인성을 갖추려면 근세 경제계급의 발생, 빈부의 분기(分岐)가 필요하다. 그러기 위해서는 한편으로는 자주·자유·독립·자존의 노동자와, 다른 한편으로는 냉정·과단·유위(有爲, 有能)·유력한 기업가가 있어야 한다. 그리고 이러한 것들이 오늘날 한인의 독창적인 발전에 의해서 기대할 수 있는 것이 아니라면, 한국 경제단위의 발전은 자발적이 아닌, 결국 전래적(傳來的)일 수밖에 없다. 전래적이란 다른 경제단위를 발전시킨 경제조직을 갖춘 문화에 동화된다는 말이다. 이 동화할 문화는 반드시 토지와 인민 두가지에 대해 매우 질서적·개진적·계발적인 사명을 다하는 것이어야 한다. (…) 그렇다면 한국에 무수하게 경제적인 설비를 해주고, 수천년의 교통에서 얻어진 양해와 동정으로 한인을 사역(使役)하는 데 익숙하고, 한국의 토지를 사실상 사유(私有)하여 서서히 농사경영을 시도했으며, 그 생산물인 쌀, 대두에 대해 최대 고객인 우리 일본인이 이 사명을 즉시 충

족시키는 데 가장 적당하지 않겠는가.[41]

여기서 알 수 있듯이, 봉건제의 유무로 한국과 일본 역사발전의 차이를 강조하는 후꾸다의 논의는 매우 정치적이고 이데올로기적인 색채를 띤 것이었다. 또한 그것은 일본 봉건제논의의 정치성·이데올로기성도 폭로하고 있다.

그런데 후꾸다의 이러한 인식에는 한국사회나 한국사에 대한 지식이 어느 정도 뒷받침되었을까. 후꾸다의 논문은 전술한 대로 단기간 한국여행을 다녀온 다음 씌어진 것인데, 그의 말에 의하면 이 여행 중에 소위 한국통(通)인 재한 일본인들에게서 여러가지 지식을 얻었다고 한다. 바꾸어 말하면 귀동냥〔耳學文〕이 그의 정보원이었던 셈인데, 당시 일본인들의 한국에 관한 지식은 매우 일천한 것이었다고 생각된다.

〈표 1〉〈표 2〉는 일본인의 한국에 대한 지식을 알 수 있는 하나의 기준으로, 『조선연구문헌목록』[42]에 의거하여 '메이지'시기 한국에 관한 단행본·논문·기사의 수를 분야별로 집계한 것이다.

<표 1> '메이지'시기 조선관련 단행본

|  | 1868~77 | 1878~87 | 1888~97 | 1898~1907 | 1908~12 | 계 |
|---|---|---|---|---|---|---|
| 총기(總記) | 0 | 0 | 0 | 0 | 5 | 5 |
| 철학·종교 | 0 | 0 | 1 | 2 | 4 | 7 |
| 고고학 | 0 | 0 | 0 | 0 | 4 | 4 |
| 지지(地誌)·기행 | 16 | 18 | 51 | 62 | 60 | 207 |
| 역사 | 6 | 13 | 37 | 38 | 43 | 137 |

| | | | | | | |
|---|---|---|---|---|---|---|
| 정치·행정·법률 | 8 | 18 | 23 | 31 | 55 | 135 |
| 경제 | 0 | 0 | 11 | 37 | 60 | 108 |
| 사회 | 0 | 0 | 0 | 0 | 8 | 8 |
| 교육 | 0 | 0 | 0 | 1 | 7 | 8 |
| 민속 | 0 | 0 | 0 | 0 | 7 | 7 |
| 예술 | 0 | 0 | 0 | 1 | 7 | 8 |
| 어학·문학 | 1 | 8 | 21 | 27 | 24 | 81 |
| 자연과학 | 0 | 1 | 2 | 17 | 10 | 30 |
| 농업 | 0 | 0 | 1 | 26 | 28 | 55 |
| 산업 | 0 | 1 | 14 | 81 | 56 | 152 |
| 토목·건설 | 0 | 0 | 0 | 3 | 5 | 8 |
| 광업 | 0 | 0 | 0 | 7 | 5 | 12 |
| 공업 | 0 | 0 | 0 | 5 | 5 | 10 |
| 계 | 31 | 59 | 161 | 338 | 393 | 982 |

<표 2> '메이지'시기 조선관련 논문·기사

| | 1878~87 | 1888~97 | 1898~1907 | 1908~12 | 계 |
|---|---|---|---|---|---|
| 총기 | 1 | 8 | 21 | 367 | 397 |
| 철학·종교 | 0 | 1 | 8 | 367 | 376 |
| 고고학 | 2 | 11 | 47 | 701 | 761 |
| 지지·기행 | 6 | 25 | 81 | 483 | 595 |
| 역사 | 7 | 219 | 334 | 1,261 | 1,821 |
| 정치·행정·법률 | 0 | 4 | 15 | 1,126 | 1,145 |
| 경제 | 3 | 65 | 306 | 2,154 | 2,528 |
| 사회 | 0 | 12 | 91 | 1,883 | 1,986 |
| 교육 | 0 | 4 | 21 | 564 | 589 |
| 민속 | 2 | 6 | 14 | 443 | 465 |
| 예술 | 4 | 2 | 12 | 523 | 541 |

| | | | | | |
|---|---|---|---|---|---|
| 어학·문학 | 0 | 5 | 43 | 268 | 316 |
| 자연과학 | 1 | 17 | 48 | 714 | 780 |
| 농업 | 0 | 8 | 139 | 1,917 | 2,065 |
| 잠(蠶)·임·축·수산업 | 0 | 32 | 160 | 816 | 1,008 |
| 토목·건축 | 0 | 5 | 16 | 459 | 480 |
| 광업 | 0 | 13 | 35 | 550 | 598 |
| 공업 | 0 | 3 | 32 | 689 | 724 |
| 계 | 26 | 440 | 1,423 | 15,286 | 17,175 |

이 표에서 다음과 같은 특징을 알 수 있다.

① 시기별로 보면 단행본은 1898년 이후, 논문과 기사는 1908년 이후 출판수가 급증했다.

② 분야별로 보면 특정분야에 집중되는 현상이 뚜렷하다.

③ 실리적인 것(지지·기행·경제·농업·산업 등)이 차지하는 비중이 높다.

④ 역사분야가 높은 비중을 차지하는데, 그 대부분이 고대사나 토요또미군대의 조선침략 등 일본과 관계 깊은 테마에 집중되어 있다.

⑤ 사회나 민속 분야는 1908년 이전에는 아주 적었다.

이러한 통계로 알 수 있듯이, 후꾸다가 이 논문을 쓴 시기까지 일본인들의 한국에 관한 지식은 매우 제한적이었다. 특히 고려나 조선왕조의 역사, 한국사회에 관한 지식이 결정적으로 부족했는데, 후꾸다의 논문도 예외일 수는 없을 것이다. 그러나 후꾸다의 문제점은 비단 단순한 정보부족, 지식부족에 있었던 것이 아니다. 물론 충분한 지식 없이 한국의 역사를 논단한 것도 문제라고 할 수 있지만, 더욱 근본적인 문제점은 역사연구의 기본을 무시했다는 점이다. 그의 논문은 부분적으로는 한국사회의 특징을 다루었다. 예를 들면, 양반이 영토적으로는 기초를 가지고 있지 못했다든가, 표면상으로는 전제군주제이면서 국왕의 권력이 약했다는 등의 지적은 사실을 날카롭게 파악한 것이라 할 수 있다. 문제는 이러한 한국사회의 특징이 어떠한 역사과정의 산물인가에 대해서는 전혀 고찰이 이루어지지 않았다는 점이다. 왕권의 성격 하나만 놓고 보더라도 시대에 따라 다변했는데, 그는 이러한 과정에 대한 구체적인 고찰 없이 한국사회 개개의 현상과 유사한 점들을 일본의 후지와라시대에서 찾아내어, 거기서 바로 한국의 역사단계를 후지와라시대와 동렬에 놓는 방법을 취하고 있다. 이것은 그의 '의도적'인 한일비교론의 허구성을 단적으로 표출한 것이라 할 수 있는데, 그러한 단순한 비교론을 버젓이 적용한 배후에는 이미 문명론적 아시아주의의 단계에서도 나타난, 한국보다 일본을 위에 놓고 보는 뿌리깊은 경향이 있었다고 생각된다.

### 일본'봉건제'론 성립의 배경

이상에서 검토해보았듯이, 20세기에 들어와 일본사에 유럽적 의미의 봉건제 개념을 적용하려는 경향이 등장하게 되는데, 그러면 왜 이 시기에 그러한 현상이 나타났을까. 이 문제를 생각할 때 주목되는 것이 코지따 야스나오의 저서 『일본사의 사상: 아시아주의와 일본주의의 상극』이다.

코지따에 의하면 '일본사(日本史)'의 탄생은 세기가 바뀔 때 아시아주의에서 일본주의로 전환한 결과였는데, 이 전환을 촉진한 결정적인 요인은 동아시아를 둘러싼 국제적인 조건의 변화였다. 즉, 이 전환은 미국의 주도하에 동아시아에 본격적으로 등장한 문호개방·기회균등이라는 슬로건을 전제로 한 것으로, 이는 또한 동아시아 각국의 정치적 독립(형식적이기는 해도)을 전제로 한 것이었다. 이것이 일본에서는 동양을 일체로 생각하는 아시아주의의 추락을 초래한 결과 일본주의가 대두했다는 것이 코지따의 분석이다.[43] 이러한 코지따의 생각은 독창적이고 시사하는 바가 풍부하다. 나도 기본적으로 같은 생각인데, 약간의 보족적인 언급을 해두고자 한다.

먼저 동아시아에서 국제적 조건의 변화를 살펴보자. 당시 그것을 가장 명확하게 이해하고 발언한 인물 중 한 사람으로 재미(在美) 역사가인 아사까와 칸이찌(朝河貫一)를 들 수 있다. 그는 일본 중세의 봉건제를 구미 학계에 소개한 연구자로, 일본 '봉건제'론 연구사에서 빼놓을 수 없는 인물이다. 그의 이름이 널리 알려지게 되는 최초의 계기는 러일전쟁 중에 간행된 『러일갈등: 그 원인과 쟁점』[44]이었다. 또 1909년에는 일본인들을 위한 『일본의 화기(禍機)』를 썼는데, 이 두 책에서 그는 일본을 둘러싼 상황의 변화를 구(舊)외교에서 신(新)외교로의 변화라고 표현한다. 즉 "만약 열국(列國)이 중국을 괴롭히면서 서로 다투며 자국의 이익을 도모하려는 계책을 이름하여" 구외교라고 한다면, 신외교란 "중국의 주권을 존중하면서 가능한 한 제(諸)국민의 경제적 경쟁의 기회균등을 도모하는 것"이다. 이러한 시대적 상황변화에 대한 인식을 바탕으로, 그는 신외교의 입장에서 러일전쟁을 치른 일본이 대(對) ‘만주’정책에서 구외교의 입장을 취하고 있기 때문에 장래 미국과 대립할 가능성이 있다고 주장했다.[45] 이처럼 신외교와 구외교의 가장 큰 차이점은 중국의 주권을 존중하는가 여부에 달렸다는 것인데, 중국의 주권존중이라는 신외교에 동양을 일체로 생각하는 아시아주의적인 언설은 분명히 적합하지 않다.

아사까와는 1899년 5월 말일자 서간에서 다음과 같이 말했는데, 그에게는 앞서와 같은 국제적 인식과 본인의 역사연구가 불가분으로 연관되어 있었다.

또 혹자는 일본인이면서 일본을 위해 일하지 않고 미국을 위해 진력(盡力)하는 것은 애국의 정이 없다고 해야겠다고 하지만, 동서양 관계를 연구하여 일본의 지위는 천부(天賦)임을 구미에 소개하고 동서의 사정을 합하여 역사의 통일진보를 조장하는 데 미진하나마 진력하는 것은 도저히 망국의 사업이라고는 생각되지 않으므로, 만약 미국을 위해 일하는 것이 아니라 세계를 위해서 일한다고 한다면, 또한 간접적으로는 일본을 위하는 것이라고 생각한다.[46]

아사까와의 역사연구 동기가 상징하는 바와 같이, 러일전쟁을 전후한 시기에는 종래의 문명론적 아시아주의를 대신할 입장이 요구되었는데, 국가의 틀을 중시하는 새로운 국제정세 속에서 대신할 수 있는 것이라면 일본주의밖에 없었다. 역사연구에서는 일본사를 중국이나 한국과 불가분의 관계로 보는 것이 아니라 일본열도의 역사에 국한할 것, 이것이 일본주의에 어울리는 일본사로서, 이러한 시대적인 요청에 부응하여 '국사'가 성립된 것이다.

그러면 어떻게 일본사를 동아시아에서 분리할 수 있었을까. 그 하나는 고대 이래로 연면히 이어져온 천황제라는 무비(無比)의 국체를 강조함으로써였다. '메이지'시대 전기의 민간사학과 아카데미즘사학에서는 천황제에 대한 관점이 매우 개명적(開明的)이어서, 황실과 한반도는 깊은 관계가 있다는 것이 당연시되었다.[47] 그러나 이러한 관점은 천황제를 일본의 독자성을 상징하는 것이라고 보는 입장에서 생각하면 전혀 합당하지 않은 것이었다. 1892년에 일어난 유명한 '쿠메 쿠니따께 사건'은 일본사 연구에서 황국사관의 제일보를 마련했다.

이 사건은 초기 아카데미즘사학을 담당해온 사람들 중 한 사람인 쿠메가 『사학회(史學會)잡지』 1891년 10~12월호에 연재한 「신도(神道, 일본 황실과 국민의 선조인 신들을 숭배하는 일본민족의 전통신앙)는 제천(祭天)의 고속(古俗)」이라는 논문에 대해, 신도가(神道家)들이 문제를 제기하여, 결국 쿠메가 제국대학 교수를 사직함으로써 결말이 났다.[48] 신도가들의 아카데미즘사학에 대한 공격은 이미 1880년대부터 있어왔지만, 이 시점에서 사건이 커지게 된 이유는 제국헌법체제의 발족과 천황제 이데올로기 강화라는 시대상황이 배경에 있었기 때문이다. 이렇게 해서 문명론적 입장의 역사연구는 큰 제약을 받지 않을 수 없었다.

그러나 고대일본이 동아시아문명의 압도적인 영향하에서 문명의 길을 걷기 시작했다는 것은 부정할 수 없는 사실이므로, 일본의 동

아시아적 아이덴티티를 거부하기 위해서는 천황제를 들먹이는 것
만으로는 충분하지 않았다. 그래서 갑자기 주목받기 시작한 것이 중
세이다. 즉 고대 동아시아로부터의 영향을 매우 작고 표면적인 것이
었다고 하는 반면, 중세야말로 일본의 독자적 문명이 확립되기 시작
한 시기라고 주장하게 된 것이다. 하라의『일본중세사』가 대표적인
저작이다.

일본 '봉건제'론은 이러한 고대 경시, 중세 중시라는 변화와 연관
하여 등장한다. '메이지'시대에는 역사학에서 이것이 주류를 이루
지 못했으나, 경제사나 법제사 연구자들이 가장 먼저 주장하기 시작
한 일본 중세=봉건제론은, '타이쇼오'(大正, 1912~26)시대 이후 일
본사 연구의 통설로 그 지위를 다져가게 된다. 이것은 세계사 속에
일본을 위치시키는 데도 좋았고, 열강 사이에서 동아시아의 '신외
교'를 담당할 수 있는 일본의 능력을 역사적으로 뒷받침하는 근거가
되었던 것이다.

그러나 천황제와 봉건제론은 서로 모순되는 측면이 있었다. 전자
가 일본의 독자성을 강조하는 데 비해 후자는 일본과 유럽의 공통성
을 강조하는 것이었으므로, 서로 모순되는 것은 어쩌면 당연한 것이
었는지 모른다. '타이쇼오'시대 이후의 일본사 연구는 이 모순으로
고심하게 된다. 이 모순이 단적으로 표출된 것이 한국에 대한 인식
의 문제였다.

주지하는 바와 같이, 일본의 한국지배를 합리화한 언설로는 '일
선동조론'과 '정체론' 두가지가 대표적인 것이었다. 이제까지의 연
구에서는 양자 모두 한국지배를 합리화하는 언설로 동렬에 놓였으

나, 엄밀하게 생각하면 양자 사이에도 모순되는 면이 있다. 즉, 전자는 이 글에서 말하는 문명론적 아시아주의를 바탕으로 하는 데 반해, 후자는 일본 '봉건제'론을 배출한 탈아적인 일본인식을 바탕으로 하는 것이다. 한국의 '보호국화'에서 '병합'에 이르는 과정을 지배한 이념은 기본적으로 후자의 생각을 바탕으로 했는데, 그것은 '일선동조론'만으로는 한국지배를 합리화하는 데 충분하지 않았기 때문이다.

'병합'과 함께 일본이 한국지배의 이념으로 내세운 것은 '일시동인(一視同仁)'이었고, 그 정책적 표현은 '동화정책'이었다. 그러나 이러한 이념과 정책들은 결코 '일선동조론'을 바탕으로 하지 않았다. 현실적으로 취해진 정책은 철저한 차별정책이었고, 한국인들에게는 일체의 정치적 권리가 부여되지 않았다. '동화'는 매우 먼 미래의 일로 상정되고, 그 실현을 위해 필요하다고 간주된 것이 한국사회의 근대화의 진전이었다.

따라서 일본의 한국지배 정책의 기본이념은 근대화론이었다고 생각해야 하는데, 이것은 아사까와가 비판한 '구외교'시대의 이념 바로 그 자체였다. 즉 근대화론은 '구외교'시대 유럽의 세계침략을 합리화하는 이데올로기였고, '신외교'시대에는 근대화 지체를 구실로 삼고 영토지배는 하지 않겠다는 것을 이념으로 내세웠는데, 일본의 한국지배 과정에서는 후꾸다의 담론이 상징하듯이, 한국의 봉건제 부재=근대화능력 부재라는 도식으로 지배를 합리화하고자 했다. 따라서 일본 '봉건제'론의 문제점은 '신외교'시대에 등장한 시대착오성(anachronism)에 있었다고 해야 할 것이다.

일본 '봉건제'론의 또 하나의 문제점은 그것이 천황제론과 불가분하게 성립되었다는 데 있다. 2차대전 중에 집필되어 전후 일본사 연구에 결정적인 영향을 미치게 된 이시모다 쇼오(石母田正)의 중세사 연구는 천황제를 비판하고 일본의 세계사적 보편성(봉건제)를 강조함으로써, 천황의 이름으로 행해진 침략전쟁을 비판하는 데 연구의 의도가 있었다. 그래서 천황제라는 주술의 속박이 풀린 듯이 보인 전후시기 그의 연구는 황국사관에서 벗어난, 자유롭고 진정한 의미의 과학적인 연구로 인기를 끌었다. 그러나 이제까지 검토해보았듯이, 천황제론과 봉건제론은 '국사'의 성립과정에서 불가분의 두 지주로 등장한 것이었다. 환언하면 이데올로기적 측면에서는 봉건제론도 천황제론과 별다른 차이가 없는 시대의 산물이었다. 이 양자의 불가분의 관계가 충분히 인식되지 못한 것이 이시모다의 중세사 연구, 더 나아가서는 전후 일본 '봉건제'론의 근본적인 결함이라고 할 수 있는데, 이 과정에 대한 고찰은 이미 이 글의 범위에서 벗어나므로 다음 과제로 삼고 싶다.

## 제2장

# 식민지기 일본과 한국에서의 '봉건제'론

## (1910~45)

## 1. 서론

앞서 1장에서는 근대일본의 '국사' 성립과정과 그에 따른 한국사 인식문제를 '봉건제'론에 맞추어 고찰하였다.[1] 요지를 정리하면 다음과 같다. ① 일본에서 '국사'가 성립한 것은 러일전쟁을 전후한 시기였다는 점 ② '국사' 성립과정에서 결정적으로 중요한 역할을 한 것은 황국사관과 '봉건제'론이었고, 전자가 유럽·한국·중국과 일본의 차이를 강조하기 위한 것인 데 비해 후자는 유럽과의 공통점, 그리고 한국·중국과의 차이를 상징하는 것이라고 자리매김했는데, 여하튼 둘 다 '국사' 창출의 이데올로기였다는 점 ③ 이와 같이 일본의 '국사' 이데올로기는 한국사에서의 '봉건제' 부재를 이유로 한국

침략의 이데올로기로도 기능했다는 점, ④ 나아가 '국사' 성립 이후의 전망으로서 일본 '봉건제'론이 오늘날까지 강한 영향력을 가지고 있다는 점을 지적했으며, 그 구체적인 경위에 대해서는 다음 과제로 남겨두었던바, 2장에서 그 과제를 풀어보고자 한다.

2장의 검토대상은 일본이 한국을 식민지로 지배했던 시기이다. 이 시기는 '봉건제'론을 둘러싼 연구사에서 두가지 점에서 중요한 의미가 있다. 하나는 이 시기가 일본사 연구에서 '봉건제'론이 통설로서 지위를 확립한 시기이며, 전후 일본의 '봉건제'론에 결정적인 영향을 미치게 되는 연구가 나온 시기라는 점이다. 또 하나는 한국사 연구에서도 이 시기에 비로소 '봉건제'론을 주장하는 연구가 나왔다는 점이다. 따라서, 2장에서는 전자를 대표하는 이시모다 쇼오의 일본중세사 연구와 후자를 대표하는 백남운(白南雲)의 조선 '봉건제' 연구를 집중적으로 다룬다.


## 2. 이시모다 쇼오의 일본중세사 연구

### 이시모다 쇼오 이전

1장에서 지적한 대로 러일전쟁을 전후한 시기에 등장한 일본 '봉건제'론은 당초 경제사가와 법제사가들이 제창한 것으로, 이른바 역사학의 주변부에서 나타난 현상이었다. 역사학 연구의 중심에 '봉건제'론이 정착하게 된 계기는 1920,30년대 맑스주의가 본격적으로 수용되어 사회구성체 개념과 그 계기적 전진이라는 사적유물론

테제가 일본사 연구에 적용된 것이었다. 일본에서 맑스주의 수용의 기념비적 작품『일본자본주의발달사 강좌』(平野義太郎 外, 岩波書店 1932~33)에서, 이른바 강좌파라고 불리던 사람들은 메이지유신 이후의 일본을 반(半) '봉건적' 절대주의국가로 파악하였다. 따라서 거기에서는 메이지유신 이전 시기가 '봉건제'시대였다는 것을 전제했다. 강좌파의 대표적 논객 야마다 모리따로오(山田盛太郎)는『일본자본주의 분석』에서 에도시대를 "순수 봉건적 토지소유조직과 영세경작 농노경제의 특징을 갖는 토꾸가와막부 봉건제"시대로 파악하고 있다.[2]

한편, 맑스주의에 비판적인 역사연구자 중에서도 이 시기가 되면 에도시대를 유럽적 의미의 '봉건제'시대라고 파악하는 견해가 제시되기에 이른다. 예를 들어, 에도시대를 유럽의 동시대와 비교하는 관점을 가장 먼저 제시한 인물은 1장에서 소개한 우찌다 킨쬬오인데, 그의 뒤를 이어 쿄오또제국대학 국사학과 교수가 된 니시다 나오지로오(西田直二郎)에게도 그러한 점이 나타난다. 니시다의 대표적인 저작『일본문화사 서설』은 역사를 자아의 발전과정으로서 파악하는 입장에서 저술한 것인데, 에도시대를 '봉건제도의 완성'으로 보고 있다.[3]

이와 같이 1920년대 이후에는 일본의 전근대사회를 유럽적 '봉건제' 개념으로 파악하는 입장이 주류를 점하게 되었는데, 이러한 경향을 결정적으로 만든 연구는 2차대전 중에 집필된 이시모다 쇼오의『중세적 세계의 형성』이었다.[4]

## 『중세적 세계의 형성』의 중심내용

『중세적 세계의 형성』은 2차대전이 종료된 후인 1946년에 간행되었다. 따라서 간행연대로 보면 전후의 저작에 해당하지만 집필 자체가 전쟁 중에 이루어졌고, 또 출판도 원래는 좀더 빨리 될 예정이었던 것이 공습으로 인해 조판이 소실되어 늦어졌다는 사정을 고려하면, 전쟁 중의 저작이라고 할 수 있다.[5] 따라서 이 책은 러일전쟁기에 등장한 일본 '봉건제'론의 한 도달점을 보여줌과 동시에 전후 일본사 연구, 그중에서도 중세사 연구를 크게 규정하는 중요한 학문적 위치에 있는 것이다. 그 내용과 의의에 대해서는 1985년 이와나미문고판(岩波文庫版) 초판본에 실린 이시이 스스무(石井進)의 해설문에 간단명료하게 잘 정리되어 있다. 그 해설문에서 이시이는 "이 책은 헤이안시대부터 무로마찌시대까지 약 4세기에 걸쳐 이가(伊賀)국 남부 산간지에 존속한 쿠로다노쇼오(黑田莊)라는 한 장원의 역사를 추적하면서 고대에서 중세까지 일본사의 커다란 흐름을 그려내는 데 성공한, 일본역사학의 최고 걸작 중 하나"[6]라고 평가하고 있다.

저자인 이시모다가 이 책의 집필을 통해 주장하고 싶었던 것은 크게 둘로 나누어볼 수 있다. 하나는 전쟁 중에 유행했던 '황국사관'을 비판하는 것이었다. 이에 대해서는 저자 스스로 나중에 다음과 같이 말하고 있다.

1934년 국사연구회편 『이와나미강좌 일본역사』 중 한 편에 히라이즈미 키요시(平泉澄)의 「호겐 헤이지의 난과 헤이씨(保元平治の亂と平

氏)」가 실려 있다. 황국사관 초기의 업적이다. 난의 원인은 "모두 이 도덕의 유린"이며, 상하질서의 문란이다. 이것이 히라이즈미가 말하는 호겐의 난이다. 또 히라이즈미는 "따라서 국체의 자각에 의한 국가혁신운동은 이를 고또바 상황(後鳥羽上皇)의 지휘를 기다릴 수밖에 없게 만들었다"고 결론짓고 있다.

『중세적 세계의 형성』은 이러한 시기에 그러한 역사학의 반동적 경향과 싸우기 위해 쓰인 것이다.[7]


일본사의 전개를 세계사적으로 특이한 것으로 파악하고 그 중심에 천황을 위치짓고자 한 황국사관을 비판하면서, 일본사의 전개가 세계사적으로 특이한 것이 아니라 보편적인 것이었음을 밝히는 것, 그것이 이 책을 집필한 목적의 하나였다. 그리고 당시 이시모다가 일본사에서 보편적인 특징으로 선택한 것이 다름아닌 '봉건제'였다. 또 이와 관련하여 흥미로운 점은 전후 일본사 연구에 결정적인 영향을 미친 마루야마 마사오(丸山眞男)의 『일본정치사상사연구』도 같은 목적으로 집필되었다는 것이다.[8]

이와 같은 목적의식은 유럽적인 것이 보편이라고 파악하고 일본사 속에서 유럽적인 것, 즉 세계사적 보편성을 찾아내려고 한 종래의 '봉건제'론과 같은 것으로, 특히 이시모다의 독자적인 견해라고 할 수 없는 것이었다. 그러나 이 책은 또 하나의 목적이 있었는데 천황제 문제를 일본인민 자신의 문제로 제기한 것이다. 저자는 이 책에 담긴 이러한 짙은 그림자에 큰 의미를 둔 듯하다. 이 점에 대해 이시모다는 다음과 같이 말하고 있다.

전전(戰前)에 역사를 과학으로 연구하려고 했던 많은 사람들처럼 나에게도 최대과제는 천황제 문제였다. 이 문제를 일본인이 사상적·실천적으로 해결하지 않고서는 다른 문제도 해결할 수 없다고 확신하면 할수록, 천황제에 속박된 이 시대상황으로부터 해방되는 길은 일본인에게 얼마나 곤란하고 복잡한가, 천황제라는 괴물을 끌어안고 있는 우리 일본은 도대체 얼마나 이상한 나라인가 하고 자문자답하면서, 내 능력으로는 깨부수기 어려운 벽 앞에 서 있는 느낌이었다. ── 이전에 맑스주의를 배웠던 결과, 역사의 진보와 변혁의 원동력이 인민에게 있다는 인식은 변하지 않았지만, 이 올바른 원칙을 부정적인 측면에서 말하면, 인민의 힘과 의식의 정체나 후퇴는 역사의 발전을 정체 혹은 후퇴시킨다고도 할 수 있을 것이다. ── 역사진보의 원동력으로서 인민의 힘이라는 문제는 이러한 부정적 측면에도 해당된다는 것을, 나는 과거의 역사연구보다는 오히려 전전의 천황제가 지배하던 시대의 경험에서 배웠고, 그로 인해 고대와 중세의 역사, 특히 천황제의 역사를 연구하기 위한 시점이 하나 열린 것같이 느꼈다. 초기에 고대의 가족과 촌락, 즉 공동체 문제를 언급했던 것도 그 때문이었고, 전쟁 말기에 쓴 『중세적 세계의 형성』도 기본적으로는 그러한 문제의식 위에 서 있었다.

종전(終戰)의 조칙(詔勅)을 들었을 때 느꼈던 분노, 공허함은 나 자신을 포함한 일본인민에게는 배출구가 없는 감정일지 모르겠으나, 나는 거기에 역사연구자로서 어떠한 학문적 표현을 부여하고 싶다는 막연한 감정을 전쟁 말기의 경험을 통해 느꼈다. 물론 학문적인 일이기 때문에 일본인민을 그렇게 만든 모든 조건에 대한 분석이 중심이 되어야겠지만, 근대사를 전공하지 않은 본인의 입장에서 그것은 불가능한 일이었다. 그러나 5세기에 가까운 기간 동안 토오다이지(東大寺)의 지배와 수탈하에 있다가 외부의 힘을 통해 비로소 그 지배로부터 해방된 이가국 쿠로다노쇼오라는 하나의 폐쇄된 세계의 역사를, 단지 권력의 강력한 지배라는 측면뿐 아니라 그러한 지배 자체를 유지하고 존속시켰던 인민의 제조건과 모순이라는 측면에서 파악하는 작업, 그러한 '차질과 패배의 역사'를 나 자신의 힘으로 추구해보는 일이라면 보람있는 일이라고 생각했다.[9]

이 책에서 이시모다의 두가지 목적은 어떤 의미에서는 모순된다고 할 수 있다. 즉, 일본 중세에서 '봉건제'를 발견하고 그로써 일본사의 보편성을 밝힌다는 것이 이른바 '빛=밝음'의 측면이라면, 그 중세가 고대적인 권력 앞에서 계속 패배해가는 과정을 집요하게 추적함으로써 일본인민이 짊어져야 했던 부정적 유산을 밝히는 것은 일본 중세의 '그림자'를 드러내는 일이다. 이 책이 이가국 쿠로다노쇼오라는 고대 권력의 중심부에 존재했던 장원을 무대로 하는 것도, 또 이 책이 '차질과 패배의 역사'를 추구하는 것이라는 말로 결론짓고 있는 것도 두번째 목적의식이 작용한 것이라고 볼 수 있다.

『중세적 세계의 형성』이 일본에서 역사연구의 '최고 걸작 가운데 하나'로 칭송되고 전후 일본사 연구에도 결정적인 영향을 줄 수 있었던 이유는, 전술한 '빛'과 '그림자'의 측면을 동시에 밝히려 한 그 목적의식의 굴절성, 중층성에 있다고 생각한다. 따라서 이 책은 당시까지의 일본 '봉건제'론의 계보를 이으면서도 그것을 극복하는 측면을 갖는 것이었다고 할 수 있다. 나의 관심은 이 책이 일본 중세의 빛과 그림자를 파악할 때, 비교대상으로 중국을 강하게 의식하고 있다는 데 있다. 즉, 그것은 문명론적 아시아주의와 결별하고 일본 '봉건제'론이 등장한 이후의 전통을 계승하고 있는 것이다. 아래에서는 중국으로 대표되는 아시아와의 비교 문제가 『중세적 세계의 형성』에서 어떠한 위치에 있는가, 그에 따른 문제점은 무엇인가를 논하도록 하겠다.

### 『중세적 세계의 형성』에서 중일 비교와 그 문제점

1장에서 밝혔듯이 일본 '봉건제'론 성립과정에서 일본사의 특징을 파악하기 위한 비교대상은 한국사였다. 그러나 이 시기가 되면 비교대상의 중심이 점차 중국으로 옮겨가는 경향이 농후해진다. 이는 일본의 침략대상이 중국으로 옮겨감과 동시에 중국연구가 크게 진전된 것을 반영하는 현상이다.

『중세적 세계의 형성』이 중국을 많이 언급하는 것이 이러한 현상을 단적으로 보여주며, 이는 전후의 연구에 다양한 영향을 미치게 된다. 이 책의 중일(中日) 비교는 일본 중세를 '봉건제'로 파악하면서 더욱 중요한 위치를 차지하게 되는데, 좀 길지만 그 핵심부분을 인용해보겠다.

율령의 내용은 여러가지 측면에서 제정자가 우리나라에 이미 존재하던 민족생활에 맞도록 지금까지 검토된 것보다 훨씬 더 고민을 했

던 것은 인정해야만 하지만, 그것이 모법(母法)인 당(唐) 율령의 계수
법(繼受法)이었음은 물론 부정하기 어렵다. 그러나 이를 우리나라의
젊은 귀족계급이 갑자기 법령을 정비하고 당 문화에 접촉했기 때문
에 압도적으로 영향을 받았다고 생각해야 할 것인가? 그렇게 생각하
는 것은 율령 제정 이전에 우리 국민이 이룬 커다란 역사적 달성을, 부
정하지는 않더라도 경시하는 것임은 자명한 일이다. 한가지 예를 들
면, 율령제의 농촌기구로 가장 기본인 향리제(鄕里制)는 자세한 부분
을 빼고 크게 보면 당령(唐令) 촌락기구의 모방이긴 하지만 그러나 향
리제의 기본인 편호제(編戶制)는 우리나라의 독자적인 부민제도(部民
制度)에서 만들어진 것이지 결코 지나를 단순히 모방한 것은 아니었
다.[10]

(영주의) 족적(族的) 단결의 내용은 정치적 단결이었지만 여전히 평
화적인 조직이었고, 외부세력에 대해서나 내부의 고유한 모순에도 견
딜 수 있을 정도의 규범, 규율, 통제력은 갖지 못하였다. 이리하여 영
주의 족적 결합은 그것의 군사적 조직으로 성립하게 된 무사단(武士
團)에 그 주체성을 양도할 수밖에 없었다. 동족적 결합과 본질적으로
성격을 달리하는 무사단이야말로 새로운 역사의 기초원리가 되었다.
족적 단결은 그 자체로 어떠한 사회결합의 새로운 형식이 아니기에
거기에서 새로운 사회구성을 위한 특질을 찾아내는 것이 불가능할 뿐
만 아니라, 오히려 역사진보의 방해요인이었다. 그런데 학자들이 최
근에 특히 족적 단결이 카마꾸라 무사들의 특질이자 장점이었던 것
처럼 강조하면서, 나아가 족적 결합이 우리나라 농촌사회의 변함없는

사회형식이었던 것처럼 주장하는 것은 이해하기 어렵다. 뿐만 아니라 오히려 카마꾸라 무사단이 족적 결합을 지양(止揚)하려고 했다는 점, 혹은 지양해야 할 존재였다는 점에서 중세의 형성을 인정해야 한다. 이 문제는 단지 일본사의 커다란 전환기를 이해하는 데 결정적일 뿐만 아니라, 이를 통해 동양사회 전체의 연관성 아래에서 일본사를 역사적으로 자리매김하는 문제와 연결되기 때문에, 지나 농촌사회의 족적 결합의 성격과 비교하면서 무사단의 성립 의의에 대해 논하고자 한다. ——지나에서 종족이라고 불린 동성동조(同姓同祖)의 혈족집단이 농촌사회의 기본적 사회관계였다는 것은 주지의 사실이다. 그 본질 및 원시 혈연공동체와의 계보 관계는 잠시 논외로 해두고 단지 밝혀진 사실만을 보면, 동거동재자(同居同財者)만으로 한 촌락을 이루는 특수한 경우를 제외하고, 그것이 일반적으로 같은 조상에게서 나왔다고 여겨지는 가족들로 구성되는 동족단체라는 것은 자명하다. 그 동족단체는 보통 많은 촌락을 형성하고 족장에게 통솔되며 족약(族約)이라고 칭하는 성문화된 자치규범을 가지며 또 공동의 시설과 소유지를 가짐과 동시에 외적에 대한 공동방위까지도 중요한 기능으로 하고 있다. ——여기서 직접 문제로 삼고 싶은 것은 지나의 동족조직 또는 촌락 내 계급분화의 특수성과, 거기서 우리나라처럼 영주제나 무사단 같은 중세적 관계가 성립하지 않았던 사정에 관한 것이다. 지나의 동족촌락 내부에서도 계급분화는 진행되고 있었다. 그 내부에 지주와 소작인, 부농과 빈농의 대립이 존재했었다는 것은 분명한데, 이러한 지주층 혹은 영주층이 동족집단에서 어떠한 지위와 기능을 가지고 있었는지가 문제의 핵심이다. ——법적 관점에서 보면 소가족도, 다세대대가족도 가족공동체적 구성을 하고 있지만 후자가 주로 상층계급에서 발생한 가족형태였다는 사실은, 그것이 단순히 자연발생적인 것이 아니라 특수한 사정과 목적에서 성립된 가족공동체라는 것을 보여준다.——지나의 경우, 분가하기 위한 충분한 조건을 갖추고 또한 가정생활에 있어서는 독립된 소가족을 이루면서도 가산을 분할하는 일 없이 공동관계를 유지하였다. 우리나라의 경우에는 가산을 완전히 분할하여 독립된 분가가 재결합하는 것이었다. 그 점에서 근본적인 차이가 있지만, 분재이거(分財異居)를 억제하려고 하는 동기와 독립한 분가가 족적 결합을 이루는 동기는 근본적으로 동일한 계급적 입장에서 비롯된다는 공통점이 있다. ——이러한 결합형태의 상이점 자체가 지나의 토호와 우리나라 토호의 역사발전방향을 규정한 중요한 기초가 된다는 점만은 지적해야겠다. 즉, 지나는 가장 및 장로가 가족 전체의 지배자이고 다른 구성원은 그 내부에서 소가족을 형성하고 있지만, 개인적 독립성이 매우 낮았다. 이에 비해 우리나라의 족적 결합을 구성하는 각 집의 가장은 족적 결합의 주체로서 고도의 독립성을 갖고 있었다. 이러한 차이가 전자의 정체성과 후자의 활동성을 특징짓는 기초가 되었다. ——이렇게 지나와 간단한 비교만 해봐도 우리나라 무사적 영주의 기능과 성립을 동족과 촌락의 공동체적 집단과의 결합으로 연결하려는 견해가 얼마나 잘못되었는지 알 수 있다. 역사적으로는 위와 같은 견해와 정반대의 주장이 옳을 것이다. 영주제가 그 독자적인 정치형태를 수립하기 위해서는 내부에서 영주와 작인의 다양한 낡은 관계를 끊고 영주가 자신의 힘으로 작인을 지배해야 하고, 외부관계에서는 영주의 토지 소유가 위협받는 것 같은 정치적 불안이 존재할 필요가 있었고, 이러한 내외의 조건하에서 영주의 정치세력만이 새로운 질서를 형성하는 원천이었다. 지나의 영주는 태만하고 역사의 가혹함을 모른다.[11]

요약하면, "지나에서 무사단의 결여"는 영주제의 독립적 발전을 저해하던 공동체적 질서의 제약 탓이었는데, 일본에서는 무사단이 "낡은 동족조직에서 분리되어 독자적인 족적 단결을 이루기에 이르렀다"는 것이다. 그리고 이에 따라 "처음으로 중세로의 길이 열렸고" 나아가 "이 과정은 동양적 세계의 일본이 진정한 자기노력으로 분리를 완성하는 과정이었으며, 근대일본의 초석이 여기에 놓이게 되었다고 해도 과언이 아니다"라는 것이 이 책의 핵심적인 주장이다.[12]

이러한 이시모다의 주장은 일본 중세를 중국문화에서 해방되었다고 파악함과 동시에 중세 '봉건제'의 성립을 근대화 성공의 역사적 요인으로 본다는 점에서 일본 '봉건제'론의 주장에서 한걸음도 벗어난 것이 아니었다. 그뿐만 아니라 일본 '봉건제'론의 선두 주창자 가운데 한 사람인 후꾸다 토꾸조오가 한국사와 비교하면서 일본 '봉건제'론을 구축한 것과 마찬가지로, 이시모다가 이 책에서 '지나' 즉 중국과 비교함으로써 '봉건제'론을 전개하는 구도도 동공이곡이라 할 수 있다. 그런데 전술한 대로 후꾸다의 한국사 파악이 극히 표면적이고 비역사적인 것이었다고 하면, 이시모다의 경우는 어떻게 봐야 할까?

이시모다가 이 책에서 중국과 일본의 차이점으로 가장 주목하고 있는 것은 앞의 인용문에서도 보았듯이 동족결합의 문제이다. 중국에서는 동족결합이 상당히 강력한 것이었기에 공동체 내부의 계급관계가 충분히 전개되지 못했다. 이에 비해 일본에서는 동족결합을 타파하는 세력으로 무사단이 등장하고, 그들을 통해 중세적=‘봉건’적 관계가 성립한다는 것이 이시모다의 주장이다. 그러나 이러한 중국사 및 중국사회에 대한 이해는 다음 두가지 점에서 문제가 많다.

첫째, 중국의 동족결합의 강도 문제이다. 사실 중국사회의 특징으로 가족결합, 친족결합의 강도를 중시하는 견해는 이 책이 집필되던 당시에도 널리 유포되어 있었다. 그러나 동시에 이와는 정반대 견해, 즉, 중국사회의 개인주의적 성격을 강조함과 동시에 가족과 종족의 결합도 불안정하고 약하다는 견해도 이미 유력하게 제기되고 있었다.[13] 이 책에서는 후자의 견해를 전혀 고려하지 않고 있으며, 그러한 의미에서 이시모다의 중국이해는 극히 선택적이고 의도적인 것이었다고 할 수 있다.

둘째, 중국의 동족결합을 고대적인 것으로 이해하고 있는 점이다. 동족결합을 고대적인 것 혹은 원시적인 것으로 파악하고, 또 그것이 강고하게 유지되고 있음을 지적함으로써 아시아사회 정체성(停滯性)의 근거로 삼는 담론은 이미 한국사회를 대상으로 한 이나바 쿤잔(稻葉君山) 등에게서도 보이는 것이며,[14] 이시모다도 같은 입장을 취하고 있다. 그러나 이 책이 집필된 시점에 이미 마끼노 타쯔미(牧野巽)가 일련의 종족연구를 발표했는데, 거기서는 중국의 종족이 근세, 즉 송대(960~1279)에 시작된 것이라고 주장했다.[15] 따라서 동족결합을 단순히 고대적인 것이라고 이해하는 입장 역시 극히 일면적이며 비역사적인 것이라고 할 수 있다.

이처럼『중세적 세계의 형성』의 중국인식은 문제가 많았다. 그리고 그것은 단지 이시모다 개인의 문제가 아니라 일본 '봉건제'론이 원래 갖고 있던 이데올로기적 성격을 반영한 것으로, 중국과 한국의 정체성을 자명한 것으로 전제하고 그 정체성의 원인을 논자별로 자의적으로 지적하는 스타일을 이시모다도 답습하였던 것이다.

그런데 이러한 이시모다의 중국인식은 전후에 자기비판을 겪게 된다. 그 내용을 간단히 살펴보자.

### 중국인식에 대한 전후 자기비판

1946년 6월에 초판이 간행된『중세적 세계의 형성』은 이후 오늘날까지 계속 중판되고 있다. 1950년 첫 개정판이『증보 중세적 세계의 형성』으로 출판되고, 거기에 약간의 증보 논문이 부록으로 수록되었다. 단, 본문은 "일체 수정을 하려고 하지 않았다"[16]라고 했듯이 초판 그대로 펴냈다. 그러나 1957년판에는 "약간 정정"[17]했고, 이 판본이 정본이 되어 오늘에 이르고 있다. 이러한 판본의 변화와 부록에 수록된 논문을 통해 이시모다의 견해 변화와 자기비판을 추적할 수 있다.

그러한 전후의 변화에서 먼저 주목할 것은 1957년판의 "약간 정정"이다. 여기서는 초판부터 사용하던 '지나'라는 용어가 전부 '중국'으로 바뀌었고, 중국관계 기술도 '약간 정정'한 것을 알 수 있다. 또한 앞에서 인용한 문장 중에 "지나의 영주는 태만하고 역사의 가혹함을 모른다"라는 부분이 완전히 삭제되었다. 이 문장은 독자가 아연실색할 정도로 강한 표현이었고, 타민족의 역사를 모독했다고 할 수 있을 텐데, 그 때문에 삭제되었던 것일까? 또 '지나'라는 단어를 '중국'으로 바꾼 것에 대해서는 아무런 언급이 없으며,「머리말」에서 "약간 정정"했다고만 언급하고 있다. 중국이해에 대한 자기비판 내용도 의문을 갖게 하는데, 그 자기비판은 어떠한 것이었을까?

전고(舊稿,『중세적 세계의 형성』)에서 일본의 봉건제 성립과정을 논하며 비교하는 과정에서 중국 고대국가가 순수한 봉건제에 의해 부정된 사실이 보이지 않는다는 사정을 분석하고, 영주제의 모순이 공동체적 유제(遺制)에 의해 전복되지 않았다는 사정에서 그 근거를 찾았다. 즉, 중국 중세사회의 정체성, 그로 인한 지배계급의 퇴폐성을 지적한 것이다. 그러나 여기서 지적해야 할 것은 그 논문에서 중국에 대한 무지의 결과로 드러난 내 잘못이 아니라, 중국의 중세사에 대한 근본적인 관점의 오류이다. 거기에는 서구의 전통적인 시민적 사고방식이 있었을 뿐 아니라, '아시아적 생산양식'의 논쟁과정에서도 보이듯이 맑스주의 역사학자에게도 지배적이었던 '아시아의 정체성'에 관한 이론이 근본을 이루고 있었다. 전고에서는 그 정체성의 기초를, 봉건제 성립의 근본모순이 영주제 내의 대립을 명료하게 하지 못했던 농촌의 공동체적 질서에서 확립하려 했던 것이다.[18]

이 인용문은 1949년에 집필한「봉건제 성립의 특질에 대하여」란 글의 일부로『중세적 세계의 형성』에서의 중국이해에 대해 가장 솔직하게 자기를 비판하는 부분이다. 중국을 잘못 파악한 것에 대해서 여러가지를 언급하고 있지만, 여기서는 자기비판의 문제점이라고 여겨지는 것만을 지적해두겠다. 그 문제점이란, 이러한 자기비판이 기본적으로는 모두 중국을 파악하는 문제에 한정되어 있는데, 그렇게 중국을 잘못 파악한 것이 일본의 중세를 파악하는 것과 어떤 관계를 가지는가는 전혀 언급하지 않았다는 점이다. 따라서 이러한 자기비판은 『중세적 세계의 형성』에서 일본 중세를 파악하는 방식과는 관계가 없는 것으로, 다음 문장과 같이 전후에도 '봉건제'론의 틀 자체는 그대로 유지되었다.

> 도대체 일본에 중세 — 바꾸어 말하자면 봉건제라는 것입니다만 — 가 발생했다는 것은 우리 일본인에게는 극히 당연한 것이지만, 그러나 이것을 동양역사라는 입장에서 생각해보면, 일본에서 중세가 성립했다는 것은 매우 획기적인 사건인 것입니다. 그것은 바로 메이지유신으로 일본에서 근대사회가 성립한 것이 동양역사에서 하나의 획기적인 사건인 것과 마찬가지로, 중세가 성립한 것은 동양의 역사에서도 하나의 변혁적인 사건이었다는 점에 먼저 주의해야 합니다.[19]

여기서는 일본 중세가 '봉건제'사회라는 것은 이미 "극히 당연한 것"으로 여겨지고 있고, 또 중국에 '봉건제'가 성립하지 않았다는 것도 분명한 것으로 여겨지는 듯하다. 『중세적 세계의 형성』은 몇번이나 지적했듯이 전후의 일본 역사학계에 커다란 영향을 미쳤으며, 영향이 컸던 만큼이나 이 책에 대한 비판도 다양하게 제기되었다. 그 중에서도 아라끼 모리아끼(安良城盛昭)의 '중세=총체적 노예제사회'설은 이시모다 중세론의 약점을 가장 날카롭게 비판했다.[20] 그러나 거기서도 이시모다의 중국 파악은 문제시되지 않았고 전후의 자기비판도 주목받지 않았다. 그리고 이 책은 지금까지 "일본 역사학의 최고 걸작의 하나"라고 평가되고 있는 것이다.

그러나 1장에서 지적했듯이 일본 '봉건제'론은 성립 당시부터 일본사를 동아시아사적 연관에서 분리하고 국민국가 형성을 위한 역사의식 육성과 아시아침략 합리화를 지탱하는 이데올로기로서 성립되었으며, 결코 역사연구의 발전 속에서 자연스럽게 등장한 것은 아니었다. 그런데 시간이 흐름에 따라 그 이데올기적 성격이 망각되고, 2차대전 후에는 "지극히 당연한 것"으로 정착되기에 이른 것이다. 그 과정에서 『중세적 세계의 형성』은 전쟁시기의 천황제 파시즘에 대한 저항의 산물로서 높이 평가받고 일본 '봉건제'론의 정착에 결정적인 역할을 담당했다고 할 수 있다.

## 『중세적 세계의 형성』의 이중적 성격

『중세적 세계의 형성』이 전후 역사연구에 큰 영향을 미치며 오늘날까지 다양하게 언급되고 있는 것은 이 책이 일본 '봉건제'론의 대표적 연구서라는 것이 가장 큰 이유지만, 나 개인적으로는 또 하나, 앞에서 지적한 이 책의 굴절성, 중층성도 큰 역할을 하고 있다고 생각한다. 이 점에 대하여 간단히 언급하겠다.

이 책은 중세의 형성을 테마로 하면서도, 구체적 분석대상인 쿠로다노쇼오의 주민들이 토오다이지라는 고대를 상징하는 권력 앞에 패배를 거듭하다 결국에는 스스로의 힘으로는 중세를 형성할 수 없었던 과정을 집요하게 추적하고 있다. 거기서 저자의 생각, 곧 천황제로 인한 전쟁을 막지 못했고, 외부의 힘에 의해서 일본을 패배로 몰아갈 수밖에 없었다는 참괴감이 투영된 점은 이미 전술하였다. 따라서 이 책은 독자에게 고대에서 중세로의 역사발전이라는 면보다는 오히려 일본에서 중세적 세계 형성의 어려움을 더 강하게 부각하는 내용으로 되어 있다. 그렇다면 그 어려움은 이 책에서 저자가 지적하는 중국에서의 '봉건제' 성립의 어려움과 상통한다고도 해석할 수 있다. 아시아에서 일본만 '봉건제'를 실현했다고 자랑스럽게 선언하는 입장과 '봉건제' 성립의 어려움을 추구하는 입장, 두가지가 이 책에는 혼재한다. 이시모다는 두 입장이 어떤 상관관계를 지니는가 하는 문제에는 침묵하고 있다.

전후, 특히 1960년 미일안보조약 개정반대투쟁이 고조에 달했던 시기를 중심으로 일본의 역사를 아시아, 그중에서도 동아시아와 연결해 파악할 필요성이 강하게 제기되던 시기가 있었다.[21] 구체적으로는 북한의 김석형(金錫亨)의 연구가 주목을 받거나,[22] '아시아적 봉건제론'이 제기되기도 했다.[23] 후술하겠지만, '아시아적 봉건제론'은 전전에 맑스주의자가 제창한 것으로, 일본의 중세를 아시아와의 연관성이라는 시각에서 파악하는 과정에서 다시 주목받게 되었다.

그런데 이 '아시아적 봉건제'라는 개념은 유럽의 '봉건제'를 전형적인 것으로 상정해두고, 그것과 대비하면서 아시아적 특수성을 파악하려고 하는 것이다. 따라서 유럽을 역사발전의 기준으로 삼았다는 점에서는 일본 '봉건제'론과 같은 틀에 있으며, 천황제 문제를 아시아적 특수성이 일본에서 나타난 것이라고 보면 이시모다에게 일본 중세의 '그림자'는 '아시아적 봉건제론'과 매우 흡사하다고 할 수 있다. 이시모다 자신은 전후의 자기비판에도 불구하고 일본 중세의 성격에 대한 생각을 바꾸지 않았지만, 『중세적 세계의 형성』은 독자가 '아시아적 봉건제론'에 관한 논의로 읽을 수 있는 성격도 갖고 있었다고 할 수 있다. 그리고 그 점 때문에 『중세적 세계의 형성』이 오랫동안 영향력을 유지해오지 않았을까 생각한다.


## 3. 백남운의 조선 '봉건제'론

### 조선 '봉건제'론의 내용

서두에서 지적했듯이 식민지시기에 한국사에 유럽적 의미의 '봉건제' 개념을 적용하려는 연구가 처음 등장하였다. 예를 들어 1931년 발표된 이북만(李北滿)의 「조선의 토지소유형태의 변천」에[24] '봉건제'시대라고 파악하는 견해가 있다. 이것이 한국사에 '봉건제' 개념을 적용한 가장 빠른 예로 보인다. 체계적인 연구로는 백남운의 연구를 효시로 보는 것이 타당하다. 백남운의 연구는 선구성뿐만 아니라, 해방후 북한과 한국 양쪽에서 연구가 이어졌다는 점에서도 중요한 연구사적 의의를 갖는다. 따라서 여기서는 식민지기의 대표적인 조선 '봉건제'론으로서 그의 연구를 소개하고자 한다.[25]

백남운은 일본 토오꾜오상과대학(東京商科大學, 현 히또쯔바시대학—橋大學)에서 유학 중에 맑스주의를 받아들였고, 귀국 후에는 연희전문학교(현 연세대학교) 교수로 재직하면서 활발한 연구활동과 지식인 운동을 전개하였다. 그리고 1930년대에 연이어 간행된『조선사회경제사』(1933) 및『조선봉건사회경제사 상』(1937)은 그의 주요한 저작이자 조선 '봉건제'론의 기념비적인 작품이다.[26]

백남운은『조선사회경제사』서문에서 자신의 연구의도를 다음과 같이 말하고 있다.

우리 조선이 과거에 동양문화권의 일대 영역이었다고 한다면, 금일의 조선은 어쨌든 세계사적 규모에서 자본주의의 일환을 형성하고 있는 것 역시 사실인데, 그 모두가 역사적으로 규정된 것이다. 이 계기적(繼起的) 변동의 법칙을 파악하려는 경우에 과거 몇천년간의 자기의 사적(史跡)을 성찰하는 것도 당연히 우리들의 과제가 되지 않으면 안 된다.

(…) 돌이켜보면 조선에서 학문발전사는 대개 삼국시대(고구려·백제·신라) 이래의 한문학(漢文學)·불학(佛學)·노장학(老壯學)·유학(儒學) 등을 포함한 방대한 부문을 형성하고 있었는데 모두 사회경제의 역사적 발전과 내면적 관련을 맺고 있었음은 물론이다. 그 가운데 근세조선사에서 유형원(柳馨遠)·이익(李瀷)·이수광(李睟光)·정약용(丁若鏞)·서유구(徐有榘)·박지원(朴趾源) 등, 이른바 '현실학파'라고도 불러야 할 우수한 학자가 배출되어 우리 경제학적 영역에 대한 선물로 남겨준 업적은 결코 적지 않은 것이었다. 나아가 근래 조선경제사의 영역에 착안한 최초의 학자는, 내가 아는 한에서는 선사(先師) 후꾸다 토꾸조오 박사였을 것이다. 단 후꾸다 박사는 조선에서 봉건제

도의 존재를 완전히 부정했다는 점에서 그에 승복할 수가 없는 것이다.[27]

나아가 제1장 「조선경제사의 방법론」에서는 당시 한국사 연구의 주류였던 '특수사관'을 비판하는 것이 이 책의 과제라고 지적하고 있다.

최근 우리 선배는 조선사학을 위하여 어떠한 공헌을 했는가. 혹은 문헌고증을 위하여, 혹은 고적답사 및 유물수집을 위하여 심혈을 기울이고 있다. 물론 모두 필요한 일이지만, 다른 면에서 보면 우리 사학의 영역에서 하나의 새로운, 더구나 불행한 각인(刻印)으로서 '특수사관'이라는 박래품(舶來品)을 일본에서 수입한 것도 우리 선배일 것이다. 그 특수사관이라는 역사학파의 이데올로기는 신흥 독일 자본주의가 영국에 대항하는 국민적 운동의 소산이었는데, 이것이 신흥 일본의 자본주의적 국정(國情)과 적합했기 때문에 대량 수입한 결과, 일본의 사학계는 어쨌든 비약적으로 발전하였던 것이다.[28]

이러한 백남운의 연구는 유학시절의 스승 후꾸다 토꾸조오의 '봉건제' 결여론 및 그 영향을 받아 주장된 '특수사관'을 비판하고, 한국사의 전개가 세계사적 보편의 한 특수형태라는 것을 밝히려는 것이었다. 그리고 그는 자신의 조선경제사 구상으로 다음과 같은 경제적 구성의 계기적 제단계를 설정하는 것이 가능하다고 하였다. 즉 원시씨족공산제 단계, 삼국시대의 노예경제 단계, 삼국 말기에서 최

근세까지의 아시아적 봉건제 단계, 아시아적 봉건국가의 붕괴와 자본
주의의 맹아 단계, 외래자본주의 발전 단계라는 5단계가 그것이다.

그는 이러한 웅대한 구상에서 앞서 언급한 두권의 책을 저술하였
는데, 그중『조선사회경제사』는 노예제 단계까지를 다루었고, ‘봉건
제’ 문제는『조선봉건사회경제사 상』에서 본격적으로 논하고 있다.
후자는 본래 조선시대를 다룰 하권과 함께 구상되었는데 하권은 끝
내 간행되지 못하였다. 하지만 이 책에서 고려시대를 아시아적 봉건
제의 전성시대로 이해하고 있기에 그의 조선‘봉건제’론은 이 책을
통해서 충분히 전개되고 있다고 보아도 무방하겠다.

이 책에서 백남운은 먼저 조선‘봉건’사 연구의 의의에 대하여 다
음과 같이 언급하고 있다.

세계역사의 전환기에 동양사회의 현실형태는, 아시아적 정체성(停
滯性)으로서 봉건적 유제의 강인성과 자본주의적 최고 형태의 지배적
비중의 나무쪽세공(작은 나무토막을 짜맞추는 세공) 같은 혼혈형태라는 점
에서 이중성의 비약적 전환을 약속받고 있다. (…) 여기서 동양사회에
관한 역사적 인식의 중요성이 한층 요청되는 바인데, 특히 현실사회
의 모태인 동양 봉건사회의 전체제를 전면적으로 구명(究明)하는 일
은 결코 단순히 과거의 검토에 그치지 않고 내일에 관한 과학적 예견
(豫見)의 한 방법으로서 절대적인 사명을 담당하고 있는 것이다.

그럼에도 불구하고 근래 동양사회에 대한 사적 인식은 부진한 상
태이며 특히 반도(半島) 부분은 전혀 간과되고 있지 않은가? 그것은
아마 그 사학 수준의 미전개, 정치적 현실성, 그외의 사정에 의한 것이

겠지만 그중 반도 봉건사는 전혀 첫 삽도 넣어보지 못한 처녀지대이며, 따라서 전동양 봉건사상에서 완전한 공백으로 있는 것이다. 그러나 동양 봉건시대에서 반도의 전동양적 연관성이 엄연한 사적 사실인만큼, 그것에 의해 동양 봉건사학의 한 부문이 새롭게 전개되는 것은 사학 발전사상의 필연적 귀결일 것이다.[29]

여기서 보듯이 백남운은 조선 '봉건제'가 '동양 봉건제'의 한 부문이며, '동양 봉건제' 연구는 그 '봉건'유제의 강인성으로 현실의 동양사회를 이해하는 데 커다란 의의를 갖고 있다고 지적하면서, 자기의 문제의식을 선명하게 표출하고 있다. 그렇다면 그의 조선 '봉건제'론의 내용은 어떠한 것이었을까? 이어서 인용하는 부분이 그의 주장의 핵심이라고 판단된다.

즉 신라 말기 이래의 반도 역사는 봉건 전사(全史)인데, 그중 고려는 신라의 노예소유적 구성의 분해과정으로부터 진테제〔=합습 혹은 합동合同〕적인 전성물(轉成物)임과 동시에 이조시대의 절대주의적 봉건제의 전신(前身)인 점에서, 또는 전형적인 농노제에 입각한 상층 정권의 정력적 변전(變轉)의 봉건적 분권상인 점에서, 반도 봉건사상에 가장 전형적인 정력적 봉건사회였다.

즉 고려는 구주(歐洲) 내지는 일본형(日本型)과 구별되는 아시아적 봉건제의 유형으로서, 일반적 기초조건과 함께 반도적 제특징을 모두 갖추고 있었다. 예를 들면 (1) 집권적 토지국유제 및 히에라르키(신분제)적 과전제(科田制)에 입각한 중앙집권적 관료봉건국가란 점 (2) 그 상호 보험적인 흡반(吸盤)은 병렬적인 봉건적 대토지소유와 소농경영의 대조적 구성에 의한 농노경제이며, 나아가 독립적인 소농경영 형태는 농촌공동체적인 '전정연립제(田丁連立制)'와 '개별적 소경작'의 두 유형의 병렬적 편제인 점 (3) 따라서 '최고 지주'라는 기초 규정에 의한 조세와 지대의 일치 또는 그 병렬적인 봉건적 토지소유제에 기초한 지대 제형태의 분화, 부정기적인 요역, '과렴(科斂)' '족징(族徵)' 혹은 '인징(隣徵)' 등의 포학화(暴虐化) 내지는 농업과 농촌적 공업의 결합에 의한 공세(貢稅)형태의 다양성 (4) 그들 부불잉여노동(不拂剩餘勞動)의 확보조건으로서 권농정책의 집권화와 함께, '경작'의 '소유'에 대한 예속적 관계는 물론 수청목(水靑木, 사적인 제재, 린치)을 가하는 등, 농민의 신분 및 생활양식에 관한 각종 제한규정 등에 의한 '외적 강제'의 아시아적 잔학성 등은 그 기초적 제규정이며, 나아가 (5) 그 병농(兵農) 일치주의의 군사조직은 공권력의 집중형태임과 동시에 봉건적 생산양식의 연장인 점 (6) 의창 및 상평창제도에 의한 곡물시장의 통제 또는 (7) 도시의 비독립성 및 공력(公力)의 집중, 잉여생산물의 분배시장인 점, 그러한 특수조건하에서 국가, 관리=지주, 상인 등의 삼위일체적인 상업=고리대의 상호의존적 발전. (8) 농촌공동체의 봉건적 제역(諸役)에 관한 연대적=예속적 존재 내지는 부가장적=집권제 가족제도의 봉건적 체제 등 모두가 고려 봉건사회의 아시아적 특수양상인 것이다.[30]

여기서 알 수 있듯이 백남운은 신라 말기에서 조선왕조까지의 긴 기간을 '봉건제'로 파악하면서 고려시대를 '전형적인 정력적 봉건사회', 조선왕조를 '절대주의적 봉건체제'라고 규정하고 있다. 그리고 이 (1)~(8) 중에 고려시대를 대상으로 분석한 것이 『조선봉건사회경제사 상』이다.

백남운의 아시아적＝조선 '봉건제'론의 가장 핵심적인 부분은 (1)의 문제, 즉 '집권적 토지국유제'와 '중앙집권적 봉건국가' 규정이라고 생각되는데, 전자인 토지국유제에 대해서는 다음과 같이 지적하고 있다.

나아가 일반적으로 이 토지국유제의 역사적 특수성에 대하여 대관(大觀)하면, 노예소유자적, 미전개의 명목적인 토지국유제로부터 관료적 집권적 토지국유제로의 전화, 혹은 국가적 공전제에서 대토지사유제로의 분해 및 그 역전화(逆轉化)는 조선에서 독자적인 정치적 풍토의 물질적 배경이며 국가 흥망의 내면적인 비밀이 되었다. (…) 그러나 같은 말로 불린다고 해도 고려조의 토지국유제와 신라의 그것은 구별되지 않으면 안된다. 즉 신라의 토지제도는 본원적인 부족적 전투행위가 지역적으로 발전하여 형성된 농촌공동체적 토지재산이 국가적 토지제로 발전된 것임에 대해, 고려의 공전제는 신라 말기 이래 분권적 지방적인 무정부상태로부터의 역사적 출구로서 왕씨족(王氏族)을 중심으로 한 아시아적 봉건국가의 완성으로 진전된 것이다. 바꾸어 말하면 전자의 경우는 원시 씨족공동체의 붕괴과정에서 발생한 가부장적인 종족적 촌락 공동재산이 국가재산제로 정치적으로 전화한 형태임에 대하여, 후자의 경우는 봉건적인 신흥 지방세력이 구귀족군에 대해 정치적으로 승리하여 상호보험적으로 집권적 공전제를

확립한 것이다.[31]

그렇다면 여기서 집권적 토지국유제를 왜 '봉건제'라는 개념으로 파악할 수 있는 것일까?

이상 논술했듯이 고려조의 집권적 토지국유제하에서는 외관적으로는 유럽식 봉토제가 인정되지 않는다. 따라서 지방적으로 분립하는 봉건영주적인 것도 아니지만 전형적인 분립적 봉쇄경제의 존재도 인정될 수 없었던 것이다. 그런데 봉건제사회를 봉건제라고 할 수 있는 기초 조건은 그 형태의 분립상에 있는 것이 아니다. 동양의 토지국유제에서 전체주의적인 집권적 봉건제인가 서구의 할거주의에 있어서의 분립주의적 봉건제인가를 묻지 말고, 그 생산수단인 토지와 직접 생산자인 농민의 사회적 구성관계의 생산특질에 의해 봉건사회일 수 있는 성격이 부여되는 것이다.

(…) 고려시대의 농민은 국가로부터 공전을 분급받은 독립된 생산자이기에 그 부역노동·생산물지대 등의 잉여노동을 짜내기 위해 자연히 '최고 지주'인 국가에 인신적으로 예속시키지 않으면 안되었다. 즉 비록 명목적 지주라고는 해도 농민으로 하여금 '잉여노동'을 시키기 위해서는 어떠한 형태든 경제외적 강제(ausserökonomischen Zwang)를 하는 수밖에 없다. 이렇게 하여 직접생산자인 농민으로부터의 흡수가 법제적으로 확보되었던 것이다. 그러나 그 본질적 내면적인 봉건적 토지소유관계와 그 속성으로서의 착취관계에 의거한 주종관계야말로 고려시대에 국가 대 농민의 전사회적 구성의 기축을 이루었다.

(…) 즉 사전(私田)의 전객(佃客)은 그 경지를 자유롭게 팔 수 없음은 물론 타인에게 양도할 수 없었던 점에서 그 경지에 예속되어 있었음이 분명하다. (…) 이상과 같이 공전의 농민도, 사전의 전객도 사실상의 농노군이었다.[32]

백남운의 '봉건제'론은 농민을 농노라는 범주에서 파악하려 한 것이며, 고려시대의 농민을 크게 국가에서 공전을 지급받는 농민과 사전의 전객 농민으로 나누고, 둘 다 국가와 사전 전주에 대해 농노의 지위에 놓여 있었다고 보는 것이 그의 '봉건제'론의 성립근거이다. 그리고 이러한 '봉건제'의 양태는 "구주 내지는 일본형과 구별되는 아시아적 봉건제"의 가장 전형적인 내용이었다.

### 조선 '봉건제'론의 영향 및 문제점

백남운의 조선 '봉건제'론은 앞에서 보듯 매우 체계적이었다. 따라서 식민지지배가 끝난 후 한국과 북한의 역사연구에 크게 영향을 미치게 된다.

해방된 다음날인 1945년 8월 16일 창설된 조선학술원의 초대 원장에 취임한 백남운은 이후 서울에서 학계·정계의 여러 요직을 거치고 1947, 48년경 북한으로 넘어가 '조선민주주의인민공화국' 건국과 더불어 교육상이 되었다. 그후에도 정치적 부침을 거듭하며 1979년 사망할 때까지 조선노동당 중앙위원 지위를 계속 유지했다. 이와 같은 경위를 통해서도 알 수 있듯이 백남운의 연구가 미친 영향이 먼저 나타난 곳은 북한 학계에서였다.

북한 학계에서는 '역사발전의 합법칙성'이라는 것을 강하게 주장했는데 거기에는 스딸린적인 인류사회발전의 5단계설(원시공산제·노예제·봉건제·자본제·공산제)을 수용하여, '봉건제'는 인류사회발전의 보편적 단계로 위치하게 되었다. 백남운의 연구는 가장 먼저 한국사 연구에서 '봉건제'의 존재를 주장했다는 선구성뿐만 아니라 그 내용, 특히 토지국유제론, 농노로서 공전·사전농민의 공통점 등에서 북한의 연구에 큰 영향을 미쳤다. 그중에서도 북한의 역사연구에서 일관되게 주류를 점했던 김석형의 연구와의 유사점이 주목된다. 김석형의『조선 봉건시대 농민의 계급구성』은 해방후 북한 역사학계를 대표하는 연구일 뿐만 아니라, 일본중세사 연구에도 커다란 영향을 미쳤다. 거기서는 조선 중세의 기본적 계급관계로서 국가-농민관계와 지주-전호관계의 병존과 더불어 양자의 기본적 동질성이 주장되고 있다.[33] 이는 백남운의 주장과 기본적으로 동일한 파악방식이며, '봉건제' 성립시기와 노예제시대의 유무 등에서 둘 사이에 차이점도 존재하나, 계승관계는 명료하다고 할 수 있다.

더욱이 '봉건제' 이해만이 아니라, 조선후기 실학사상에 주목한 점이나 '자본주의 맹아형태'에 주목한 점 등에서도 백남운의 연구는 북한 역사학계를 선도하는 것이었다. 특히 이 점에서는 북한뿐만 아니라 한국의 연구에도 큰 영향을 미치게 되었다.

한국에서는 해방후 좌우대립과 한국전쟁 발발 등으로 맑스주의자였던 백남운의 연구가 가시적인 형태로 영향을 미치지는 못하였다. 그러나 1960년대 전후부터 활발해진 일제 식민사관 비판과 극복의 움직임에서 백남운의 연구를 계승해 발전시킨 것으로 보이는 연구가 등장한다. 예를 들면, 한국사에서 '봉건제' 개념의 적용문제가 논의되고, 지주-전호관계를 '봉건제' 개념으로 파악하는 이해가 널리 퍼진 것도 그 하나의 증거라고 하겠다. 그러나 한국에서는 북한처럼 역사발전의 합법칙성이 강하게 의식되거나 논의된 바는 없었고, 따라서 '봉건제' 개념의 적용문제가 학계 공통의 화제가 된 적도 없다.

한국에서 백남운 연구를 계승했다고 할 수 있는 것은 '봉건제' 문제보다는 오히려 조선후기의 '자본주의 맹아형태' 문제라고 생각한다. 즉 식민사관의 한 전형인 정체성론 비판과 관련하여 조선후기에 자본주의의 맹아가 존재했다고 주장하는 연구가 60년대 이후 크게 대두하는데, 이것은 이미 백남운이 지적한 문제였다. 특히 한국에서 새로운 조선후기사상(像)의 형성에 결정적인 역할을 담당했던 김용섭(金容燮)은 백남운의 연구를 계승하면서 더욱 발전시켰다.[34]

백남운이 교편을 잡았던 연희전문의 후신인 연세대학교 교수였던 김용섭의 연구는 다 알다시피 조선 '중세'(통일신라시대에서 조선시대까지)의 토지제도, 농업생산력, 조세제도 등을 다각적으로 연구한 획기적인 것이었고, 해방후 한국 역사학계의 커다란 성과였다. 김용섭은 토지국유설을 비판하고 통일신라 이후를 중세, 즉 '봉건제'시대로 파악하는 등 백남운과는 다르지만, 한국사에서 보편성과 특수성의 통일적 이해에 대한 입장이나 조선후기를 '봉건제' 해체기로 파악하는 입장, 집권적 '봉건제'론의 입장 등 기본적인 골격은 백남운의 학설을 계승하고 있다고 볼 수 있다.

이와 같이 백남운의 조선 '봉건제'론을 중심으로 한 연구는 해방후 북한과 한국 역사학계에 다양한 형태로 계승되었음을 알 수 있다. 그리고 그것은 전전의 일본 연구자들이 주장한 '봉건제' 결여론과 정체성론 및 이와 밀접히 관련된 식민지지배 합리화론을 비판하는 데에도 커다란 의의를 지니고 있었다.

백남운 연구의 문제점을 두가지만 지적하고 싶다. 하나는 맑스주의를 따르는 역사이해이고, 또 하나는 일본 '봉건제'론에 대한 무자각이다.

첫째 문제에 대해 말하면, 주지하는 바와 같이 세계사의 발전을 5단계에 걸친 사회구성체의 계기적 과정으로 파악해 그것을 모든 민족에 적용하려는 견해는 스딸린이 주장한 것이었다. 스딸린의 주장은 사회주의 및 공산주의를 인류발전의 최종단계로 규정하면서 쏘비에뜨의 일국사회주의 성립근거와 사회주의혁명 '수출'을 옹호하기 위해 만들어낸 이론이었다. 따라서 이 이론을 역사연구에 적용하려면 여러가지 무리가 따를 수밖에 없는데, '아시아적 봉건제'라는 개념 창출은 그러한 무리를 해소하기 위한 하나의 방편이었다.

맑스주의, 사회주의를 신봉하는 백남운과 북한의 입장에서는 이러한 스딸린 이론이 수용 가능하다고 하겠지만, 해방후 한국에서 이러한 '세계사의 기본법칙'이란 입장을 맑스주의와 분리하여 수용하기란 애초 불가능한 것이었다. 그러나 현실은 '봉건제'와 관련된 이러한 역사적 경위 문제를 고려하지 못한 채 '봉건제' 개념이 정착하는 과정을 거쳤다. 그리고 그것이 가능했던 토양은 일본의 식민사관 비판, 정체론 비판이라는 문제의식이 공유된 것이라고 볼 수 있다.

둘째로 일본 '봉건제'론에 대한 무자각이라는 문제는 러일전쟁 때 등장한 일본 '봉건제'론이 1920, 30년대에 정착하는 과정에서 본래의 이데올로기적 성격이 잊혀졌고, 한국 연구자도 이를 수용하였다는 점이다. 백남운 자신이 일본의 '봉건제'를 서구의 그것과 같은 것으로 이해하고 있었음은 앞의 인용문에도 분명히 나타나는데, 원래 일본의 '봉건제'론은 일본사를 아시아와 분리하여 서구와의 근친성을 주장하기 위해 등장한 '탈아'적 역사인식의 발로였다. 따라서 이를 비판하기 위해서는 그 이데올로기적인 연원을 거슬러올라가 비판해야 하는데, 백남운의 비판은 조선에도 '봉건제'시대가 존재했다는 주장에 머물러 있다. 이 문제는 해방후 연구에서는 거의 자각되지 못하였고, 북한에서는 사회주의 건설, 한국에서는 민족국가 건설이라는 각각의 시대상황에 맞춰 국가적 과제를 수행하기 위한 역사상으로서 조선 '봉건제'론이 정착되어갔다고 볼 수 있다.

## 4. '봉건제'론의 문제점

이상에서 논한 바와 같이 1920년대에서 1945년까지의 시기는 일본사·한국사 연구 모두에서 '봉건제'론이 주류로 위치를 확립한 시기였다. 그리고 이러한 경향은 1945년 이후 양국의 역사학계에서 부동의 지위를 점한 채 오늘에 이르고 있다. 1장에 이어서 2장에서 '봉건제'론을 테마로 취급한 것은 오늘날 통설로 정착되다시피한 '봉건제'론에 근본적인 이의를 제기할 필요가 있다고 판단했기 때문이다. 그렇다면 '봉건제'론의 근본적인 문제점은 어디에 있을까? 이 점에 대해 나의 생각을 서술하며 이 장의 결론을 지으려 한다.

일본사와 한국사 연구에서 근대 이전의 시기를 '봉건제'라는 개념으로 파악하는 데 있어 문제점으로 먼저 지적해야 할 것은 유럽중심주의 역사연구방법이다. 일본 '봉건제'론은 근대일본이 국민국가체제를 구축하는 데 있어 그 역사적인 근거를 세우는 과정에서 '발견'된 것이었다. 따라서 그 주장은 처음부터 지극히 이데올로기적인 것이었는데, 이후 연구가 진전되면서 당초의 이데올로기성을 의식하지 않게 되었으며, 나아가 맑스주의를 수용(맑스주의 자체가 유럽중심적인 색채가 강하지만)하면서 유럽의 역사발전모델로서의 위치가 한층 더 뚜렷해졌던 것이다.

맑스주의 입장에서 '봉건제'를 인류발전의 보편단계로 이해한다면, 일본의 '봉건제'론과 마찬가지로 중국·한국에서 '봉건제'의 존재를 부정하는 이론의 근거는 없어지게 된다. 따라서 사실상 이 시기에 한국사에서 '봉건제'를 주장하는 견해가 등장하게 된 것이다. 다만 이것은 유럽적 '봉건제' 개념을 그대로 적용한 것이 아니라, '아시아적 봉건제'라는 형태로 나왔다. 그리고 이러한 모순은 1945년까지 충분히 의식되지 못하다가, 전후가 되어 다양한 견해가 나오면서 논쟁을 불러일으키게 되었다.

1970년대 이후 세계적으로도 일본 역사학계에서도 유럽중심주의 극복을 의식하게 되면서 맑스주의적 역사이해에 대한 비판도 많이 제기되었는데, 그 가운데는 오히려 일본과 서구의 공통성을 '봉건제'론과는 다른 형태로 주장하는 견해도 많이 나타났다. 더욱이 최근에는 일본과 한국에서 '봉건제'론 같은 큰 논의 자체에 대한 관심이 옅어지는 반면, 역사교과서에서는 '봉건제'라는 용어가 정착되는 현상을 볼 수 있다.

그러나 유럽이 목표가 되던 시대라면 몰라도, 유럽적 근대의 극복이 과제로 제기되고 있는 오늘날 이러한 역사관은 근본적인 재검토가 필요하다. 무엇보다 현재의 실증 수준에서 보면 18세기 말까지 세계의 여러 경제지표를 보더라도 중국을 중심으로 한 동아시아가 서구를 능가하거나, 적어도 동등한 수준이었다는 것을 부정하기 어렵다. 이러한 의미에서 유럽 '봉건제'를 기준으로 18세기까지의 동아시아사를 파악하려는 것 자체가 본말이 전도된 방법론이라고 할 수 있다. 오히려 문제는 동아시아사에 '봉건제' 개념을 적용함으로써 동아시아사회가 안고 있는 진정한 문제점에 접근하지 못하게 된 것에 있다고 생각한다. 19세기적인 구미중심의 세계체제가 근본적인 재편을 요구받고 있는 오늘날, 새로운 역사상을 탐색하기 위해서라도 19세기적인 세계관으로 이전을 파악하려는 '봉건제'론은 서둘러 극복되지 않으면 안된다.

'봉건제'의 또다른 근본적인 문제점은, 일본사나 한국사 연구에 그 개념을 적용하는 방법론이 과연 성립할 수 있는가라는 점이다. 맑스주의적 '세계사의 기본법칙'의 입장(그 파산은 오늘날 부정하기 어려울 것이다)에 서는 경우를 제외하고, 일본사나 한국사에서 '봉건제'가 존재한 근거를 어디서 구할 수 있을 것인가에 대해 지금까지 설득력있는 견해가 제기되지 않았다. 원래 직접적인 영향관계가 생기기 이전의 서구와 동아시아사회에서 그 본질적 동일성이 존재했다는 견해가 비교사적 방법으로 성립될 수 있는가? 또 가령 '봉건제'라는 공통점이 존재했다고 하더라도, 그 공통점이 반대편의 이질적인 부분에 비해 좀더 본질적이었다고 주장할 수 있는 근거는 어디에 있는가? 종래의 '봉건제'론은 이러한 엄밀한 방법을 결여했다고 판단된다. 그리고 이러한 엄밀한 방법론을 결여하고 있으면서도 '봉건제'론이 통설로서의 지위를 차지할 수 있었던 것은, 그것이 근대라는 한 시대의 이데올로기로서 존재했던 이른바 '패러다임'이었음을 증명하는 것이라 하겠다. '봉건제' 패러다임의 극복과 그것을 대신할 새로운 동아시아 역사상의 구상이 통절하게 요구되고 있다.

## 제3장

# 한일 고등학교 역사교육의
# 세계사 인식과 '봉건제'론

## 1. 들어가며

나는 지금까지 1, 2장에서 일본사 연구와 한국사 연구에서의 '봉건제'론 성립에 관해 논하였다. 여기서 말하는 '봉건제'론은 일본사와 한국사를 연구함에 있어서 유럽적 의미의 '봉건제' 개념을 적용하려고 하는 경향을 가리키는 말이다. 1, 2장의 취지는 이와 같은 '봉건제'론이 러일전쟁을 전후로 일본에서 형성되기 시작해 1930년대 이후 일본사, 한국사 연구에서 통설적인 지위를 차지하게 되어 오늘날에 이른 경위를 밝히는 것이었다.

이 글의 목적은 이미 밝힌 한일 양국의 현재(2005) 역사교육에서 '봉건제'론이 어떤 위치를 차지하고 있는가를 검토하는 것이다. 대

상을 고등학교 역사교육에 한정한 것은 고등학교의 교육과정과 그
것을 근거로 작성된 교과서가 역사연구의 동향과 밀접한 관련을 가
지고 있다고 판단했기 때문이다. 주지하는 바와 같이 한일 양국의
역사교육은 자국사와 세계사 두가지를 동시에 실시하고 있는데, 이
글에서도 연구대상을 한일 양국의 자국사와 세계사로 설정하고 검
토하기로 한다. 구체적으로는 일본의『학습지도요령 해설』과 한국
의『교육과정 해설서』를 중심으로 검토하고, 교과서도 부차적으로
다루기로 한다.

## 2. 일본의 역사교육에서 세계사와 자국사 인식

일본의 현행 고등학교 교육은 1999년에 개정된 학습지도요령에
따라 실시하고 있다. 교과서도 기본적으로 이 학습지도요령에 따라
작성된다는 것은 주지하는 바와 같다. 먼저 현행 학습지도요령의 역
사인식을 검토하기 위해서『고등학교 학습지도요령 해설 지리역사
편』[1]을 살펴본다.

1999년의 학습지도요령 개정시에 사회과 및 고교 지리역사과·
공민과(公民科) 개선의 기본방침은 "소학교, 중학교 및 고등학교를
통해, 일본과 세계의 여러가지 사상(事象)에 관심을 가지고 다면적
으로 사고하며, 공정하게 판단하는 능력과 태도, 우리나라의 국토
와 역사에 대한 이해와 애정, 국제협력·국제협조의 정신 등 일본인
으로서의 자각을 가지고, 국제사회 속에서 주체적으로 살아갈 자질

과 능력을 육성하는 것을 중시해 내용 개선을 도모한다"라고 설정
했다. 그리고 이를 바탕으로 지리역사과의 목표를 "우리나라와 세
계 형성의 역사적 과정과 생활·문화의 특색에 대해서 이해와 인식
을 깊이 하고, 국제사회에서 주체적으로 살아갈 민주적, 평화적인
국가·사회의 일원으로서 필요한 자각과 자질을 기른다"라는 것으
로 삼고 있다.

이상과 같은 전체적인 자리매김을 감안하고, 세계사A와 세계사B,
일본사A와 일본사B로 나누어진 고등학교 역사과목 가운데 세계사A
와 일본사A는 주로 근현대를 배우는 교과이므로 '봉건제'론을 테마
로 하는 이 글은 세계사B와 일본사B, 특히 전근대 부분을 검토대상
으로 한다.


### 세계사B

먼저 세계사B를 살펴보면 과목의 기본 성격을 "세계역사의 큰 흐
름을 각 시대, 각 지역 역사의 중요한 사항을 중심으로 배우는 과목
이다"라고 첫부분에 밝히고 있다. 구체적으로로는 "고대부터 현대까
지 세계역사의 기본적인 내용의 대강(大綱)을 학습한다"라고 서술
하고 있다. 전체 구상은 다음과 같다.

'세계사B'의 내용은 복잡하고 다양한 세계역사를 학생들이 배우기
쉽게 하기 위해 시대와 지역을 크게 나눠서 (1)부터 (5)까지의 큰 항
목으로 구성했다. 시대구분과 지역구분에 대해서는 학계에서도 여러
설이 존재하지만 이 큰 항목을 구성하는 데 있어 학생이 세계역사의

큰 틀과 흐름을 파악하기 쉽게 교육적인 배려를 했다. 구체적인 구성을 살펴보면, 다음과 같다. 먼저, 자신과 가까운 것이나 일상생활 등에 관한 적절한 주제를 설정하여 규명하게 함으로써, 학생의 역사에 관한 관심이나 세계사 학습에 대한 의욕을 기른다. 이어서 고대부터 근대세계의 역사에 관해서는 어느 정도의 자율성과 체계성을 가진 다양한 지역세계에 착안하여 그 형성, 교류와 재편, 통합과 변용 과정을 파악한다. 그리고 현대에서는 지구화된 세계의 출현에 주목해 여러 국가, 여러 민족이 상호의존을 강화하는 동시에, 다양한 과제에 직면하고 있는 것을 이해한다.

1999년 개정판 내용 가운데 세계사B와 관련해서 두가지 점이 지적되는데, 그 가운데 첫번째가 세계사 인식과 관련해 중요하다. 이를테면 "개정의 첫번째 요점은 문화권에 따른 구성을 대신해 새롭게 지역세계별 구성으로 한 점이다"라고 하고, "지역세계는 시간적 스케일 구성, 동시대사적인 수평적 연결의 중시라는 점 등에서 문화권으로 나누는 구성과는 다르다"라며, "먼저 세계사 전체를 내용의 (2)에서 (5)까지로 표기한 시기(I. 여러 지역세계의 형성 II. 여러 지역세계의 교류와 재편 III. 여러 지역세계의 결합과 변용 IV. 지구세계의 형성)로 구분한 다음 각 시기에 가장 중요한 역할을 담당한 지역세계의 동향에 착안해서, 동시대의 세계 전체상을 동태적으로 다루려고 고안했다"라고 서술하고 있다. 이러한 개정판의 내용과 관련하여 주목할 만한 것은 이슬람지역을 파악하는 방법으로, "제II기에는 이슬람세계가 내륙아시아세계와 함께 중심적 역할을 달성하게 된다"라고 하면서 그 중요성을 강조하고 있다.

다음은 세계사B의 목표를 "세계역사의 큰 틀과 흐름을 우리나라의 역사와 관련지어서 이해시키고, 문화의 다양성과 현대세계의 특징을 넓은 시야에서 고찰하게 함으로써 역사적 사고력을 배양하고, 국제사회에서 주체적으로 살아갈 일본인으로서의 자각과 자질을 키운다"라고 내걸고, "일본인에게 있어서의 세계사라는 관점에서, 우리나라의 역사와 관련지어 이해해야 하는 것"이라고 강조하고 있다. '일본인에게 있어서의 세계사'를 강조하는 것은 다음에 살펴볼 일본사 학습지도요령에 나타난 '세계사적 시야'의 강조와 대조되며, 또한 1999년 개정판에서 이전보다 더욱 중시하는 점이기도 하다.

세계사B 전체 구성의 특징에서 주목해두고 싶은 것은, 'I. 여러 지역세계의 형성'에서 기본적으로 각 지역세계가 병렬적으로 자리매김되어 있는 것에 반해 'II. 여러 지역세계의 교류와 재편' 및 'III. 여러 지역세계의 결합과 변용'에서는 중심적 역할을 담당했던 지역세계가 설정되는데, II에서는 이슬람세계와 내륙아시아세계가, III에서는 유럽세계가 그 경우에 해당한다고 파악하고 있는 점이다. 이러한 이해방식은 근년의 역사연구 동향을 반영한 것이겠지만, 그 자체를 그대로 수긍할 수 있는 것인가, 또 '일본인에게 있어서의 세계사'를 강조한 것과 어떤 관계가 있는가는 검토가 필요한 문제이다.

또 한가지 지적하고 싶은 것은 각 편에 포함된 큰 항목의 순서이다. 이를테면, I에서는 서아시아·지중해 세계, 남아시아세계, 동아시아·내륙아시아 세계 순으로 큰 항목을 나열했고, II에서는 '이슬람세계의 형성과 확대' '유럽세계의 형성과 변동' '내륙아시아의 동향과 여러 지역세계', III에서는 '아시아 여러 지역세계의 번영과 성숙' '유럽의 확대와 대서양세계' '유럽·미국의 변혁과 국민형성' '세계시장의 형성과 아시아 제국' '제국주의와 세계의 변용' 순으로 되어 있다. 이런 순서는 각 시기에 중심적 역할을 담당한 지역세계의 문제와 관련된 것으로 판단되지만, 구성에서 동아시아세계가 처음 등장하는 것은 III뿐이라는 것, II편에서 유럽이 두번째 큰 항목으로 등장하는 점이나 동아시아세계가 독립된 큰 항목으로 등장하지 않은 점, III편 이하에서는 지금까지 독립해서 다뤄지던 아시아의 여러 지역세계가 아시아 여러 지역세계, 아시아 제국으로 일괄해서 다뤄지는 점 등 다양한 문제점을 지적할 수 있다. 이 문제는 '봉건제'론 문제와 관련시켜 다음에 검토하고자 한다.

### 일본사B

이제 일본사B의 전체 구성을 검토해본다. 먼저 일본사B는 기본 성격을 "우리나라 역사의 전개를 세계사적 시야에 서서 각 시대의 특색 및 변천을 종합적으로 고찰하고, 우리나라의 문화와 전통에 관한 인식을 깊게 할 것"으로 규정하고 있다. 1999년 개정의 요점으로 세가지를 제시하고 있는데 그 가운데 두번째로 제시된 것이 이 글과 관련하여 중요한 점이다.

두번째로 세계사적인 시야에서 종합적으로 이해한다는 취지를 한층 명확히 한 점이다. 이것은 큰 항목의 표제를 '(2) 원시·고대의 사회·문화와 동아시아' '(3) 중세의 사회·문화와 동아시아' '(4) 근세의 사회·문화와 국제관계'‘(5) 근대일본의 형성과 아시아'‘(6) 두 차례의 세계대전 시기의 일본과 세계'‘(7) 제2차 세계대전 후 일본과 세계'로 새롭게 구성했다. 동시에, 각각의 큰 항목 ‘동아시아세계의 움직임과 관련해서'‘동아시아세계의 동향과 관련해서'‘국제관계의 변화와 그 영향도 다루면서'‘아시아의 국제환경과 관련해서'‘세계 정세와 국내의 움직임과 관련해서'‘세계의 동향과 관련해서'에 내용 이 나타나 있다.

여기에서 말하는 ‘세계사적인 시야'는 이번 개정에서 처음으로 설정된 큰 항목의 ‘(1) 역사의 고찰' 가운데서도 ‘세계 속의 일본'이 라는 주제로 독립시켜 다루고 있다. 그리고 이 주제에 관한 해설에 서 “우리나라 역사의 전개를 세계사적 시야에서 이해하기 위해서 는 여러 외국과의 교류와 상호이해에 착안해서 우리나라의 입장만 이 아니라 각각의 국가의 입장에 서는 것이나 우리나라의 지리적 조 건과 관련해 규명하는 것도 중요하다"라고 하면서 상대방의 입장 에 대한 이해의 중요성을 강조하는 점이 주목된다. 다른 한편으로는 “대외 교류나 문화 등에 착안해서 ‘세계사에 영향을 미친 일본'을 시대에 따라 파악하는 것도 가능하다"라고도 언급하고 있다.

‘세계사적 시야'의 구체적인 내용을 각 큰 항목에 입각해 소개하 면 먼저 ‘(2) 원시·고대의 사회·문화와 동아시아'에서는 “사람들 의 생활과 국가의 성립, 문화형성에 동아시아세계의 동향과 동아시 아세계에서 유입된 문물·제도가 큰 영향을 미쳤다는 점에 유의해" 라고 하는데, 무슨 이유에서인지 동아시아에서 받은 영향을 ‘문물·

제도'에 한정해서 기술하고, 수많은 인간의 왕래에 대해서는 다루지 않고 있다.

'(3) 중세의 사회·문화와 동아시아'라는 큰 항목에서는 '무가(武家)정권의 성립'이란 주제와 관련해 "무사의 토지지배와 공무(公武, 천황·귀족세력과 무사세력) 관계, 송·원과의 관계에 착안해서, 무가정권의 형성과정과 카마꾸라 신불교 등 문화에서 볼 수 있는 새로운 기운을 이해한다"라는 점이 제시된다. 더욱이 해설에서는 "헤이씨정권 이후 송과의 무역이 활발히 행해진 점이나 몽골내습이라는 국제적인 사건들에 착안하여, 송·원 등 동아시아세계와의 관련이 송전(宋錢)의 유입에 의한 화폐경제의 침투, 선종(禪宗)전래에 따른 생활문화의 변화, 몽골내습이 다방면으로 끼친 영향 등 우리나라의 정치, 경제, 문화에 영향을 미쳤던 것을 이해한다"라고 서술하고 있다. '송전 유입에 따른 화폐경제의 침투'라는 언급은 '무가정권의 전개와 사회의 변화'라는 주제에서도 '일명(日明)무역이 우리나라의 화폐경제에 큰 영향을 미친 점'이라는 식으로 반복해서 등장한다.

'(4) 근세의 사회·문화와 국제관계'에서는 지금까지 큰 항목에서 '동아시아'가 '세계사적 시야'라는 관점의 키워드였던 것에 비해 '국제관계'라는 단어가 새롭게 등장한다. 이런 변화의 이유를 "국제관계의 변화에 대해서는 유럽 여러 나라의 아시아 진출에 착안해서 다룰 필요가 있다. 근세 초기에는 대항해(大航海)시대를 배경으로 유럽인이 아시아에 진출함에 따라 전해진 소총, 기독교와 남만무역(南蠻貿易)을 통해 유입된 문물 등이 국내의 정치·경제·사회·문화 등에 미친 영향, 쇄국에 이르게 된 경과와 그 영향, 쇄국체제하의 대외관계에 관해 다룬다. 근세 후기에는 시민혁명, 산업혁명을 거친 구미자본주의 열강의 아시아 진출에 따른 외압으로 쇄국체제가 동요해가는 과정을 이해한다"라고 설명하고 있다.

이와 같은 일본사B의 전근대 부분에 관한 '세계사적 시야'의 설정에서 그 특징적인 점을 몇가지 지적하면 다음과 같다. 첫째, (2) (3)의 큰 항목에서 동아시아와의 관련성을 강조하고 있는데, 그 대부분이 중국 역대 왕조와의 관련성에 한정되어 있다는 점이다. 한국에 대해서는 유일하게 '(3) 무가정권의 전개와 사회의 변화'라는 주제와 관련 "조선에서 수입된 목면이 의류 자재로 일본인에게 사용된 점 등을 이해시킨다"라고 명시되어 있을 뿐이다. 그리고 류우뀨우, 아이누(アイヌ)에 대해서도 같은 주제하에 "아이누와의 교류와 류우뀨우의 중계무역이 달성한 역할에도 유의한다"라고 언급하고 있을 뿐이다.

둘째, 세계사B에서는 동아시아가 독립적인 지역세계로 자리잡고 있지만, 일본사B에서는 동아시아와의 관계의 중요성만 강조할 뿐, 동아시아가 하나의 지역세계로서 성립된 근거와 일본이 그 안에서 어떤 위치에 있었는지에 대한 명시적인 언급은 없다.

셋째, 앞의 내용과 관련해 (4)의 큰 항목에서 다뤄진 근세는 동아시아와의 관계보다 유럽과의 관계가 강조되고 있다. 이 시기 유럽과의 접촉이 큰 의미를 가진다는 점은 충분히 이해할 수 있지만, 동아시아와의 관계보다 중요했는지는 의문이다. 나가사끼(長崎)를 통한 무역에서도 네덜란드와의 무역보다 중국과의 무역이 훨씬 중요했고, 조선과의 관계는 주지하는 바와 같이 유일한 정식 국교라고 할 수 있을 만한 것이었다.

두번째와 세번째 문제점에 입각해서 보면, 학습지도요령에서는 '세계사적 시야'의 중요성을 강조하지만, 고대에서 동아시아지역과의 불가분성을 제외하면 실제로는 동아시아와의 관련이 별로 중시되지 않는다는 것을 알 수 있다. 오히려 반대로 고대 후기의 '국풍문화(國風文化)'[2]를 강조한다거나 근세에 유럽을 중시하는 등 전체적으로는 일본과 동아시아세계의 괴리가 심화되었음을 강조하는 것 같은 인상을 주며, 기본적으로 종래의 학습지도요령과 바뀌지 않은 결과를 낳았다.

마지막으로 '세계사적 시야'의 문제로 지적할 수 있는 점은 고대·중세·근세라는 시대구분이 일본사를 기준으로 한 것으로, 세계사에서는 명확히 구분하지 않는다는 점이다. 앞에서 검토한 세계사 B 편성에서 I이 고대, II가 중세, III이 근세에 해당한다고 이해할 수도 있지만, 세계사B에서는 고대·중세·근세라는 단어로 세계사를 시대구분하고 있는 것이 결코 아니다. 그런데 일본사B에서는 일본사에 있어서 고대·중세·근세라는 시대구분과 세계사와의 관련, 다시 말해 고대·중세·근세라는 시대구분이 무엇을 근거로 하는지에 대한 아무런 설명이 없다. 이는 일본의 역사교육에서 유럽의 역사발전단계가 암묵적으로 전제되어 있다는 것을 보여주는 부분인데, 이 점은 '봉건제'론을 논하는 4절에서 좀더 구체적으로 기술하기로 한다.

## 3. 한국의 역사교육에서 세계사와 자국사 인식

한국의 현행 고등학교 교육은 1997년 개정된 제7차 교육과정에 따라 실시되고 있다(2013년 현재는 2009 개정 교육과정에 따른다). 여기서는 일본의 경우와 같이 『제7차 교육과정 해설서』에 의거해 그 테두리 내에서 세계사와 자국사 인식을 검토하겠지만, 그전에 사회과 과목 전체의 평가를 보도록 하자.[3]

제7차 교육과정에서는 "정보화·산업화·개방화사회로의 변화"가 "새로운 교육관, 지식관, 학습관을 요구하고 있다"라는 점을 전제로, 다음과 같이 사회과 교육과정 개정의 기본방향을 설명하고 있다.

> 이러한 변화는 사회과 교육을 통해 함양하게 될 민주 시민의 자질 면에 변화를 요구하고 있다. 즉, 시민으로서의 책임과 권리 의식, 합리적 사고, 사회 참여 능력을 바탕으로 한 정보의 수집·처리·표현·활용 기능과 자기 주도적 학습 능력, 비판적 사고 능력, 창의적 사고 능력, 합리적 의사결정 능력이 새로운 시민적 자질로서 강조되고 있다. (…)
>
> 더욱이 지구촌 사회에서 힘의 우위를 지닌 나라의 문화에 종속되고, 상이한 문화의 영향하에 세대 간에 문화적 격차가 벌어지고, 전통 문화를 경시하게 됨에 따라 문화적 정체성을 상실하게 될 수 있다.
>
> 그러므로 이러한 변화에 대비한 사회과 교육 과정은 인간의 존엄성과 자아 실현 및 타인과의 상호 작용을 강조하고, 타인에 대한 배려

를 경험하도록 하며, 전통 문화의 이해를 통한 문화 정체성의 확립과 공동체 의식의 회복이 강조되어야 할 것이다.

이와 같은 현대의식과 이에 대응하기 위한 사회과교육의 방향성은 일본과 기본적으로 같다고 할 수 있지만, 정보화라는 변화가 명시적으로 강조되고 있는 점이 다르다.

한국의 고등학교 사회과에서는 한국사가 '국사'와 '한국 근현대사' 둘로 구성되어 '국사'에서는 '근대사회로의 이행'까지를 대상으로 한다. 또한 교과서도 '국사'는 국정교과서가 사용되는 것에 반해 '한국 근현대사'는 검정제도에 의존하고 있다. 한편, '세계사'는 일본과 같이 둘로 나뉘어 있지 않다. 이 글에서는 '국사'와 '세계사'의 『교육과정 해설서』를 검토하기로 한다.

## 세계사

제7차 교육과정에 따르면, 세계사는 그 기본 성격을 "지구상의 인종이 어떻게 생활하고, 그 삶의 양상이 어떻게 변화하고 발전해왔는가를 탐구하는 과목이다"라고 규정하고 있다. 그리고 세계화라는 오늘날의 상황과 관련하여 세계화와 세계사 학습에 대해서는 다음과 같이 기술한다.

그러므로 세계화 시대에 살아가기 위해서는 세계에 존재하는 다양한 문화와 가치를 이해하려는 태도와 능력이 필수적으로 요구되며, 이것은 전 국민에게 필요한 자질로서 부각된다. 즉, 국제이해 교육과

다른 문화이해 교육이 필연적으로 요청되는 것이다. 산업화 시대의 세계사 교육은 세계의 각 국가 및 민족과 관계를 맺고 그들과 경쟁하기 위하여, 그들에 대한 기초적인 정보를 얻기 위해 요구되었다.

그러나 세계화 시대의 세계사 교육은 세계 각 국가 및 민족과 관계를 맺기 위해서라기보다는 관계를 이해시키기 위하여, 그리고 그들과 경쟁하기 위해서라기보다는 그들을 내적으로 이해하여 우리의 특수성과 보편성을 인식하고 우리의 문화와 가치를 보다 풍부히 하고 새롭게 창조하기 위해 요구된다.

여기에서 산업화시대의 세계사교육과 세계화시대의 세계사교육을 명확히 구분하고 있는 점이 주목된다.

구체적인 내용 선정에 있어서는 두가지 원칙을 제시하고 있다. 즉,

첫째, 시대의 성격과 세계사의 발전을 이해하도록 하기 위하여 문화권적인 접근을 한다. 어떤 문화권을 선정하느냐 하는 것은 오늘날의 우리에 대한 인식과의 관련성을 기준으로 고려하며, 동일한 문화권을 이루는 특정 국가나 민족에 편중되지 않고 다양하게 접근할 수 있도록 한다.

둘째, 문화권과 각 문화권의 시대적 성격을 이해하기에 필요한 주제가 선정되면, 그 구체적인 내용의 선정은 '인간의 생생한 삶을 체험'할 수 있도록 인간의 활동을 중심으로, 그 중에서도 문제해결 활동을 중심으로 선정하도록 한다.

라는 것이 바로 그것이다. 일본의 1999년 개정에서는 앞에서 본 바와 같이 문화권적 접근에서 지역세계적 접근으로 개정되었고, 그것은 각 시기 세계사의 중심을 중시하기 위한 개정이었다. 그러나 한국의 경우는 문화권적 접근을 통한 세계사 구성이 유지되었다고 할 수 있다. 문화권은 시대에 따라 변동이 있지만, 기본적으로 '동아시아 문화권, 서남아시아 및 동남아시아 문화권, 유럽문화권, 그외 지역' 5개로 구분하고 있다.

전체 구성은 다음과 같이 9개 부분으로 나누어져 있다. (1) 시간, 공간 그리고 인간 (2) 문명의 새벽과 고대문명 (3) 아시아 세계의 확대와 동서 교류 (4) 유럽의 봉건사회 (5) 아시아 사회의 성숙 (6) 유럽 근대 사회의 성장과 확대 (7) 아시아 세계의 근대적 발전 (8) 제국주의와 두 차례의 세계대전 (9) 전후세계의 발전이라는 9개 단원 편성이 그것인데, 여기서는 '(4) 유럽의 봉건사회'가 독립해서 다뤄지는 것이 주목된다. 이 점은 '봉건제'론을 논할 다음 절에서 좀더 자세히 검토하기로 한다.

일본의 경우와 비교하면, 아시아에 관한 기술에서는 동아시아 문화권이 선두에 다뤄지고, 이어서 인도·동남아시아 문화권, 이슬람·서아시아 문화권 순서로 되어 있다. 이런 순서는 "어떤 문화권을 선정하느냐 하는 것은 오늘날의 우리에 대한 인식과의 관련성을 기준으로 고려"한다고 한 해설서의 취지에 따른 것이라 생각된다. 이에 비해 일본은 중심지역을 중시하는 구성이기 때문에 동아시아가 마지막에 병렬된 것이 많다. 이는 문화권적 접근과 지역세계적 접근이라는 차이에서 비롯한 것으로 생각할 수 있지만, 그 우열 및 자국사와 세계사의 관련을 어떻게 다룰 것인가 하는 문제는 좀더 검토가 필요하겠다.

또 한가지 주목되는 것은 일본사에 대한 언급이 두 단원에서 나타난다는 점이다. 일본의 세계사 학습지도요령 가운데 한국사에 대한 언급이 거의 없는 것은 앞에서 지적했다. 그러나 이에 반해 한국의 『교육과정 해설서』에서는 전근대 일본사도 상대적으로 중시되고 있다고 할 수 있다. 구체적으로는 (3)단원의 주요 내용요소로 헤이안조(平安朝), 국풍문화, 카마꾸라막부가 등장하고, 또한 (5)단원에서는 '한국과 일본의 발전'이라는 항목이 독립적으로 구성되어 "한국과 일본의 전통사회가 어떻게 성숙했는가를 파악하고, 근대국가로의 성장에 필요한 내적 요인이 어떻게 성숙했는지를 다양한 자료에 입각해서 탐구한다. 나아가 내재적 발전에 있어서 한국과 일본 사이에는 어떠한 차이점이 발견되는지 비교한다"라고 하여 한국사와 일본사를 비교사적으로 파악하려 한 점이 주목된다. 일본 교과서에 조선후기에 대한 기술이 거의 없는 것과는 대조적이라고 할 수 있다.

## 국사

이어서 국사의 『교육과정 해설서』를 검토한다. 해설서는 먼저 국사 과목의 성격을 다음과 같이 기술하고 있다.

'국사'는 우리 민족이 지금까지 살아온 삶의 총체를 종합적으로 이해하는 교과목으로서, 우리 민족의 정체성을 함양시키는 구실을 한

다. 이에 제7차 교육과정에서는 국민 공통 기본 교육 과정의 일환으로
서 8, 9학년에서 각 시대의 정치사적 흐름, 사건의 실상을 이해하고,
이를 토대로 하여 10학년에서는 민족사의 전개를 분야별로 구분하여
구조적, 체계적으로 학습하는 데 주안점을 둔다고 규정하고 있다.

　즉 '국사' 교육은 우리 민족의 문화 전통을 확인시켜 민족사 전개
에 적극적으로 참여하게 하는 정신을 길러준다. 따라서 우리 민족의
역사를 바르게 이해하기 위해서는 우리 민족의 모습을 민족사적 차원
만이 아니라 세계사적 차원에서 상호 관련하여 파악할 필요가 있다.


　여기서 말하는 8, 9학년이란 중학교 2, 3학년으로, 한국에서는 중
학교 과정의 정치사를 중심으로 한 국사를 전제로 고등학교에서는
정치·경제·사회·문화 네 분야로 나누어 분야마다 고대에서 근대이
행기까지를 통사적으로 배우도록 하여, 일본과 큰 차이를 보여준다.
세계사 교육과정에서 자국사와의 연관성이 그다지 강조되지 않은
것과 비교하면, 국사에서는 민족사적 차원과 세계사적 차원의 상호
연관을 강조하고 있어 일본의 경우와 비슷하다는 것을 알 수 있다.
　전체 구성은 (1) 한국사의 바른 이해 (2) 선사시대의 문화와 국가
의 형성 (3) 통치구조와 정치활동 (4) 경제구조와 경제생활 (5) 사
회구조와 사회생활 (6) 민족문화의 발달 등 6개 분야로 되어 있고,
(3)부터 (6)까지는 각 분야를 또다시 고대·중세·근세·근대이행기
의 4기로 나눠 보충설명하고 있다. 고대·중세·근세의 시기구분은
'(3) 통치구조와 정치활동'에서 학습하도록 했는데, 중세와 근세를
"고려의 건국은 중세국가로의 전환이었음을 정치적 특성에서 이해

한다”“조선의 정치적 변천에서 근세국가의 모습을 확인한다”라고
하여 고려와 조선의 성립을 각각 중세와 근세로 획기적으로 파악하
는 시대구분이 나타난다.

그리고 고려와 조선의 성립을 중세, 근세로의 전환점으로 파악하
는 근거로 세계사와의 관련이 중시된다. 먼저 중세에 대해서는 ‘중
세국가로의 전환’이라는 주제에 관해 “이 주제에서는 동양과 서양
의 중세사회에서 나타난 특성을 문화적 측면에서 살펴보고, 이를 바
탕으로 고려의 성립이 중세사회의 형성임을 이해한다”라고 명시하
고 있다. 또한 ‘근세국가로의 전환’이라는 주제에서도 “이 주제에
서는 근세의 동양사회와 서양사회에서 나타난 변화를 먼저 학습하
고, 이를 토대로 15세기에 추진되었던 일련의 개혁으로 조선사회가
정치·경제·사회적으로 발전하여 근세국가로 전환되었음을 이해한
다”라고 제시하고 있다.

이와 같은 설명은 기본적으로 중세와 근세라는 시대구분이 동양
과 서양에서 동일하다는 것을 전제로 한 것으로 생각된다. 그러나
‘그렇다면 왜 동양과 서양의 시대구분이 일치하는 것인가’라는 근
본적인 의문은 어디에서도 설명하고 있지 않다. 이러한 현상은 서양
의 고대·중세·근세라는 시대구분을 전제로 그와 유사하게 자국사
를 구성했기 때문에 생겨난 것이라고 생각하는데, 앞서 언급했듯이
이는 일본의 일본사B의 학습지도요령에도 나타나는 것이다. 따라서
이와 같은 현상은 양국의 역사교육이 유럽의 역사상을 기준으로 자
국사를 구성하고 있음을 반영하는 것으로, 그때의 키워드로 ‘봉건
제’ 문제가 존재한다는 것이 나의 주장이다. 다음은 양국의 역사교

육에서 이뤄지는 '봉건제'에 대한 평가를 검토하기로 하자.


## 4. 한일 역사교육에서 '봉건제'의 자리매김

### 유럽 '봉건제'의 특권화

'봉건제' 문제에서 먼저 지적할 수 있는 것은 한일 양국의 역사교육에서 유럽의 '봉건제'가 특별한 위치를 차지하고 있다는 점이다. 특별한 위치에 있다는 것은 전근대 세계사에 등장하는 다양한 사회에 대해서 유럽의 '봉건제'와 같은 명확한 개념으로 사회를 규정하는 예가 달리 안 보인다는 점, 또한 유럽의 '봉건제'사회가 동시대의 다른 사회보다 훨씬 자세히 설명되고 있다는 점에 따른 판단이다.

먼저 일본의 세계사B의『학습지도요령 해설』은 '(3) 여러 지역세계의 교류와 편성'에 '① 유럽 세계의 형성과 변동'이라는 항목을 마련하고 그 내용을 다음과 같이 설명하고 있다.


서유럽에 대해서는 프랑크 왕국이 로마 교황과 제휴해서 세력을 확대하고, 비잔틴 제국에 대항해 서유럽 세계의 독자성을 확립한 것을 파악함과 동시에 노르망디인 등의 여러 민족의 진입과 건국이 진행되는 가운데 봉건사회가 형성되었다는 것을 이해한다. 이어서 11세기부터 13세기에 걸쳐서 농업기술의 혁신과 생산력의 향상, 상업과 도시의 발달을 배경으로 봉건사회가 변용해, 유럽의 확대 움직임이 생겨났다는 것을 파악한다. 그리고 14세기 이후, 국왕에 의한 중앙집권화가 진척된 것도 이해한다.

이렇듯 서유럽에 대해서 봉건사회의 탄생을 파악하도록 명기하는 것과 동시에 그 변용도 강조하고 있다. 그리고 학습지도요령의 이런 방침에 기초하여 각 회사의 세계사B 교과서도 서유럽 '봉건제'는 매우 구체적이며 상세히 기술하고 있다.

일본과 마찬가지로 한국의 교육과정에서도 유럽 '봉건제'가 특권적 위치에 있는 것은 이미 지적한 바와 같지만, 한국은 그뿐만이 아니라 '(4) 유럽의 봉건사회'에 포함된 '중세 유럽 사회의 변화'라는 주제에서 다음과 같이 기술한 점이 주목된다. 이를테면 "역사학습에서 변화에 대한 인식이 매우 중요한 과제라는 점을 고려할 때 본 주제의 의의는 크다"라고 하여 중세 유럽의 변화가 역사상 변화의 대표적인 사례인 것처럼 평가하는 점이다.

이와 같은 유럽 특권화의 이유에 대해 한국『교육과정 해설서』는 "근대 이후 세계를 주도하는 유럽 세계에 대하여 그 형성 과정과 문화 요소를 학습하는 것은 현대 세계를 이해하는 데 있어서도 유효하다"라고 솔직히 기술하고 있다. 반면 일본의『학습지도요령 해설』은 II의 시기를 이슬람 및 내륙아시아 세계가 중심적 역할을 담당하는 시대라고 평가하고 있음에도 불구하고, 교과서에서는 이슬람 및 내륙아시아보다도 유럽세계를 더 자세하게 기술하고 있다.

유럽에 '봉건제'라는 명확한 개념(물론 어떤 것을 두고 '봉건제'라고 할 것인가에 관해서 다양한 의견이 존재하는 것은 주지의 사실이지만)이 적용된 데 반해, 유럽 이외의 지역은 '봉건제'에 대응할 만한 개념이, 뒤에 기술할 일본의 '봉건제'를 제외하고는 전혀 존재하지 않는다. 그 전형적인 예가 중국이다.

세계사 과목에서 중국을 어떻게 가르치고 있는가에 대해서, 한국의『교육과정 해설서』에 따라 나열해보면 아래와 같다. 먼저 '(2) 문명의 새벽과 고대 문명'의 '고대 아시아 세계' 부분에서는

> 은~한에 이르는 중국 왕조의 변천 과정에서 중앙 집권적인 통치 구조, 유교적 전통 등이 성립하였으며 이러한 요소들이 동아시아 문화권 성립의 기반을 이루었음을 이해한다.

라고 서술하고 있다. 이어서 '(3) 아시아 세계의 확대와 동서 교류'의 '동아시아 세계의 형성과 확대'에서는

> 이 주제에서는 위·진·남북조에서부터 수·당·송대를 거쳐, 북방 민족이 중원을 지배한 요·금·원에 이르기까지의 정치·사회적 변화와 각 시기별로 꽃핀 문화의 특징을 상호 관련시켜 이해한다.
> 따라서, 이 단원에서는 시간적 종축에 따라 중국의 정치·사회 변화를 발전적으로 파악하는 동시에 당대의 사회적 횡축을 따라 정치·사회적인 상황과 문화의 특징을 상호 관련시켜 이해한다.

라고 한다. 게다가 '(5) 아시아 사회의 성숙'의 '명·청대의 중국사회'에서는

　　이 주제에서는 명·청제국의 정치, 사회, 경제, 문화의 특징을 파악하고, 특히, 중화사상의 성격을 역사적 자료에 근거해서 다면적으로 이해함으로써 당시 우리나라와 중국 사이의 특징을 파악하고, 그것이 제국주의 시대의 지배 및 관계와 다르다는 것을 설명할 수 있도록 한다.

라고 기술하고 있다. 이렇게 중국 역사에 관해서도 '변화'와 '발전' '성숙'이라는 표현을 사용하고 있지만, 문제는 그 내용이다. 즉, 무엇을 가지고 '변화' '발전' '성숙'이라고 하는가에 대해 해설서에는 어떠한 설명도 나타나 있지 않다. 또한 중국사를 은~한, 위·진·남북조~원, 명·청으로 시대구분 하고 있는데, 이것이 중국사에 내재적인 시대구분인지, 더욱이 그 근거는 어디에 있는지 등의 문제에 관한 언급은 전혀 없다. 나아가 다음에 살펴볼 국사에서는 송대 이후를 중세, 명대 이후를 근세라고 시대를 구분하여, 세계사의 시대구분과 다른 점도 문제이다.

　　이러한 문제점은 일본 『학습지도요령 해설』의 경우도 다를 바 없다. 예를 들면 "중국 사회는 당 말기 이래 변용을 겪게 되고 송대에 이르러 산업과 문화가 발달하며, 상업도시가 번창하게 되었다는 것도 다룬다"든지, "중화제국을 재현해 주변 제국과의 사이에 책봉(조공체제)을 확립한 명이 16세기에는 북방의 몽골과 동남연안에서 왜구 활동에 고전하면서도 상공업 발달을 통한 번영을 향수하고 있었다는 것을 파악한다"라고 기술하는데, 사회체제가 어떻게 '변화' '발전'한 것인지에 대해서는 어떠한 명확한 규정이 없다.

또한 일본의 경우 II의 시기를 이슬람과 내륙아시아 세계가 중심적 역할을 담당한 시대로 다루기 때문에, 중국사에서 당송변혁이 담고 있는 의미가 거의 무시되었다. 현행 세계사B 교과서에는 주자학의 성립과 역사적 의미라든지 주희 개인에 대해서 극히 간략하게만 기술되어 있는데, 이런 현상도 송에 대한 평가절하와 관련된 문제라고 할 수 있다.

중국역사에 관한 『학습지도요령 해설』과 『교육과정 해설서』가 이와 같이 모호한 것은 역사연구의 현황을 반영한 것이라고도 볼 수 있다. 그렇지만 그런 만큼 중국역사는 학생들에게 모호하게 이해될 수밖에 없다고 생각한다. 이는 중국에 한정되지 않고 인도역사나 이슬람사회 역사에서도 마찬가지로 나타난다. 그 결과, 역사에서 '변화'라든지 '발전'에 대한 분명한 인상은 유럽에 한정된다고 생각할 수 있는데, 이는 "발전하는 것으로서의 역사는 유럽 이외의 지역에는 존재하지 않는다"라는 19세기 유럽의 계몽주의적 언설을 답습한 것이라고 말할 수밖에 없다. 그리고 이처럼 '유럽과 그외 지역'이라는 이분법적 세계사상(像)을 지탱하는 가장 중요한 키워드로 유럽 '봉건제'가 존재하고 있는 것이다.

### 자국사와 세계사의 부정합

앞에서 지적한 '유럽의 특권화와 유럽 이외 지역의 역사 부재'라는 세계사상은 더욱 중요한 문제점으로 역사교육에서 자국사와 세계사의 부정합(不整合)이라는 사태를 만들어내는 결과를 낳았다고 생각한다. 마지막으로 이 점을 검토해보자.

앞서 지적한 바와 같이, 일본도 한국도 자국사에 관해서는 고대·중세·근세로 시대를 구분하고 있다. 문제는 이러한 시대구분이 무엇에 근거하는가, 또한 근세라는 시대구분은 무엇을 의미하는가, 나아가서 과연 자국사의 일국사적 시대구분이 가능한 것인가 등이다.

이 문제를 시대구분에 관해 좀더 적극적인 규정을 하고 있는 한국의 『교육과정 해설서』를 보며 생각해보자. 한국의 제7차 교육과정에서 국사는 민족사적 차원과 세계사적 차원의 상호관련을 중시한다고 명시했는데, 이러한 방침을 받아들여 국정 국사교과서 머리말은 "일부 단원의 앞부분에는 우리 민족의 활동상을 민족사에 머물지 않고 세계사와 상호 관련하여 파악할 수 있도록 세계사의 흐름을 간략히 언급했다. 이는 국사와 세계사의 교육 목표를 서로 연계하여야 한다는 취지에서이다"[4]라고 했다. 그리고 이 언급은 중세와 근세 부분에 구체화되어 있는데 그 내용은 아래와 같다.

'III. 통치구조와 정치활동'의 '2. 중세의 정치'에서는 먼저 고려의 성립을 총괄적으로 다음과 같이 평가한다. "고려는 새로운 통일왕조로서 커다란 역사적 의의를 지닌다. 고려의 성립은 고대사회에서 중세사회로 이행하는 우리 역사의 내재적 발전을 의미한다. 신라 말의 6두품 출신 지식인과 호족 출신을 중심으로 성립한 고려는 골품 위주의 신라사회보다 개방적이었고, 통치 체제도 과거제를 실시하는 등 효율성과 합리성이 강화되는 방향으로 정비되었다. 특히, 사상적으로도 유교 정치 이념을 수용하여 고대적 성격에서 벗어날 수 있었다." 그리고 이러한 고려의 성립을 동시기 세계사와 관련지어 다루기 위해서 그 뒤에 '중세의 세계'라는 항목이 개설되어 있다.

그 내용은 아래와 같다.

10세기 초 중국에서는 당이 멸망하고 5대 10국이 흥망하는 가운데 사대부라는 새로운 지배층이 성장하였다. 5대의 혼란을 수습한 송은 중앙 집권적인 황제 독재체제를 구축하고, 과거 제도를 강화하여 문반 관료 중심의 문치주의 체제를 확립하였다. (…) 이 시기에 주희가 체계화한 성리학은 중국은 물론, 우리나라를 비롯한 주변의 여러 나라에 큰 영향을 끼쳤다.

일본은 9세기 중엽에 국왕권이 약화되고 지방 호족이 장원을 소유하고 무사를 고용함으로써 특유의 봉건 제도를 갖추기 시작하였다. (…)

한편, 서양은 게르만족의 이동으로 고대사회에서 중세사회로 전환하였다. 서양의 중세사회는 로마 가톨릭 중심의 서유럽 문화권, 그리스 정교 중심의 비잔티움 문화권, 이베리아 반도와 북아프리카에 걸친 이슬람 문화권으로 형성되었다.

게르만족의 이동 이후 서유럽 세계 형성의 중심이 된 프랑크 왕국은 로마 교회와 제휴하여 성장하면서 로마 교회를 후원하는 세력이 되었다. (…)

서유럽에서는 봉건 제도가 성립되어, 왕권이 약화되고 지방 분권 체제가 이루어졌다. 봉건 제도의 경제적 단위는 귀족과 기사들이 소유한 장원이었다. 장원의 토지를 경작하는 농민은 대체로 부자유 신분인 농노로서, 이들은 장원의 주인인 영주와 토지에 예속되어 있었다.

이어서 '3. 근세의 정치'의 서두에는 "정치 구조는 권력의 집중을 방지하면서 행정의 효율성을 높이는 방향으로 정비되었다. 관리 등용에 혈연이나 지연보다 능력을 중시하였고, 언로를 개방하여 독점적인 권력 행사를 견제하였다. 아울러 6조를 중심으로 행정을 분담하여 효율성을 높이면서 정책의 협의나 집행 과정에서 유기적인 연결이 가능하도록 하였다. 조선은 고려에 비하여 한 단계 발전된 모습을 보여 주면서 중세 사회에서 벗어나 근세 사회로 나아갔다"라고 하며, 조선의 성립을 근세의 개시로 파악해야 한다고 한다. 다음으로 '근세의 세계'에서는 같은 시기의 세계사가 다음과 같이 정리되어 있다.

14세기 후반, 중국에서는 명이 건국되어 전통적인 한 문화가 회복되었다. 명대에는 강력한 전제 황권이 확립되고 서민 문화가 발전하였다. 명은 15세기 초 대외적으로 팽창하여 인도양과 아프리카 동해안까지 국위를 떨쳤다. 이때부터 중국인이 동남아시아 지역에 본격적으로 진출하기 시작하였다. 그러나 이후 명은 북쪽으로는 몽고족의 침입과 남쪽으로는 왜구의 약탈에 시달리게 되었다. 더구나 16세기 말에는 명의 국력은 더욱 쇠약해졌고, 결국 17세기 중엽에 만주에서 일어난 청에게 중국의 지배권을 넘겨주었다. (…)
일본에서는 14세기에 무로마치(室町) 막부가 수립되고 15세기 중엽에는 전국 시대가 되었다. 16세기 후반에 전국 시대의 혼란을 수습하였으나 조선 침략에 실패하고 에도에 새 막부가 설치됨으로써 집권적 봉건 제도가 마련되었다. 이 시대에 일본은 평화와 안정을 이루고 크게 발전하였으며, 특히 네덜란드와 교류하면서 서양 문물을 수용하였다.

한편, 14세기부터 16세기에 이르는 동안 서양에서는 중세 봉건사회가 무너지고 새로운 근대 사회와 근대 문화가 싹트기 시작하였다. 이 시기에 일어난 르네상스, 새로운 항로의 개척과 유럽 세계의 확대, 종교 개혁 등은 바로 근대의 시작을 알리는 큰 움직임이었다.


이상에서 본 바와 같이 자국사와 세계사를 관련지어서 중세와 근세라는 시대설정을 했지만, 한국사 시대구분의 기준으로 서술한 '개방성' '효율성' '합리성' 등이 한국사 고유의 기준인지 아니면 세계사에 공통으로 적용하는 기준인지는 불명확하다. 또한 각 시대의 세계사에 대해 기술한 부분, 예를 들어 중국의 경우 왜 송대 이후가 중세인지, 명대 이후가 왜 근세인지도 명확하지 않다. 한편, 일본의 경우는 '봉건제' 개념에서 다루고 있는데, 그 근거에서 왜 일본은 '봉건제' 개념을 적용할 수 있는지, 중국이나 한국은 왜 적용할 수 없는지 등의 문제에 대해 어떠한 설명도 없다.

이러한 중국, 일본에 관한 문제와 관련하여 시대구분을 한국사라는 일국적 수준에서 설정하는 것이 가능한가라는 근본적인 문제를 고찰할 필요가 있다. 왜냐하면 유럽의 고대·중세·근대라는 시대구분은 유럽 전체를 대상으로 한 것인 데 반해, 동아시아는 동아시아 전체로는 어떠한 시대구분도 없이 일국사적인 관점에서만 시대구분을 하고 있기 때문이다.

또한 자국사에 근세라는 시대를 설정한 것은 한일 양국에 공통으로 나타나지만, 왜 근세라는 시대를 설정할 필요가 있는가에 대한 명확한 설명은 없다. 굳이 추정하자면 같은 시기 유럽을 근대로의 이행기로 파악하기 때문에, 유럽과의 관련에서 근대를 준비하는 시기로 자국사에 근세를 설정하였다고 보는 것이 타당하겠다. 하지만 그렇다 하더라도, 언뜻 봐도 지극히 독자적인 근세라는 시대설정은 유럽 기준의 시대구분이라고 말할 수 있지 않을까.

한국의 『교육과정 해설서』에 나타난 이와 같은 문제점은 기본적으로 일본의 『학습지도요령 해설』에도 공통적으로 나타나지만, 이 밖에 일본의 특수한 문제로 일본 '봉건제' 문제를 들 수 있다. 일본의 학습지도요령·세계사B에서는 일본에 '봉건제'라는 개념을 적용하지 않지만, 일본사B에서는 근세 부분에서 "막부가 집권적인 봉건지배체제를 완성하고 신분질서를 고정화했다"라고 하여, 근세를 '봉건제' 개념으로 다루고 있다. 또한 일부 교과서는 카마꾸라시대에 관해 "토지의 급여를 통해 주인과 종이 고온(御恩)과 호오꼬오(奉公)의 관계에 따라 맺어진 제도가 봉건제도이다. 카마꾸라막부는 봉건제도를 기초로 성립한 최초의 정권이며, 슈고(守護)·지또오(地頭)를 설치함에 따라 최초의 일본의 봉건제도가 국가적 제도로 성립했다"[5] 라고 기술하고 있다.

한국의 『교육과정 해설서』도 일본의 '봉건제'를 다루고 있음은 이미 소개했다. 일본과 한국의 역사교육이 모두 유럽과 일본에 한해 '봉건제'의 존재를 인정하고 있지만, 특히 일본 '봉건제'론은 이런 과정을 거쳐 역사교육에도 등장할 정도로 통설로서의 지위를 획득하였다고 할 수 있다. 그러나 앞의 1, 2장에서 밝힌 바와 같이, 일본 '봉건제'론은 러일전쟁을 전후해 일본과 서구의 역사적 공통성을 끌어내려는 목적의식으로 '발견'된 이데올로기적 성격이 강한 것이다. 이것이 오늘날에는 그 이데올로기성이 망각되면서 통설로서 확고부동한 것이 되었다.

일본 '봉건제'론의 탈아적 성격은 테이꼬꾸서원(帝國書院)이 발간한 『신편(新編) 고등세계사B』에 전형적으로 나타나 있다. 이 교과서는 "일본이나 아시아를 중심으로 세계의 역사를 생각함과 동시에, 전편을 통해 환경과 인간의 관계를 중시하려고 하는 입장에서"[6] 편집된 굉장히 의욕적인 교과서라고 할 수 있는데, 그만큼 '봉건제'론과 일본사의 특권화는 살펴봐야 할 부분이다. 『신편 고등세계사B』는 중국 주대(周代)의 '봉건제'에 관한 기술에서 "이 시스템을 한자로 봉건제라고 하는데 중세 유럽의 'feudalism' 번역어나 일본의 봉건제와는 달리, 씨족제를 원리로 하는 정치질서였다"[7]라는 주석을 달면서까지 유럽과 일본 '봉건제'의 동질성을 강조하고 있다.

이렇게 동질성을 강조하는 것은 일본 '봉건제'론이 성립 당시부터 지닌 이데올로기적 성격(즉, 일본 근대화의 역사적 전제로 유럽과 일본의 동질성을 '발견'하기 위한 담론이었다는 것)이 이 교과서에서도 그대로 재현되고 있음을 의미한다. "쇄국시대는 대외전쟁과 화교 세력의 확대를 회피하고, 자력으로 경제발전과 문화적 성숙을 실현한 시대이기도 했다. 메이지시기의 공업화의 기초는 근세(에도시대)에 형성되었다"[8]라는 이 책의 기술은 일본 '봉건제'론과 근대화론의 연관성을 무엇보다도 분명히 표현하고 있다.

한국의 『교육과정 해설서』에 자국사와 세계사의 상호관련성이 불충분하다는 것은 이미 지적했다. 이에 비해 일본의 『학습지도요령 해설』은 일본 '봉건제'론을 위해서 일본사를 동아시아세계 속에 자리잡을 수 없게 함으로써 오히려 일본사의 탈아적 경향에 대해 강한 인상을 주는 결과를 낳았다.


## 5. 마치며

이상 검토한 바와 같이, 현행 고교 역사교육에서는 한일 양국 모두 자국사와 세계사의 관계, 세계사 속에서 자국사가 차지하는 위치를 중요한 과제로 인식하고 있는 반면 문제점도 많이 포함하고 있다. 특히 세계사와 자국사의 시대구분이 문제라고 할 수 있는데, 세계사의 시대구분이 기본적으로 유럽을 기준으로 하고 있다는 점, 자국사의 시대구분이 일국사적 관점에서 이루어지고 있다는 점 등이 세계사에서 자국사의 위치를 모호하게 하고 있다.

이러한 문제의 가장 중요한 원인 가운데 하나로 '봉건제' 문제가 있다는 것이 이 글의 주장이다. 즉, 한국의 경우 고대·중세·근세·근대라는 자국사 시대구분의 근거가 모호한 한편, 세계사 시대구분은 유럽을 기준으로 유럽 중세의 '봉건제'를 특권화하고 있기 때문에, 자국사와 세계사의 관련성이 불명확하다고 생각된다. 또한, 교육과정에서는 채용되지 않았으나 역사학계에서는 오히려 통설적인 위치에 있다고 생각하는 조선 '봉건제'론은 이러한 자국사와 세계사를 관련짓는 데 따른 난점을 유럽사를 빙자하여 극복하려 한 것이라고도 할 수 있다. 그러나 그것은 오히려 자국사의 내재적 이해를 방해하는 결과가 되었다는 것이 나의 견해이다.

한편, 일본의 경우는 자국사의 중세와 근세를 '봉건제' 개념을 통해 다루어서 언뜻 보면 세계사와의 정합성이 있는 것 같다. 그러나 그 결과, 고대를 제외하면 동아시아세계와의 연관성이 경시되고 유럽과의 친근성이 강조되어 있다. 이러한 의미에서 일본은 한국보다 더 자국사를 유럽적 관점에서 다루고 있다고도 할 수 있다.

이와 같은 문제점을 극복하기 위해서는 동아시아에 내재한 시대구분이 무엇보다 절실하게 요구되고, 이를 위해서도 동아시아의 역사연구에서 오리엔탈리즘의 상징이라고 할 수 있는 '봉건제'론을 극복하는 것이 필요하다.

〔번역: 허미선〕

제4장

# 봉건제와 feudalism의 사이

인문학과 정치학의 대화를 위해

## 1. 인문학의 위기?

최근 한국에서는 인문학의 위기라는 말이 난무하고 있다. 현재 한국의 인문학이 위기라고 할 만한 상황에 있는지에 대해서는 여러 의견이 있을 수 있지만 적어도 현재 인문학이 많은 문제점을 안고 있다는 것, 그리고 그것이 한국만의 예외적 현상이 아니라는 것에 대해서는 이론(異論)이 없을 것이라고 생각된다.

그렇다면 왜 이런 현상이 벌어진 것일까? 이 점에 대해서도 많은 의견이 있을 수 있겠지만, 인간사회를 연구하는 학문이 인문학과 사회과학이라는 두개 부문으로 분할되어 학제적 연구의 필요성이 강조됨에도 불구하고 양자간의 지적 교류가 극히 약하다는 점(따라서 인문학이 위기라면 사회과학 역시 위기라고 해야 할 것이다)이 그 원인 중 하나라는 데에는 모두 동의할 것이다. 그러나 인문학과 사회과학의 교류는 그렇게 간단히 해결할 수 있는 문제가 아니다. 따라서 여기서는 양자간 대화의 가능성을 모색하는 작업의 일환으로서 동아시아의 지식사·지성사에서 전통의 단절이라는 문제를 '봉건제' 개념을 대상으로 논의하기로 한다.

19세기에서 20세기에 걸쳐서 동아시아지역에서는 많은 외래어가 생겨났다. 그중 압도적으로 많은 것이 영어, 독일어, 프랑스어 등 서구 국가들의 말인데, 동아시아에서는 이러한 외래어 대부분이 한자로 번역되었다. 그 과정은 천수백년 전에 불교가 전래될 때 진행된 불교경전의 한역〔漢譯佛典〕 이래의 일대사건인데, 불교용어가 그랬듯이 19세기 이후 수용된 번역한자어의 많은 부분이 동아시아지역 공용어로 현재도 사용되고 있다.

현재 동아시아지역에서 사용되는 번역한자어는 그 기원에 따라 세가지로 분류할 수 있다. 첫째는 19세기 이전에 만들어진 번역한자어로서, 16세기 이후 유럽과의 접촉과정에서 등장한 말들이다. 기하(幾何), 대수(代數) 같은 말이 이 부류에 속하는데, 한역 서학서(西學書)에 처음으로 등장한 것들이 많으며, 일부는 일본 토꾸가와시대의 난학서(蘭學書, 네덜란드 서책을 번역한 책)에서 만들어졌다. 둘째는 종래 동아시아지역에는 존재하지 않던 개념을 고전 한어(漢語)에서 유래한 한자어로 번역한 말들이다. 경제(經濟)라는 말이 대표적인 예라고 할 수 있으며, 이 글의 주제인 봉건제(封建制)라는 말도 여기에 속한다. 셋째 부류는 메이지유신 이후 일본에서 만들어진 완전히 새로운 번역한자어로서, 철학(哲學)이 전형적인 예이다.

번역은 새삼스럽게 말할 필요도 없이, 다른 언어를 자국어로 기계적으로 옮기는 것이 아니라 다른 문화, 문명을 배경으로 가진 두 언어의 소통을 도모하는 작업으로서, 그 자체가 문화접촉, 문화충돌, 문화변용 등의 측면을 가진 복잡한 과정이다. 번역이 가진 이러한 특징에 비추어볼 때, 19세기 이후 만들어진 번역한자어 중에서 특히 주목하고 싶은 것은 두번째 부류에 속하는 말들이다. 그 말들에서 동아시아의 전통지(傳統知)가 근대에 와서 어떻게 계승되거나 단절되었는가 하는 문제가 집약적으로 드러난다고 할 수 있기 때문이다.

예를 들어, 경제라는 말은 물론 economy의 번역어로 쓰이게 되었지만 그 말 자체는 '경세제민(經世濟民)'을 줄인 것으로, 동아시아사회에서 옛날부터 자주 사용되어온 말이었다. 그러나 economy라는 영어가 '경제'라고 번역되면서 양자의 개념에 일종의 뒤틀림이 생겼다고 생각할 수 있다.

이러한 현상은 다른 개념에서도 볼 수 있는데, 여기서는 feudalism이라는 말의 번역어로 '봉건제'라는 말이 채용되어 동아시아 전체에서 통용되게 된 과정이 가진 문제를 생각해보고자 한다. '봉건제'라는 말은 '경제'와 마찬가지로 서구의 개념을 동아시아의 고전 한어를 이용해 의역한 예이지만, 경제와는 달리 본래의 고전 한어로서의 의미가 완전히 사라지고 서구 기원의 의미가 통용되게 된 경우이다. 따라서 '봉건제'라는 말의 현재적 의미의 탄생은 동아시아지역에서 전통지가 포기되고 외래 개념이 승리하는 과정의 문제성을 단적으로 보여준다고 할 수 있다.

여기서는 동아시아의 고전적 의미의 봉건제를 봉건제(봉건, 봉건론 등도 마찬가지)로, feudalism의 번역어로서의 봉건제를 '봉건제'('봉건' '봉건론' 등도 마찬가지)로 구분하기로 한다.

봉건제 문제에 관해서는 지금까지의 연구에서도 다양한 논의가 행해져왔다. 특히 중국사 분야에서는 명말 청초 고염무(顧炎武) 등의 논의와 청말 민국 초기 량 치차오(梁啓超) 등의 논의에 관해서 많은 연구가 이루어졌다. 또한 일본사 분야에서도 토꾸가와시대 유자(儒者)들의 봉건제론이 주목을 받아왔다. 이는 봉건제에 관한 논의를 대상으로 한 것인데, 다른 한편 '봉건제'에 관해서도, 특히 일본사에서 그것의 존재와 중국사·한국사에서의 부재라는 일본인의 주장에 대해 다양한 논의가 행해졌다.

그러나 지금까지의 연구는 19세기까지의 봉건제를 둘러싼 논의와 20세기에 들어서면서 전개된 '봉건제'를 둘러싼 논의가 별도로 연구되어왔다는 점, 그 대부분이 중국사·일본사에 관한 논의로, 한국사에서는 19세기까지의 봉건제론에 관한 연구가 거의 없었다는 점 등 한계가 있다. 따라서 여기에서는 이러한 한계에 유의하면서 논의를 진행할 것이다.


## 2. 19세기까지의 봉건제론

### 봉건제론의 주된 논점들

봉건제를 둘러싼 논쟁은 오랜 역사를 가진다. 민두기(閔斗基)에 의하면 중국에서는 전국시대에 진(秦)나라에서 군현제가 실시되기 시작했을 때부터 벌써 군현제와 봉건제의 우열에 관한 논의가 있었다고 한다. 그후 20세기 초에 이르기까지 2천년을 넘는 동안 동아시아에서는 바람직한 체제를 논의할 때 항상 그 핵심에는 봉건제와 군현제 문제가 있었다고 할 수 있다. 봉건제를 둘러싼 논의는 내용이 다양하고 시대에 따라서도 중점을 두는 바가 다르기는 하지만, 민두기에 의하면 주로 다음과 같은 세가지 논점으로 집약할 수 있다.[1]

첫째 논점은 공천하(公天下)·사천하(私天下)에 관한 문제를 들 수 있다. 처음에는 '천하는 천자(天子) 하나의 천하가 아니다'라는 입장에서 봉건제를 옹호하는 논의가 우세하였지만 당나라시대 이후 공(公)의 의미를 백성을 위한 것으로 파악하는 새로운 태도가 등장하면서 현인(賢人)을 등용할 수 있는 군현제를 옹호하는 논의가 힘을 얻게 되었다.

둘째로 문제가 된 것은 삼대(三代, 하·은·주夏·殷·周 삼대이지만 실제로는 서주西周시대)와 현재를 어떻게 볼 것인가이다. 이 문제에 관해서는 복고(復古)론과 그 변종으로서 상고(尙古)론의 입장이 한편에 있고, 다른 한편에는 시금(是今)론의 입장이 있었다. 복고론이란 유교에서 이상적인 시대로 간주하는 삼대를 실현하려고 하는 입장으로, 삼대에 존재했다고 믿어지는 봉건제를 부활해야 한다는 주장이다. 상고론 역시 삼대를 이상적인 시대로 보는 면에서는 복고론과 같지만, 그것을 부활할 수는 없다고 보는 입장이다. 그에 대해 시금론은 삼대보다 현재가 낫다고 보는 입장으로, 그중에는 삼대의 존재 자체를 부정하는 경우와 삼대의 존재는 인정하면서도 그것은 성인(聖人)이

있어야 가능한 일로 보고 현재로서는 봉건제가 낫다고 보는 경우가
있었다.

봉건제에서 세번째로 논점이 된 문제는 법치(法治)와 인치(人治)
에 관한 것이다. 통치하는 데 있어 법을 중시하는 법치주의의 주장
은 봉건제를 옹호하는 입장과, 그리고 법보다 통치자의 도덕적 능력
을 중시하는 인치주의의 주장은 군현제를 옹호하는 입장과 결합하
는 경향이 있었던 것이다.

이 세가지 논점은 모두 국가와 통치자, 피통치자의 관계를 생각할
때 핵심적인 문제라고 할 수 있는데, 19세기에 접어들면서 서구 정
치사상이 본격적으로 소개되기 전까지 동아시아지역의 고유한 체
제이념으로는 봉건제와 군현제밖에 존재하지 않았던 것이다. 따라
서 이러한 성격을 가진 봉건제논의를 추적해보면 각 지역, 각 시대
의 성격을 이해하는 데 유익한 정보를 얻을 수 있을 것이다.

## 중국과 일본의 봉건제론

고전적 의미의 봉건제란 중국 고대의 이른바 삼대의 통치체제를
가리키는 개념으로, 전국시대의 긴 혼란기를 거쳐 성립한 진에 의해
서 폐기되어 이후 2천년간 중국은 봉건제와 대비되는 군현제에 의
해 통치되었다〔廢封建, 立郡縣〕. 따라서 봉건제는 군현제와 대비되는
개념이라고 할 수 있는데, 다만 서주시대의 통치체제를 봉건제 개념
으로 파악하게 된 것은 후세의 일이며, 특히 공자가 서주시대를 이
상적인 통치가 이루어진 시대로 간주함으로써 봉건제는 이상적인
통치가 실현되던 시대의 통치체제로 인식되었다. 그러한 의미에서,

봉건제라는 개념 자체는 실제로 존재한 체제개념이라기보다 구성적인 개념이라는 점에 주목해야 하는데, 바로 그 때문에 봉건제 개념이 중국의 통치체제를 비판하는 의미를 가질 수 있었던 것이다.

중국의 봉건·군현을 둘러싼 논의에 관해서는 지금까지도 많은 연구가 행해져왔다. 그중 하나는 명말 청초의 지식인, 특히 청조에 신종(臣從)하지 않았던 고염무나 황종희(黃宗羲)들의 논의인데, 그중 명나라 멸망의 원인을 논하는 가운데 과도한 집권화를 가져온 군현제의 폐해를 완화하기 위해 "군현 안에 봉건의 뜻을 담게 한다(寓封建之意於郡縣之中)"고 주장했던 고염무의 논의가 많은 주목을 받아왔다. 또한 청말 민국 초기 의회제도 도입을 둘러싸고, 군현제의 긴 역사를 가진 중국에서 의회제라는 서구 기원의 제도가 수용 가능한 것인지에 관한 량 치차오나 장 빙린(章炳麟)의 논의 등에 연구자의 관심이 집중되어왔다. 그리고 군현제와 봉건제를 둘러싼 논의는 어느 쪽이 민의를 좀더 올바르게 반영할 수 있는지, 또한 지방자치의 장점과 단점이 어디에 있는지 등 다양한 내용을 포함하는 것이었음이 밝혀졌다.[2] 거기서 논의된 문제들은 오늘날 정치학에서 말하는 공공성의 문제나 지방자치 문제와도 공통되는 측면을 가지고 있었다. 전체적으로 볼 때 중국사에서 봉건제론은 현실의 통치체제를 비판하는 경향이 강했다고 할 수 있는데, 이는 현실을 긍정하기 위해서 봉건·군현론이 논의된 일본과 대조적이다.

일본에서 봉건제 문제가 논의되기 시작한 것은 중국보다 훨씬 늦어서 토꾸가와시대가 되면서부터였다. 즉 토꾸가와시대에 들어 유교가 본격적으로 수용됨에 따라 유교에서 이상적이라고 여겨지는

봉건제 개념에 비추어서 토꾸가와시대 막번체제(幕藩體制)의 특징
이 논의된 것이다. 그들 논의의 상당수는 토꾸가와시대 일본을 봉
건제사회로 파악하면서 일본사회가 군현제사회인 동시대 중국이나
한국보다 낫다는 내용이었다.[3] 물론 그중에는 오규우 소라이처럼,
본래적인 봉건제에서는 무사가 그 영토에 정착해야 한다는 입장에
서서 무사의 대다수가 도시에 거주하게 된 막번체제를 비판하는 의
견도 있기는 했지만,[4] 앞에서 지적한 것처럼 많은 유자들은 현실의
막번체제를 봉건제론을 근거로 옹호했다고 할 수 있다. 그리고 이러
한 논의는 중국이나 한국과 비교해 일본의 우위성을 발견하려는 의
미를 가진 것으로, 근대일본의 '탈아'적 일본사 이해의 선구를 이루
는 것이었다고 말할 수 있다.

### 조선시대의 봉건제론

지금까지 봉건제에 관한 연구는 주로 중국과 일본을 대상으로 이
루어졌지만, 한국에서도 조선시대 때 봉건제에 관한 논의가 있었다.
다음에는 조선시대 봉건제논의에 대한 한국의 연구를 간단하게 소
개하면서, 종래 연구에서 간과되어온 문제를 짚고자 한다.

우선『조선왕조실록』을 대상으로 봉건이라는 말을 검색해보면,
대부분 중국 명나라·청나라와의 관계에서 쓰였다는 사실을 확인할
수 있다. 즉 명나라나 청나라와 조선왕조 사이의 책봉체제를 표현할
때 봉건이라는 용어가 쓰였던 것이다. 이러한 현상은 명과 청의 입
장에서는 자국에서는 군현제를 실시하면서 책봉관계에 있는 국가
에 대해서는 상호관계를 봉건 개념으로 파악하고 있었다는 것을 말

해준다. 뿐만 아니라 자국 내에서도 티베트나 몽골같이 청나라시대에 이번원(理藩院)을 통해 간접적인 지배가 이루어진 지역은 봉건제 개념으로 파악하였을 수도 있다. 따라서 중국은 군현제와 봉건제 양자를 병용함으로써 국내외 체제를 구축하였다고 이해해야 하는데, 종래 연구에서는 이러한 점에 관한 고려가 약했던 것 같다.

조선시대 양반 지식인들도 봉건제에 관해 다양한 논의를 전개했다. 그러나 조선시대 봉건제논의에 관한 연구는 박광용(朴光用)의 선구적인 연구와, 주로 실학자들의 개혁론과 관련해서 봉건제론을 검토한 김선경과 안병직(安秉直)의 논고가 있을 뿐, 중국이나 일본의 연구와 비교하면 아직은 초보적인 단계에 머무르고 있다.

박광용의 연구는 조선시대 봉건제론을 처음 연구한 것으로서 중요한 의미를 가지는데, 그 개요는 다음과 같다.[5] 18세기 이후 집권세력으로 이른바 경화벌열(京華閥閱)이 등장하면서 봉건제, 군현제 논의가 본격적으로 전개되었는데, 대체로 경화벌열세력인 노론계 인사들 사이에서는 주자의 봉건제론을 지지하는 경향이 지배적이었던 데 비해 정권에서 소외된 소론계 및 남인계 지식인들은 군현제를 옹호하는 입장에서 경화벌열을 세경(世卿), 세신(世臣)으로 비판하는 주장을 펼쳤다는 것이다.

여기서 조선시대의 봉건제논의에 대해 구체적으로 검토할 여유는 없지만 지금까지의 연구를 바탕으로 그 특징적인 내용만 소개하겠다. 먼저 조선시대 봉건제논의의 특징으로 지적할 수 있는 것은 그들 대부분이 봉건제 문제를 정전제(井田制), 종법주의(宗法主義) 혹은 육형(肉刑, 신체형) 등 서주시대에 봉건제와 함께 실시되었다고 여겨지는 다른 제도와 관련지어 논의했다는 사실이다. 특히 정전제가 실시 불가능한 상태에서는 봉건제의 실시도 불가능하다는 논의가 많았는데, 그것은 송대 이후 중국에서의 봉건제 불가론(앞에서 소개한 시금론)과도 공통되는 의견이었다. 게다가, 이것도 중국과 공통되는 논의이지만, 봉건제 실시는 불가능하다 하더라도 종법주의, 특히 소(小)종법주의를 부활시켜 실천할 것을 강조하는 점도 주목할 만하다. 주지하듯이 조선왕조는 이 종법주의의 실천을 강조하여 200년 이상의 긴 세월에 걸쳐 종법주의가 정착되기에 이르렀다.

이러한 조선시대의 봉건제론에 비추어본다면 토꾸가와시대 일본의 봉건제론은 대단히 의도적인 것이었음을 알 수 있다. 즉, 그것은 정전제나 종법주의 등 봉건제와 불가분의 관계에 있다고 여겨지던 제도들을 완전히 무시한 논의였다. 특히 종법주의의 관점에서 볼 때 토꾸가와시대 일본의 가족제도는 완전히 상반된 것이었는데도 이러한 문제는 의식적으로 무시되었던 것이다. 그런 의미에서 토꾸가와시대의 봉건제론은 일본의 현실을 옹호하려는 극히 자의적인 담론이었다고 할 수 있을 것이다.

한가지 더 조선시대 봉건제론의 특징으로 지적할 수 있는 것은 양반이라는 존재가 봉건제의 제후(諸侯)와 유사하다는 논의를 많이 볼 수 있다는 것이다. 주지하는 바와 같이 조선시대 양반은 중국 사대부와 비교할 때 세습적인 성격을 가지고 있었는데, 이 점을 근거로 조선왕조체제를 봉건적이라고 보는 견해가 존재했던 것이다. 고염무의 주장에서는 지방관의 지위를 세습하는 것이 강조되었는데, 이러한 관점에서 보면 조선시대 향소(鄕所)나 향안조직(鄕案組織) 등의 존재는 군현제의 약점을 보충하는 의미를 가졌다고 볼 수 있다. 사실 군현제를 주장한 유수원(柳壽垣)은 향소가 세습양반세력에 장악된 상태를 비판하면서 그것을 향리들의 조직으로 바꾸어야 한다고 주장했던 것이다.[6] 어찌 되었든 간에 중국의 사대부, 한국의 양반, 일본의 무사라는 지배층의 존재형태를 봉건·군현론의 입장에서 비교하는 작업은 충분히 의미있는 일이라고 생각한다.

조선시대 후기 실학사상가들의 봉건제·군현제 논의를 다룬 김선경과 안병직의 연구에서 특히 주목하고 싶은 것은 김선경의 연구이다. 김선경은 실학사상가 중에서 특히 유형원과 유수원의 논의를 집중적으로 검토했는데, 두 사람의 입장이 정반대였다는 사실이 대단히 흥미롭다. 그에 의하면 유형원은 조선사회가 군현제임을 인정하면서도 봉건적인 요소를 살림으로써 개혁할 것을 주장한 데 반해, 유수원은 분권적 요소를 없애고 철저한 중앙집권적 체제로 개혁할 것을 주장했다고 한다. 두 사람의 이러한 차이는 그들이 살던 시기가 달라서이기도 하겠지만 조선시대 한국사회의 성격을 어떻게 파악할 것인가, 또한 어떤 방향으로 나아가야 할 것인가의 문제와 관련해서 같은 시기 중국이나 일본과의 차이를 보여주는 부분이라고 생각된다. 이 문제에 대해서는 다음 절에서 다시 언급하기로 한다.

# 3. 봉건제론에서 '봉건제'론으로: 19세기 말기 이후

상술한 것 같은 봉건제를 둘러싼 논의는 19세기 후반 이른바 서양의 충격에 직면하면서 새로운 국가구상과 관련해서 다시 활발하게 전개되기에 이른다. 이러한 현상이 최초로 생긴 것은 일본에서였는데, 서구 부강의 기초가 군현제에 있다고 보고 봉건적인 토꾸가와 막번체제로는 서구의 침략에 대응할 수 없다는 논의가 있었다.[7] 메이지유신 과정에서 결정적인 의미를 가진 왕정복고, 판적봉환(版籍奉還, 1869년 모든 다이묘오가 영지와 주민을 조정에 반환한 지방제도개혁), 폐번치현(廢藩置縣) 등 일련의 사태는 봉건제에서 군현제로의 변화라고 이해되었던바, 이로써 그때까지 긍정적으로 평가되던 봉건제에 대한 인식이 180도 전환되었던 것이다. 다만 이 시기 봉건·군현을 둘러싼 논의는 서구의 입헌군주제나 공화제를 의식한 것으로서, 왕권의 존재를 절대적인 전제로 한 종전의 봉건·군현론과는 질적으로 다른 성격을 가졌다는 측면에 대해서는 주의해야 한다.

중국도 19세기 말부터 봉건·군현을 둘러싼 논의가 부활했다. 그것은 의회개설 문제나 지방자치 문제와 관련해서 봉건·군현론을 새로운 관점에서 파악하려는 것이었다. 자세한 내용에 관해서는 선행연구도 많이 있으므로 여기서 일일이 소개하지 않겠지만,[8] 일본과 중국에서도 19세기 말 혹은 중국의 경우 20세기 초까지, 전통적인 봉건·군현론을 전제로 한 논의가 행해지고 있었다.

그런데 같은 시기 한국을 보면 중국이나 일본같이 봉건제·군현제에 관한 활발한 논의가 전혀 이루어지지 않았다. 이러한 현상을 어떻게 이해해야 하는 것일까? 앞에서 조선시대 후기 봉건제·군현제 논의를 소개할 때 유형원과 유수원의 대조적인 입장 차이에 대해서 언급했다. 유형원이 봉건제적인 지방분권적 요소를 도입하려고 한 데 대해서 유수원은 중앙집권적 체제강화를 강조했다는 것이 그 논지였는데, 조선시대 후기 이후 전체적인 흐름은 중앙집권화 강화 방향이 우세했다고 볼 수 있겠다. 이러한 경향이 18세기 영조, 정조시대부터 나타나기 시작해 흥선대원군, 고종에 이르러 다시 표면화되었다고 본다면, 19세기 후반에 봉건제·군현제 논의가 나타나지 않은 현상도 쉽게 이해할 수 있다. 즉 일본에서는 봉건적인 체제를 극복하기 위해 군현제가 각광을 받았으며, 중국에서는 군현제의 결함을 보완하기 위해 봉건제 주장이 힘을 얻은 데 비해서, 원래 군현제가 존재하던 한국에서는 군현제의 강화가 시대적 과제로 인식되었기 때문에 봉건제를 주장하는 입장 자체가 나타날 수 없었다고 볼 수 있는 것이다. 이러한 봉건제·군현제를 둘러싼 논의의 차이를 통해서 우리는 당시 동아시아 각국이 직면한 과제가 무엇이었는지 비교사적으로 보는 시각을 얻을 수 있다 하겠다.

지금까지 보았듯이 동아시아에서 장기간에 걸쳐 이루어져온 봉건제·군현제 논의는 20세기에 들어서면서 근본적으로 다른 양상을 띠게 된다. 즉 서구의 feudalism이라는 말이 '봉건제'라고 번역됨에 따라서 동아시아의 전통적인 봉건 개념이 포기되기에 이르는 것이다.

이러한 변화가 재빨리 생긴 것은 역시 일본에서였다. 러일전쟁을 전후한 시기에 일본에서는 '봉건제' 개념으로 일본사를 이해하려는 견해가 등장한 것이다. 그 선두에 선 것은 경제사와 법제사를 연구하는 사회과학자들이었다. 경제사에서 후꾸다 토꾸조오와 법제사에서 나까따 카오루가 대표적인 인물인데, 특히 독일에서 유학한 후꾸다는 일본 중세를 '봉건제'의 시대로 보았을 뿐만 아니라 한국사에는 '봉건제'시대가 존재하지 않았다는 주장을 제일 먼저 내놓았다.[9]

이렇게 해서 사회과학자가 처음 주장한 일본 '봉건제'론은 맑스주의의 영향도 크게 작용하여 일본사 연구자들 사이에서도 수용되어 오늘에 이르기까지 학계의 통설로서 지위를 차지하고 있는 것이다. 이 과정에 대해서는 이미 이 책 1, 2장에서 비판적으로 검토했으므로 참조하기 바란다. 여기서 논의하고 싶은 것은 토꾸가와시대 봉건제론과 20세기에 들어서 시작된 '봉건제'론의 관계이다. 지금까지의 연구에서는 토꾸가와시대의 봉건제론과 20세기 '봉건제'론이 별도로 연구되어왔기 때문에 양자의 관계가 문제로 의식된 적은 없었다. 그러나 냉정하게 생각해보면 이것은 매우 기묘한 현상이라고 하지 않을 수 없다. 토꾸가와시대에는 일본사회가 중국의 고전에 등장하는 봉건제사회라고 했는데, 20세기에 들어서면서 같은 사회가 서구적인 '봉건제'사회로 파악되게 된 것이다. 이러한 현상을 볼 때 토꾸가와시대 봉건제론이 하나의 담론이었던 것과 마찬가지로 20세기 '봉건제'론도 하나의 담론에 지나지 않았다고 생각할 수밖에 없다.

그럼에도 불구하고 일본 '봉건제'론은 일본 학계뿐만 아니라 한국의 세계사 교과서에도 등장하고 있는 것이 현실이다. 게다가 한국사

와 중국사 연구에서도 '봉건제' 개념을 적용하려는 입장이 존재한
다. 메이지유신 이후 일본은 스스로 동아시아의 일원이라는 것을 부
인했고, 그 일환으로 등장한 '봉건제'론을 중국과 한국도 수용하면
서 전통적인 봉건 개념은 완전히 포기되기에 이른 것이다(이 책 2, 3장
참조). 그렇다면 봉건 개념이 현재적 의미를 전혀 가질 수 없는 개념
인지 재검토해볼 필요가 있지 않을까?

## 4. 역사학과 정치학의 대화를 위하여

정치학을 비롯해서 동아시아지역의 사회과학은 전반적으로 서구
학문의 영향이 강한 것 같다. 이러한 현상이 왜 생겼는지에는 여러
원인이 있겠지만, 동아시아에서 축적되어온 전통지와 서구에서 들
어온 지식이 완전히 유리된 것도 크게 작용했다고 여겨진다. 그러나
근대 초기에 서구학문을 처음으로 받아들인 선인들은 서구의 개념
을 번역할 때 동아시아 사람들에게 익숙한 용어를 많이 살리면서 받
아들이려고 했다는 사실을 새삼 상기할 필요가 있다. 경제, 그리고
이 글에서 논의한 봉건 등의 개념이 대표적인 경우이다.

물론 역사학의 경우도 서구의 영향이 강하고, 근대역사학이 근
대 국민국가를 만들기 위해 형성되었다는 사실은 널리 인식되어왔
다. 그러나 역사학이라는 지적 행위는 동아시아에서 특권적 지위를
오랫동안 누려왔기 때문에 근대 이후 역사학에도 전통적인 역사학
의 흔적이 각인되어 있다고 생각되는 것도 부인할 수 없다. 전통시

대 동아시아에서 역사학이라는 지적 행위는 국가나 왕조의 정통성을 밝히는 데 최대 목적이 있었다고 할 수 있는데, 정사(正史) 편찬의 전통이 그것을 상징한다. 이러한 전통적인 역사의식은 근대 이후 역사연구에도 남아 있으니, 특히 한국에서 그러하다. 대한민국의 정통성이 문제로 논의되는 현상이 그것을 단적으로 말해준다. 그만큼 역사학의 보수적 경향이 강하다는 이야기인데, 현실에 대한 관심의 결여, 더 나아가서 그런 관심을 가지면 안된다는 입장까지 존재하는 현실에서는 사회과학에 대한 관심이 생길 리가 없다.

이러한 사회과학과 역사학의 현실을 눈앞에 두고 여기서 제기하고 싶은 것은 정치학과 역사학의 대화를 진행하는 데 있어 봉건제에 관한 논의가 그 실마리를 제공해주는 것이 아닌가 하는 것이다. 한국과 동아시아가 앞으로 어떠한 정치체제를 지향해야 하는가를 생각할 때, 역사적으로 방대하게 축적되어온 봉건제논의를 되돌아보는 작업이 적극적인 의미를 가질 수 있다면, 정치학자와 역사학자가 같이 고민할 수 있는 자리가 마련되지 않을까? 왜냐하면 전통시대의 봉건제논의에서 논점이 되던 공과 사를 둘러싼 문제나 법치와 인치의 문제, 그리고 정치를 담당하는 사람의 소양 문제 등은 오늘날에도 충분히 해결된 문제라고 보기 어렵기 때문이다.

제5장

# 근세일본의 조선인식

임진왜란의 기억을 중심으로


## 1. 머리말

일본사에서는 일반적으로 토요또미정권의 성립(1585)을 중세와 근세를 나누는 분수령으로 간주한다. 그런 식으로 이해하면 임진왜란(토요또미 히데요시의 조선침략전쟁)은 근세 초기에 일어난 커다란 사건이었다고 할 수 있는데, 그와 마찬가지로 일본 근대의 시작을 알리는 커다란 사건인 메이지유신(1868)을 전후해서도 '정한론(征韓論)'이 나오고, 결국에는 일본의 한국지배로 이어졌다. 다시 말하면 일본역사에서 근세와 근대의 시작은 모두 한국침략과 깊이 결부되어 있었으며, '메이지' 일본의 지도자들도 한국에 대한 침략정책을 추진하는 데 있어 항상 토요또미 히데요시의 고사(故事)를 의식하고 있었다. 이런 사태는 일본과 한국의 관계에서 매우 불행한 일인데, 왜 그와 같은 일이 되풀이되었던 것일까?

이 글에서는 이런 역사가 되풀이된 원인을 생각해보는 하나의 실마리로, 근세일본에서 임진왜란이 어떻게 이야기되고 기억되었는지에 대해 고찰하려고 한다. 임진왜란에 관해서는 다양한 기록이 있지만, 먼저 그것들을 종류별로 개괄한 후에 무사들이 작성한 기록을 중심으로 고찰하고자 한다. 사쯔마(薩摩)의 시마즈씨(島津氏)나 초오슈우(長州)의 모오리씨(毛利氏)는 임진왜란의 주요 참전자였을 뿐만 아니라 메이지유신 이후 한국침략을 주도하는 역할도 했기 때문이다.

이 무사들의 임진왜란 기록을 검토하는 데 있어 특히 다음과 같은 점에 주목하고자 한다. 먼저 임진왜란은 소기의 목적을 달성하는 데 실패했다는 점에서 일본의 패배였다고밖에 할 수 없지만, 일본이 임진왜란을 과연 패배로 인식했는가 하는 점이다. 그리고 그와 관련해서 둘째로, 소기의 목적을 달성하지 못한 원인에 대해 어떻게 인식하고 있었는가 하는 점이다. 셋째는 임진왜란 전후에 조선을 어떻게 인식하고 있었는가 하는 문제이다. 다시 말하면 임진왜란은 어떠한 조선인식을 바탕으로 일어났으며, 또 임진왜란 후에 그 인식은 어떻게 변화했는가 하는 것이다. 이 세가지에 초점을 맞춤으로써 메이지유신 이후 일본의 대(對)한국정책을 역사적으로 규정한 한국 인식이 어떠했는지 알아보기로 한다.

## 2. 임진왜란에 관한 각종 기록

근세일본에서는 임진왜란에 관해 많은 기록이 작성되었고, 그 중 일부는 간행되어 많은 사람에게 읽혔다. 그것들을 주로 저자 또는 편자의 유형에 따라 구별해보면 다음과 같이 나눌 수 있다. 첫째는 민간인의 기록인데, 대부분은 간행되지 않았지만 개중에는 간행되어 널리 읽힌 서적도 적으나마 존재한다. 둘째는 막부나 다이묘오가 편찬한 것으로, 임진왜란에 직접 참가한 무사와 그 자손들의 임진왜란에 대한 인식을 잘 보여주는 사료이다. 셋째 유형은 앞의 둘과는 성격이 조금 다른데, 임진왜란에 관한 조선측 기록을 원문 그대로 혹은 일어로 번역해서 출간한 것이다. 특히 임진왜란 당시 조선정부의 중추에서 전쟁을 지휘한 유성룡(柳成龍)이 전후에 집필한 『징비록(懲毖錄)』은 일본에서 1695년 처음 간행된 이래로 몇차례에 걸쳐 번역 간행되었다. 1695년 에도에서 출판된 『징비록』의 서문은 저명한 일본 유학자인 카이바라 에끼껜(貝原益軒)이 썼다. 카이바라는 서문에서 고전을 인용해, 병(兵)에는 의병(義兵)·응병(應兵)·탐병(貪兵)·교병(驕兵)·분병(忿兵) 다섯 종류가 있으며, 의병과 응병은 군자(君子)의 용병이지만 토요또미 히데요시의 조선 출병은 탐·교·분의 병으로 천도(天道)가 미워하는 바로서, 패배할 수밖에 없었다고 말한다. 나아가 대국이라 하더라도 호전적이면 멸망하고, 천하가 평안하더라도 전쟁을 잊어버리면 위험하다는 말을 인용하면서 조선은 후자에 해당하며, 국가가 망하기 직전이었다고 비판하고 있다. 이러한 카이바라의 평가는 비교적 객관적이며 토요또미 히데요시의 패배를 냉정하게 받아들이고 있다고 할 수 있는데, 이런 견해는 극히 소수였다.

첫째 유형에 속하는 것으로는 오제 호안(小瀨甫庵)의 『태합기(太閤記)』, 타께우찌 카꾸사이(竹內確齋)·오까다 교꾸잔(岡田玉山)의 『회본(繪本)태합기』, 호리 쿄오안(堀杏庵)의 『조선정벌기』, 시모꼬오베 슈우스이(下河邊拾水)의 『회본(繪本)조선정벌기』, 카와구찌 초오주(川口長孺)의 『정한위략(征韓偉略)』 등이 대표적인 것으로, 특히 『태합기』와 『회본태합기』는 토꾸가와시대에 인구에 회자되어 일본인의 임진왜란관, 조선관에 큰 영향을 미쳤다. 또 카또오 키요마사(加藤淸正)의 가신 후루하시 유겐(古橋又玄)이 저술한 『청정기(淸正記)』도 같은 유형의 기록이다. 이들은 사실과 픽션을 섞어서, 임진왜란 때 일본군의 공적을 찬양하는 입장에서 쓰였으며, 임진왜란이나 그것을 일으킨 토요또미 히데요시에 대한 비판적 성찰은 전혀 보이지 않는다.

앞에 서술한 서적들은 모두 간행된 것이지만, 민간인이 기록한 대부분은 간행되지 않고 집안에 전래되다가 최근의 연구를 통해 알려지게 되었다. 대표적인 것으로 임진왜란 때 의승(醫僧)으로 종군한 케이넨(慶念)이라는 이의 체험기록인 『조선일일기(朝鮮日日記)』를 들 수 있다. 여기에는 임진왜란의 비참함이 적나라하게 그려져 있는데, 나이또오 슌뽀(內藤雋輔)가 발굴, 소개하면서 널리 알려지게 되었다.[1]

또 쿠라찌 카쯔나오(倉地克直)도 1669년에 오까야마(岡山)·이께다(池田)번에서 작성된 『오까야마번 가중제사 가보오음기(岡山藩家中諸士家譜五音寄)』를 바탕으로, 거기에 수록되어 있는 일반 무사들의 가보 중에서 임진왜란에 종군한 인물들의 기록을 소개했다.[2] 쿠라찌는 임진왜란의 호칭으로 일본 국내의 전투와 동격의 '고려진(高麗陣)'이라는 호칭이 사용되었다는 사실에 입각하여 당시 일본인에게 임진왜란이 외국과의 전쟁이라는 인식이 거의 없었다는 것을 지적하면서, 일본인이라는 '민족적' 자각이나 조선에 대한 멸시라는 측면만으로는 파악할 수 없는 다양한 의식의 존재를 소개한다.

둘째 유형에 속하는 기록에 관해서는 다음 절에서 검토할 것이므로 여기서는 생략하지만, 임진왜란에 관한 각종 일본측 기록의 특색으로 하나만 지적하고 싶은 것이 있다. 임진왜란에 관한 공적 기록이라고 할 수 있는 것이 토요또미정권이나 토꾸가와정권에서 작성되지 않았다는 점이다. 바꿔 말하면 일본에서는 국가의 입장에서 임진왜란 전체를 대상으로 한 공적 기록이 일체 만들어지지 않았다는 얘기이다. 그리고 이는 일본에서 '정사'의 편찬이 고대의 한 시기를 제외하고는 이루어지지 않았다는 점과 깊은 연관이 있다.

주지하는 바와 같이 동아시아세계에서 역사라는 학문은 특별한 의미를 갖고 있었다. 따라서 역사를 기록한다는 행위도 매우 중시되었는데, 단적인 예가 '정사' 편찬이었다. 중국에서 시작된 정사 편찬 사업은 주변지역에도 수용되어, 한국과 베트남에서도 왕조가 망하면 그 왕조의 정사를 편찬하는 것이 새로운 통치자의 의무로 간주되었다. 그러나, 다른 분야에서도 볼 수 있는 일이지만, 유교문화권에 한 다리만 걸치고 있던 일본에서는 역사를 기록하는 것에서도 다른 동아시아지역과 상이한 양상을 보였다. 고대일본에서는 『일본서기(日本書紀)』를 위시해 정사로 간주할 수 있는 서적이 몇차례 편찬되었지만, 율령국가가 쇠퇴하면서 정사 편찬이 이루어지지 않아 10세기 이후에는 정사가 존재하지 않는 특이한 상황이 계속되었다.

역사를 기록하고 역사서를 편찬하는 것에 대한 한국과 일본의 이러한 차이는 임진왜란에 관한 기록에서도 여실히 나타났다. 조선에는 『선조실록(宣祖實錄)』이라는 기본사료가 남아 있을 뿐만 아니라 유성룡과 이순신(李舜臣) 등 임진왜란의 최고 지휘자들이 직접 쓴 기록이 있는 데 반해, 일본에서는 공적 기록뿐만 아니라 지휘관들이 직접 집필한 기록도 극히 단편적인 것만 남아 있을 뿐이다.

일본의 이러한 상황에 대해서는 몇가지 원인을 지적할 수 있을 것이다. 무사들이 교양이 없었다는 점, 토요또미정권이 임진왜란 후에 곧바로 붕괴되어 토꾸가와정권으로 넘어간 점 등도 그 원인일 것이다. 그러나 좀더 근본적인 원인으로 역사를 기록하고 그것을 편찬하는 전통이 일본에는 없었다는 점을 지적하지 않을 수 없다. 주지하는 바와 같이 조선에서는 임진왜란 때 소실된 조선전기의 실록을 복간하기 위해 많은 노력을 기울였는데, 역사를 기록하고 후대에 남기는 것에 대한 조선의 열의와 비교해보면, 일본의 상황은 완전히 대조적이다. 그리고 이것은 단순히 역사서 편찬 문제에 그치는 것이 아니라, 임진왜란이 일본의 패배였다는 인식을 가질 수 없게 만든 큰 원인 중 하나가 아니었을까?

## 3. 토꾸가와막부와 다이묘오가 편찬한 공적 기록

다음은 임진왜란에 관한 각종 기록 중에서 공적인 성격을 갖는 것, 즉 토꾸가와막부나 근세의 다이묘오 가문에서 편찬한 것을 검토하기로 한다.

우선 막부의 기록으로서 가장 주목되는 것은 『관정중수제가보』 (寬政重修諸家譜, 이하 『관정가보』)이다. 『관정가보』는 1799년 막부의 명령에 따라 편찬이 시작되어 1812년에 완성된 총 1,520권으로 이루어진 방대한 가계기록이다. 막부는 이보다 앞서 『관영제가계도전(寬永諸家系圖傳)』을 편찬한 적이 있었는데, 『관정가보』는 이를 대폭 보충한 것으로 토꾸가와시대 최상급 무사들의 가계와 개인의 행적을 기록하고 있다. 편찬은 각 다이묘오와 하따모또(旗本)에게서 제출받은 가보를 토대로 하여 그 진위를 막부가 조사하는 방법으로 이루어졌기 때문에, 막부의 공적 사료로서의 성격을 가졌다고 할 수 있다.

『관정가보』에 수록되어 있는 것은 토꾸가와시대 중기에 존재하던 다이묘오와 하따모또의 가계이며, 가계가 단절된 가문은 그 지류가 존속하는 가문에 한해서, 가계에 대한 사료가 남아 있는 범위 내에서 수록하는 것을 원칙으로 삼았다. 따라서 임진왜란 때 중심적인 역할을 했던 코니시 유끼나가(小西行長)나 카또오 키요마사, 그리고 우끼따 히데이에(宇喜多秀家) 등의 가계는 수록되어 있지 않다. 『관정가보』는 가보라는 명칭에서도 추측할 수 있듯이 족보의 일종으로 볼 수 있지만, 일본의 가보는 기본적으로 방계자손을 제외하고 있는 점, 정부의 명으로 편찬된 것이라는 점에서 한국이나 중국의 족보와 구별되고, 류우뀨우의 가보와 같은 성격을 갖고 있다. 그리고, 이것도 류우뀨우의 가보와 공통되는 점이지만, 중요한 개인에 관해서는 극히 상세한 이력이 기재되어 있는데, 이 개인기록 부분에서 임진왜란과 관련된 기술을 많이 발견할 수 있다.

임진왜란 때의 토요또미군대는 전체가 9개 부대로 나뉘어 있었는데, 각 부대의 지휘자는 제1대부터 순서대로 코니시 유끼나가, 카또오 키요마사, 쿠로다 나가마사(黑田長政), 모오리 요시나리(毛利吉成), 후꾸시마 마사노리(福島正則), 코바야까와 타까까게(小早川隆景), 모오리 테루모또(毛利輝元), 우끼따 히데이에, 토요또미 히데까쯔(豊臣秀勝)였다. 그밖의 중요한 참전자로는 소오 요시또시(宗義智), 나베시마 나오시게(鍋島直茂), 오오또모 요시무네(大友吉統), 시마즈 요시히로(島津義弘), 호소까와 타다오끼(細川忠興) 등이 있으며, 또 수군의 중심적 인물로는 쿠끼 요시따까(九鬼嘉隆), 토오도오 타까또라(藤堂高虎), 와끼자까 야스하루(脇坂安治), 카또오 요시아끼(加藤嘉明) 등을 들 수 있다. 이들 주요 참전자 중에서 코니시 유끼나가, 카또오 키요마사, 우끼따 히데이에, 토요또미 히데까쯔 등 4명을 제외한 모든 인물이 『관정가보』에 수록되어 있으므로 토꾸가와시대의 임진왜란에 관한 공적 인식을 나타내는 사료로서 가치가 높다고 할 수 있다. 특히 쿠로다 나가마사, 소오 요시또시, 시마즈 요시히로, 쿠끼 요시따까, 토오도오 타까또라, 와끼자까 야스하루, 카또오 요시아끼 등의 전기 부분에는 임진왜란과 정유재란 때의 행적이 매우 상세하게 나와 있다.

『관정가보』에 수록된 인물들의 임진왜란 관련 기록의 특징은 대부분이 승전기록이라는 것이다. 예를 들어, 수군 지휘자 중 한 사람이었던 와끼자까 야스하루에 관해서는 다음과 같이 기술되어 있다.

분로꾸(文祿) 원년 조선의 역(役) 때, 총대장은 우끼따 히데이에였고, 육군의 대장은 코니시 유끼나가, 카또오 키요마사, 쿠로다 나가마사 등이었다. 수군의 대장은 와끼자까 야스하루 및 쿠끼 요시따까, 카또오 요시아끼였다. 4월 12일에 나고야(名護屋)를 출발하여 부산포에 도착, 거기서 육군과 수군으로 나뉘어 몇군데의 성을 공략해 격파하고, 얼마 후 각 군이 서울로 쳐들어가 우끼따가 진을 쳤다. (그런 도중에) 와끼자까 야스하루는 수만의 적진을 격파하고 1천여개의 수급을 얻고 생포한 자가 200명에 이르렀다. (…) 케이쪼오 2년, 다시 그곳을 정벌하고자 여러 장수들과 함께 바다를 건넜다. (…) 당도(唐島, 카라시마, 거제도) 앞에 있는 판옥선(板屋船)이 걸핏하면 우리 군선이 바다를 건너는 것을 방해했다. 우선 이것을 쫓아내려고 웅천(熊川)에 가서 큰 배를 만들고, 각 군이 일체가 되어 종과 북의 신호에 맞춰 진격하거나 후퇴하며 적을 물리치기로 약속을 한 후, 앞뒤를 다투어 적선을 공격하여 순식간에 적선 수십척을 빼앗았다. 나머지 배들도 모두 패배하고 바다 쪽을 향해 도망가는 것을 우리 군이 쫓아가 물리쳤다. 이러한 사정이 나고야에 알려지자 타이꼬오(太閤, 토요또미 히데요시)는 서한을 보내왔고, 토오쇼오구우(東照宮, 토꾸가와 이에야스)께서도 공적을 치하하는 서한을 보내셨다.[3]

그밖에도 명나라 군대가 지키고 있던 사천성(泗川城)을 공격하여 공적을 세운 이야기와 울산에서 농성하던 카또오 키요마사군을 구출한 이야기 등이 기록되어 있지만, 전체적으로 말하자면 와끼자까 야스하루의 공적만이 기술되어 있고, 이순신이 지휘하던 수군과 싸워서 패배한 이야기 등은 전혀 나오지 않는다.

이러한 경향은 와끼자까 야스하루뿐만 아니며 대부분의 경우 승리한 기록, 공로를 세운 기록만이 일방적으로 강조되어 있다. 불명예스런 기록은 오오또모 요시무네의 경우가 유일하다고 할 수 있는데, 그에 관해서는 다음과 같이 기술되고 있다.

분로꾸 2년 조선의 역 때, 명나라 장수 이여송(李如松)이 대군을 이끌고 코니시 유끼나가가 지키고 있는 평양성을 공격했다. 코니시는 요시무네와 쿠로다 나가마사 등에게 사람을 보내어 원군을 청했으나, 요시무네는 명나라 군대의 형세에 눌려, 가서 구원하지 않았다. 타이꼬오는 이를 전해듣고 매우 화를 내면서, 요시무네의 행동은 일본의 치욕이라며 영지를 빼앗아 사따께 요시노부(佐竹義宣)에게 주었다.[4]

요시무네가 이처럼 토요또미 히데요시에게 처벌받은 것은 다른 장수들에 대한 본보기라는 의미도 있었지만, 그것보다는 토요또미가 그의 영지였던 붕고(豊後)를 자신의 직할령으로 만들고 싶었기 때문이라고도 한다.[5] 어쨌든 이것은 『관정가보』 속에서 드물게 불명예스런 기록으로, 이는 오오또모가 이 처벌을 계기로 몰락하여 토꾸가와정권 아래서 존속하지 못했기 때문에 생긴 현상이라 생각된다. 바꿔 말하면 토꾸가와시대에 다이묘오로 존속한 가문의 경우, 임진왜란·정유재란에서의 패배나 불명예스런 기록은 의도적으로 기록하지 않은 것이다.

『관정가보』에서 특히 주목하고자 하는 것은 시마즈의 사쯔마번과 모오리의 초오슈우번의 경우이다. 왜냐하면 이 두 번은 임진왜란에 참가한 후 토요또미의 신하로 토꾸가와와 싸웠음에도 불구하고 토꾸가와시대에도 존속했을 뿐만 아니라, 주지하는 바와 같이 메이지유신의 중심세력으로서 근대일본을 건설하는 데 핵심적인 역할을 하였고, 한국침략을 선도했기 때문이다. '정한론'을 주장한 사이고오 타까모리(西鄕隆盛)는 사쯔마번 출신이며, 초대 한국통감인 이또오 히로부미(伊藤博文)와 초대 조선총독이 된 테라우찌 마사따께(寺內正毅)는 초오슈우번 출신이다.

시마즈 요시히로는 임진왜란과 정유재란에 출군하였는데,『관정가보』108권에는 그의 공적이 상세하게 나와 있다. 특히 정유재란 때 남원성(南原城)을 공격한 것과 사천에서 명나라 장수 동일원(董一元)과 싸워 공적을 세운 것이 특기되어 있다. 시마즈의 경우 이뿐만 아니라『정한록』[6]이라는 서적을 독자적으로 편찬했는데, 이 책은 임진왜란 당시의 문서사료도 많이 수록하고 있어 시마즈가 편찬한 공적 기록의 성격을 갖고 있다. 편자의 한 사람인 시마즈 히사미찌(島津久通)가 시마즈의 족신(族臣)이었던 것도 이를 뒷받침해준다. 따라서 이 기록은 나름대로 사료적 가치를 갖고 있다고 할 수 있지만, 그 또한 내용은 임진왜란 때 일본군이 승리한 측면만 기록하고 있다. 이 전쟁이 어떤 목적으로 일어났고, 어떤 결과를 초래했는가 하는 근본적인 문제에 관해서는 아무런 언급도 없다.

유성룡의『징비록』에는 임진왜란의 교훈을 얻기 위해 조선군의 패배와 내부의 혼란 등도 숨김없이 나와 있는 데 반해, 일본에서는 임진왜란에 관한 기록 대부분이 마치 승리한 전쟁처럼 묘사되어 있는 것이다. 그리고 이러한 기록을 통해 임진왜란에 관한 기억이 축적되어갔고, 메이지유신 이후 일본이 다시 한국에 대한 침략정책을 추진하려 했을 때 토요또미 히데요시의 침략은 '대륙웅비'의 선례로서 다시 주목받게 되었고, 그것이 뼈아픈 패배였다는 사실은 망각되어버렸다.

이러한 전반적인 경향 속에서 모오리의 경우는 약간 양상이 다르다는 점이 눈에 띈다.『관정가보』의 모오리 테루모또 부분에서는 임진왜란과 정유재란에 관해 극히 간략한 기술만이 있을 뿐이다. 이는 테루모또가 조선에 건너간 이듬해에 병이 나서 양자인 히데모또(秀元)가 대신 출병하고 정유재란 때도 이끼(壹岐)까지만 가고 직접 참전하지 않은 탓이겠지만, 정유재란 때의 울산성 농성전에서 테루모또의 가신들이 다수 전사했다고 기록하고 있어서 임진왜란이 모오리에게 쓰라린 경험이었음을 짐작하게 해준다. 또 모오리의 이러한 입장에는 어쩌면 임진왜란 때 조선에 건너간 테루모또가 히데요시에게 보낸 보고서에 보이는 다음과 같은 인식도 영향을 주었는지 모른다.


이 나라의 넓이는 일본보다 넓습니다. 이번에 동원한 사람들로는 이 나라를 통치하기에는 너무 적습니다. 게다가 말이 통하지 않아 도처에 통역이나 물정을 잘 아는 사람이 많이 필요하여 매우 어렵습니다. (…) 이대로 중국으로 가는 것은 사람이 없어 불가능한 일입니다. 통찰해주시기 바랍니다. (…) 이 편지를 오오사까에 보내주시길 부탁드리며 지도도 같이 넣습니다.[7]

쿠라찌가 지적하듯이 일본 장수들은 임진왜란을 국내 전투의 연장으로 인식하고 있었지만, 테루모또는 그곳이 일본 국내와는 전혀 다른 이국땅이라는 것을 서전(緒戰)에서 깨달았던 것이다. 반대로 말하자면 일본군은 조선에 관한 기본적인 정보, 즉 국토의 크기나 지리, 인구 등에 관한 정보를 가지지 않은 채 침략전쟁을 일으킨 것이다. 그리고 아이러니하게도 임진왜란 당시 양국의 인구는 역사상 가장 근접했던 것으로 보이니, 테루모또의 인식이 완전히 틀린 것만은 아니었다.

그러나 테루모또와 같은 견해는 매우 이례적인 것이었다. 대부분의 장수들은 자신의 공적을 자랑하기만 할 뿐이며, 개별 전투에서는 대부분 승리를 거두었으면서도 왜 소기의 목적을 달성하지 못했는지에 대해서는 의문조차 가지지 않았다.


## 4. 아라이 하꾸세끼의 인식

다음으로, 공적 기록이라고 할 수는 없지만 아라이 하꾸세끼(新井

白石)가 임진왜란을 어떤 식으로 인식하고 있었는지 살펴보기로 한다. 주지하는 바와 같이 하꾸세끼는 유학자로, 토꾸가와 가문을 섬겨 막부의 중심인물이 되었을 뿐만 아니라 조선통신사와의 관계수정을 도모한 경력을 가진 사람으로, 토꾸가와시대 조선과의 외교에서 중요한 역할을 한 인물이다. 앞서 언급한 것처럼 토꾸가와는 직접적으로 임진왜란에 대해 공적인 정리를 하지 않았으므로, 하꾸세끼의 임진왜란관을 통해 토꾸가와정권의 입장을 어느정도 엿볼 수 있을 것으로 생각된다.

하꾸세끼의 대표적 역사론으로 저명한 것은 두말할 필요 없이 『독사여론(讀史余論)』이다. 이 책은 섭관정치(攝關政治)의 시작부터 토꾸가와정권 성립까지를 대상으로 하여, 일본역사를 크게 귀족〔公家〕의 시대와 무가의 시대로 나누고, 귀족의 시대가 아홉번 변하여 무가의 시대가 되었고, 다시 무가의 시대가 다섯번 변하여 토꾸가와정권이 수립되었다고 논하고 있다. 토꾸가와정권의 입장에서 집필되었기 때문에 토요또미 히데요시에 대해서는 극히 비판적인 시각을 갖고 있지만, 그 비판은 히데요시의 국내정치에 관한 것일 뿐 임진왜란에 관한 비판은 없다.

『독사여론』은 끝부분에서 '히데요시, 천하의 일'이라는 제목으로 히데요시에 관해 언급하고 있다. "이 사람은 필부에서 일어나 천하를 손에 넣었으므로 세상사람들은 이를 칭송한다. 이런 일은 우리나라에서는 드문 일이지만, 다른 나라에는 사례가 적지 않다. 단지 시운에 잘 편승했기 때문일까?"라며 히데요시가 천하를 손에 넣은 것을 냉소적으로 기술하고 있다. 그리고 토요또미정권이 2대라는 단명으로 끝난 원인으로 다섯가지 실정(失政)을 지적하는데, 그것은 토지조사를 엄격하게 한 것, 엄벌주의를 채용한 것, 신하를 신용하지 않은 것, 무가의 관위(官位)가 높아진 것, 사치를 한 것 등이다. 그리고 토꾸가와정권에서는 이러한 히데요시의 통치와 반대의 정책을 취한 것을 지적하며 토꾸가와체제를 옹호하지만, 토요또미정권의 치명상이 된 임진왜란과 정유재란에 관해서는 전혀 언급이 없다.

하꾸세끼의 임진왜란관이 잘 나타나 있는 것은 『번한보(藩翰譜)』이다. 『번한보』는 하꾸세끼가 섬겼던 코오후(甲府) 번주 토꾸가와 쯔나또요(德川綱豊)의 명령에 따라 집필된 것으로, 337개 다이묘오 가문의 유래와 행적을 기록하고 계보도 수록했다.

『번한보』에 수록된 인물 중에서 임진왜란에 참전했던 사람은 카또오 요시아끼, 토오도오 타까또라, 모오리 테루모또, 시마즈 요시히로, 나베시마 나오시게, 하찌스까 이에마사(蜂須賀家政), 아리마 하루노부(有馬晴信), 와끼자까 야스하루, 소오 요시또시, 후꾸시마 마사노리, 카또오 키요마사 등이며, 코니시 유끼나가, 우끼따 히데이에를 제외하고 주요 인물이 거의 모두 망라되어 있다. 문제는 각 인물에 대한 묘사인데, 기본적으로 『관정가보』와 마찬가지로 승전기록으로 꽉 차 있다. 『관정가보』와의 차이점은 개별 전투에 관한 고증에서 사료에 따라 날짜가 틀린 부분에 대해 추론을 더하고 있는 것뿐이다. 이런 차이점은 하꾸세끼의 유학자로서의 '합리성'이 표출된 것으로 볼 수도 있지만, 임진왜란 자체에 대한 비판은 전혀 보이지 않는다. 직접 참전하지 않았지만 토꾸가와 이에야스도 임진왜란에 결코 반대하는 입장은 아니었다. 히데요시가 조선공격을 최종적으로 결정하기 위해 열었던 오숙로(五宿老), 삼소숙로(三小宿老), 오봉행(五奉行)과의 회의(토요또미정권의 핵심적인 신하들이 모여서 중대한 결정을 하기 위해 열렸다)에서 오숙로의 필두였던 이에야스 혼자 그에 찬성하는 발언을 했다. 따라서 토꾸가와정권으로서는 히데요시의 조선침략을 비판할 수 있는 입장이 아니었으며, 그런 사정이 하꾸세끼에게도 영향을 미쳤는지 모른다.

하꾸세끼뿐만 아니라 토꾸가와시대의 일본 유학자들은 무(武)보다 문(文)이 우위에 서 있다는 유교의 원칙적인 입장에서 토요또미와 토꾸가와 정권을 비판하는 일은 없었다. 일단 '무'의 지배를 인정하고 그 다음에 '인정(仁政)'을 추구하는 것이 그들에게 공통된 자세였던 것이다. '무'를 통한 전국통일이라는 논리의 연장선상에서 기도된 임진왜란을 비판할 수 없었던 것도 이런 유학자로서 철저하지 못한 점과 불가분의 관계에 있었다고 생각된다.


## 5. 메이지유신 이후의 전망


막부 말기가 되어 일본이 서구로부터 위협받는 가운데 정한론이 다시 고조되어, 그것이 메이지유신정권으로 계승된 것에 대해서는 지금까지도 많은 논의가 있었다. 그리고 조선을 병합하여 초대 조선총독이 된 테라우찌 마사따께가 "코바야까와, 카또오, 코니시가 이 세상에 있었다면 오늘밤의 달을 어떻게 바라볼까(小早川加藤小西が世にあれば, 今宵の月をいかにみるらむ)"라는 시를 읊조린 일도 다

아는 사실이다. 이렇게 메이지유신 이후 일본에서 토요또미 히데요시는 대륙웅비의 선구자로 소생하는데, 이러한 현상은 임진왜란에 대한 근세의 인식, 즉 임진왜란에 대한 비판의 결여가 초래한 결과였다.

임진왜란에 대한 근세의 인식과 근대의 인식의 공통점을 단적으로 나타내는 것으로 1924년 참모본부에서 편찬, 출판된 『일본역사 조선역(日本歷史朝鮮役)』을 들 수 있다. 이 책은 경과표, 부표, 부도(附圖)로 이루어진 본권과 문서, 보전(補傳)으로 된 보권의 2권으로 구성되어 있는데, 내용은 근세에 편찬된 임진왜란을 기록한 각종 서적과 기본적으로 다르지 않다. 대부분이 승전기록이며, 이 전쟁이 무엇을 목적으로 어떤 판단에 의거해 시작된 것인지, 소기의 목적을 왜 달성하지 못했는지 등의 기본적인 문제에 관해서는 아무런 언급도 없다. 보전의 마지막 「조선역의 평(評)」 부분에 몇가지 사료를 싣고 있는데, 『무가사기(武家事紀)』에서 발췌한 사료가 가장 큰 부분을 차지한다.


히데요시는 만년에 이르러 조선을 정벌하였는데, 그 용맹함이 고금에 비할 바가 없었다. 조선이 우리나라의 속국이며 번병(藩屛)임은 옛날 진구우(神功)황후가 삼한을 정벌한 이래 대대의 기록들에 명백하다. 그후 우리나라의 왕위(王威)가 쇠퇴하고, 무가의 교화(敎化)가 사해에 골고루 미치지 못하였다. 그 때문에 조선은 오랫동안 조공을 바치지 않았고 다만 친교만 맺고 있었다. 히데요시가 세상을 통치하자 동서남북이 무화(武化)를 흠모하여 복속하지 않는 적신(賊臣)이 없었다. 이에 히데요시는 조선을 정벌하려고 하셨다. 조선은 본래 나약한 나라여서 단 한번의 싸움으로 패하여, 국왕은 도망가고 왕자는 생포되었다. 그때 조선을 정벌한 장수들이 뜻을 모아 충의를 다했더라면, 조선은 말할 것도 없고 대명국(大明國)도 패망에 이르렀겠지만, 의견이 분분하고 장수들이 불화했기 때문에 이국의 계략에 빠졌다.

『무가사기』는 야마가 소꼬오(山鹿素行)의 저술이며, 그의 견해가 참모본부, 즉 일본군부의 견해였다는 것은 물론 아니지만, 다양하게 존재했던 임진왜란에 관한 평가 중에서 『무가사기』의 평가를 일부러 장황하게 소개하는 것은 참모본부의 입장을 은근히 나타내는 것이다. 유학자인 야마가 소꼬오의 임진왜란관도 한심하기 그지없지만, 근대일본에서도 이러한 야마가와 같은 견해가 큰 영향을 발휘했다.


## 6. 현재의 문제

임진왜란과 정유재란의 원인에 관해서는 주지하다시피 여러 견해가 있어서, 현재도 일치된 견해는 존재하지 않는다. 그러나 그것이 무지와 과대망상에서 시작된 극히 무모한 기도였다는 점에 대해서는 대부분 의견이 일치한다고 하겠다. 그런 의미에서는 근세에서 근대까지의 임진왜란관은 극복되었다고 볼 수도 있지만, 센꼬꾸(戰國)의 내란상황을 극복하고 국내통일을 달성한 토요또미 히데요시

정권에 대한 높은 평가와 임진왜란에 관한 부정적 평가가 종합되지 않은 채 그대로 병존하는 것이 현재의 상황이 아닐까? 통일을 성취하기 전까지의 히데요시는 아주 좋아하지만 그후의 히데요시는 전혀 평가할 것이 없다는 시바 료오따로오(司馬遼太郎)의 견해는 이런 현상을 단적으로 반영한 것이다.

이러한 문제를 재고하기 위해서는 『무가사기』가 적절하게 말하고 있듯이, 무가에 의한 통일정권의 성립이 곧바로 해외침략으로 나타날 수밖에 없었다는 문제, 다시 말하면 일본에서 통일정권의 성립이 동아시아 전체에는 매우 불행한 일이었다는 문제를 심각하게 성찰할 필요가 있다고 생각한다. 그리고 그것은 메이지유신이라는 변혁이 동아시아세계에 재앙이 되어버린 것과 깊은 연관이 있다는 인식도 필요할 것이다.

## 제1부 주

### 제1장

1) 대표적인 논의로 家永三郎「研究史」, 遠山茂樹·佐藤進一 編『日本史研究入門(I)』, 東京: 東京大學出版會 1954가 있다.

2) 宮地正人『天皇制の政治史的研究』, 東京: 校倉書房 1981, 제2부 제2장; 小路田泰直『日本史の思想: アジア主義と日本主義の相克』, 東京: 柏書房 1997.

3) 田口卯吉『日本開花小史』, 東京: 岩波文庫 1934, 27~28면.

4) 같은 책 35면.

5) 竹越與三郎『二千五百年史』上, 東京: 講談社學術文庫版 1990, 53~54면.

6) 田口卯吉, 앞의 책 174~75면.

7) 竹越與三郎, 앞의 책 下 350면.

8) 이하 이 책에서 중국 고전에 보이는 봉건제 개념과 구분하여 유럽적 feudalismus의 번역어로서 봉건제를 가리킬 경우에는 '봉건제'라고 표기한다. 근세 이후 일본에서 고전적 의미의 봉건제도에 관한 논의는 淺井淸『明治維新と郡縣思想』, 東京: 巖松堂書店 1939 참조.

9) 田口卯吉, 앞의 책 60면.

10) 같은 책 198~99면.

11) 竹越餘三郎, 앞의 책 下 403~4면.

12) 重野安繹 「國史編纂の方法を論ず」, 大久保利鎌 編 『重野博士史學論文集(上卷)』, 東京: 雄山閣 1938, 3~4면.

13) 같은 책 6면.

14) 이 「수사예칙」은 G. G. Zerffi, *The Science of History*를 번역한 것으로, 『明治史論集(二)』, 明治文學全集 78, 東京: 筑摩書房 1976에 수록되어 있다.

15) 重野安繹·久米邦武·星野恒 『稿本國史眼』, 東京: 大成館 1890, 9~10장.

16) 같은 책 23장.

17) 重野安繹 「大日本歷史略說」, 大久保利謙 編, 앞의 책 5면.

18) 重野安繹 「日本に封建の制なし」, 같은 책 205~7면.

19) 시게노는 『태평기』 등의 역사문학에서 볼 수 있는 일화를 하나씩 사실이 아니라고 부정하여 '말살박사(抹殺博士)'라고 불렸다.

20) 福田德三 『經濟史經濟學史研究』, 經濟學全集 第三集, 東京: 同文館 1925, 12면. 『일본경제사론』은 사까니시 요시오(坂西由雄)의 일본어 번역판이 1906년에 나왔으나, 여기서는 후꾸다 본인의 번역판을 인용했다.

21) 같은 책 197~98면.

22) 같은 책 276~77면.

23) 中田薰 「王朝時代の莊園に關する研究」, 『法制史論集』 제2권, 東京: 岩波書店 1938. 여기서는 1970년판 70면을 인용했다. 이 논문은 『國家學會雜誌』 20권 3-12호(1906)에 처음 발표되었다.

24) 같은 글 264면.

25) 三浦周行 「武家制度の發達」, 『續法制史の研究』, 東京: 岩波書店 1925, 585면. 미우라에 의하면 이 논문이 완성된 시기는 1904년과 1905년 사이라고 한다.

26) 原勝郎 「序文」, 『日本中世史(卷一)』, 東京: 富山房 1906. 하라에 의하면 이 저서는 1904년에 탈고했으나, 그가 러일전쟁에 종군했기 때문에 1906년에 간행되었다고 한다. 원래 속편도 간행될 예정이었으나 그가 사망함으로써 결국 출판되지 못했다. 속편에 해당하는 것이 유고로 남았는데, 그것은 '日本中世史續編'이라는 제목으로 『日本中世史』, 平凡社東洋文庫 146, 東京: 平凡社 1969에 수록되었다. 이 글도 동양문고판을 인용했다.

27) 內田銀藏 『日本近世史』는 1903년에 출판되었으나, 여기서는 宮崎道生 校註 『近世の日本·日本近世史』, 平凡社東洋文庫 279, 東京: 平凡社 1975, 159면을 인용했다.

28) 같은 책 161~62면.

29) 山路愛山 『支那思想史·日漢文明異同論』, 東京: 金尾文淵堂 1907, 102~3면.

30) 같은 책 208~10면.

31) 봉건제론을 중심으로 한 야마지의 중일 비교에 대해서는, 마스부찌 타쯔오(增淵龍夫)가 쓴 함축적인 글이 있다. 增淵龍夫『歷史家の同時代的考察について』, 東京: 岩波書店 1987 참조.

32) 原勝郎『日本中世史』, 동양문고판 309~10면.

33) 內田銀藏『近世の日本・日本近世史』, 157~58면.

34) 福田德三, 앞의 책 195~96면.

35) 같은 책 308~10, 313면.

36) 山路愛山, 앞의 책 215~16면.

37)「韓國の經濟組織と經濟單位」는『內外論叢』2-1, 3-6, 4-1(1905~7)에 발표되었는데, 여기서는『經濟學硏究』, 經濟學全集 第四集, 東京: 同文館 1925, 97~98, 101~2면에서 인용했다.

38) 같은 책 112~13면.

39) 같은 책 115~16면.

40) 같은 책 119~20면.

41) 같은 책 157~60면.

42) 東京大學 東洋文化硏究所 附屬 東洋學文獻センター 編『朝鮮硏究文獻目錄』, 1968.

43) 小路田泰直, 앞의 책 제5장 ''日本史'의 誕生' 참조.

44) Kanichi Asakawa, *The Russo-Japanese conflict: its causes and issues*, Boston: Houghton Mifflin 1904.

45) 朝河貫一『日本の禍機』, 由良君美 校訂・解說, 東京: 講談社學術文庫 1987, 40면.

46) 朝河貫一書簡編輯委員會 編『朝河貫一書簡集』, 朝河貫一書簡集刊行會 1990, 130~31면.

47) 예를 들면, 같은 책 주 5)의 타께꼬시 요사부로오의 말 중에 이것이 전형적으로 나타나 있다.

48) 宮地正人, 앞의 책 176~79면 참조.


## 제2장

1) 이 책 1장 참고. 또한 2장에서도 1장과 같이 봉건제와 '봉건제'를 구별하여 표기한다.

2) 山田盛太郎『日本資本主義分析』, 東京: 岩波書店 1934.

3) 西田直二郎『日本文化史序說』, 東京: 改造社 1932.

4) 石母田正『中世的世界の形成』초판본은 1946년 토오꾜오 이또오서점(伊藤書店)에서 간행되었다.

5) 초판본의 저자「跋」.

6) 岩波文庫版『中世的世界の形成』, 449면.

7) 石母田正「文庫版によせて」, 같은 책 447면.

8) 丸山眞男『日本政治思想史研究』, 東京: 東京大學出版會 1952. 이 책 역시 초판 출판은 전후의 일이지만 각 장의 초고 논문은 모두 1940~44년에 발표된 것이다. 집필 의도에 대해 저자는 후기에서 다음과 같이 말하고 있다. "본서 집필 당시의 사상적 상황을 경험한 사람은 누구나 알고 있듯이 근대의 '초극'이나 '부정'이 소리 높여 외쳐지던 속에 메이지 일본의 근대적 측면, 나아가 토꾸가와사회의 근대적 요소에 착안했던 것은 나뿐만이 아니며, 대개 파시즘적인 역사학에 강한 저항감을 느끼던 사람들에게 있어서 이른바 필사적인 거점이었던 것도 부정할 수 없는 사실이다." 이러한 발상은 이시모다와 극히 가까운 것이라고 할 수 있는데 그뿐만 아니라 마루야마도 나중에 이 책의 중국관에 대하여 "오늘날 볼 때 우선 가장 눈에 띄는 결함이 모두(冒頭)에서 중국의 정체성에 대한 일본의 상대적 진보성이라는 견지일 것이다"라고 자기비판하고 있다.

9)「'國民のための歷史學' おぼえがき」(1960). 여기서는 이 논문을 재수록한 石母田正『戰後歷史學の思想』, 東京: 法政大學出版局 1977, 255~57면에서 인용하였다.

10)『中世的世界の形成』, 100면. 이 책을 인용할 때는 원문 그대로 '지나'라는 용어를 사용했는데, 후술하듯이 이시모다는 나중에 재판된 책에서는 '지나'라는 용어를 아무런 말도 없이 모두 '중국'으로 바꿨다. 여기서는 초판과 재판의 차이를 강조하기 위해 '지나'라는 용어를 사용한 것이다.

11) 같은 책 148~54면.

12) 같은 책 158면.

13) 중국 가족의 개인주의적 성격을 주장한 전전의 연구로는 津田左右吉『儒教の實踐道德』, 東京: 岩波書店 1938과 戒能通孝『支那土地法慣行序說』東京: 東亞研究所第六調査會學術部委員會 1942 등이 대표적이다.

14) 稻葉岩吉『朝鮮文化史研究』, 東京: 雄山閣 1925.

15) 牧野巽「支那に於ける家族制度」, 岩波講座東洋思潮 10『東洋思想の諸問題』東京: 岩波書店 1935.

16) 1950년판「改版の序」.

17) 1957년판「はしがき」.

18)「封建制成立の特質について」, 增補版『中世的世界の形成』, 462면.

19)「中世成立史の二三の問題」, 같은 책 365면.

20) 安良城盛昭「太閤檢地の歷史的意義」, 歷史學研究會 編『歷史學研究』167(1954) 수록.

21) 이 시기 일본 역사학계에서 아시아에 대한 관심을 나타낸 것으로는 幼方直吉·
遠山茂樹·田中正俊 編『歷史學再編成の課題: 歷史學の方法とアジア』, 東京: 御茶の水書房
1966를 들 수 있다.

22) 김석형의 연구가 일본중세사 연구에 미친 영향력을 잘 보여주는 것으로 河音能
平『中世封建制成立史論』東京: 東京大學出版會 1971을 들 수 있다.

23) 아시아 각 지역을 '봉건제' 개념으로 파악하려 한 대표적인 것으로 木村尙三郎
代表編集『中世史講座5, 封建社會論』東京: 學生社 1985이 있다. 여기서는 조선, 중국,
인도, 서아시아, 유목사회의 '봉건'사회론이 논해지고 있다.

24)『歷史科學』1-4, 東京: 白揚社 1932 수록.

25) 백남운의 생애와 사상, 연구에 대해서는 방기중『한국근현대사상사연구:
1930,40년대 백남운의 학문과 정치경제사상』서울: 역사비평사 1992에 자세히
나와 있다.

26)『朝鮮社會經濟史』, 經濟學全集 61卷, 東京: 改造社 1933;『朝鮮封建社會經濟史 上: 高麗
の部』, 東京: 改造社 1937.

27)『朝鮮社會經濟史』서문, 1~2면.

28) 같은 책 6면.

29)『朝鮮封建社會經濟史 (上)』서문, 1~2면.

30) 같은 책 3~5면.

31) 같은 책 47~48면.

32) 같은 책 338~39, 343면.

33) 金錫亨『朝鮮封建時代農民の階級構成』平壤: 社會科學院 1957; 末松保和·李達憲 譯, 東
京: 學習院大學東洋文化研究所 1960.

34) 김용섭의 연구는 다방면에 걸친 방대한 것인데, 그 내용은「토지제도의 사적
추이」,『한국중세농업사연구』서울: 지식산업사 2000에 잘 정리되어 있다.


## 제3장

1) 文部省 編『高等學校學習指導要領解設』, 東京: 實教出版 1999.

2) 국풍문화는 당풍문화(唐風文化)를 일본적으로 소화하여 생겨난 귀족문화로, 그
특색은 수도인 쿄오또(京都)에 사는 귀족들의 생활을 반영하여 우미(優美)하고
화려하지만 시야가 좁고 매우 감각적이었다. 국풍문화를 대표하는 것은 일본문
학이었으며, 그 기초가 된 것이 바로 카나(かな)문자의 발명이었다—옮긴이.

3)『제7차 교육과정 해설서』는 한국 교육과학기술부 홈페이지 http://www.mest.
go.kr 교과부 주요 사이트→교육과정/교과서→교육과정 자료실에서 검색, 다

운로드할 수 있다.

4) 한국국사편찬위원회 국정도서편찬위원회 편『고등학교 국사』 2002.

5)『詳說日本史 改訂版』, 東京: 山川出版社 2002, 94면.

6)『新編高等世界史B 最新版』, 東京: 帝國書院 2007, 3면.

7) 같은 책 24면.

8) 같은 책 165면.

## 제4장

1) 민두기「중국의 전통적 정치상」,『진단학보』 29·30호(1966).

2) 민두기「청대 봉건론의 근대적 변모」,『아세아연구』 10-1(1967).

3) 前田勉「近世日本の封建·郡縣論のふたつの論点: 日本歷史と世界地理の認識」, 張翔·園田
英弘 編『「封建」·「郡縣」再考: 東アジア社會體制論の深層』, 京都: 思文閣出版 2006.

4) 田尻祐一郎「'民の父母'小考: 仁齋·徂徠論のために」, 같은 책.

5) 박광용「18~19세기 조선사회의 봉건제와 군현제 논의」, 서울대 한국문화연구
소『한국문화』 22(1999).

6) 김선경「조선후기 정치체제론의 전개: 봉건제·군현제론을 중심으로」, 오영교
편『조선후기 체제변동과 속대전』, 서울: 혜안 2005.

7) 淺井淸『明治維新と郡縣思想』, 東京: 巖松堂書店 1939.

8) 민두기, 앞의 글.

9) 이 책 제1장 참조.

## 제5장

1) 慶念, 內藤雋輔 發掘「朝鮮日日記」,『朝鮮學報』 35(1965).

2) 倉地克直『近世日本人は朝鮮をどうみていたか』, 東京: 角川選書 2001.

3)『寬政家譜』 937권, 藤原氏支流 脇坂條.

4)『寬政家譜』 114권, 淸和源氏 大友條.

5) 池上裕子『織豊政權と江號幕府』, 日本の歷史 15, 東京: 講談社 2002.

6) 島津久通·高柳行文 編『征韓錄』, 1671년 간행.

7)「嚴島文書」,『廣島縣史』 古代中世資料集 3; 朝尾直弘「16世紀後半の日本」,『岩波講座日本
歷史11』, 東京: 岩波書店 1993에서 재인용.

# 일본의 동아시아 인식

## 제6장

# 평화의 시각에서 다시 보는 일본 '근세화'

## 탈아적 역사이해 비판

*

이 글은 본래 일본의 『역사학연구(歷史學硏究)』 2006년 11월호에 실었던 것으로, 일본 국내의 일본사 연구를 비판하기 위해 그 전형적 예인 일본의 '근세화' 문제를 구체적으로 다룬 글이다.[1] 특히 그 '탈아(脫亞)'적인 일본사 이해에 초점을 맞춰서 비판했는데, 한국 독자를 위해서는 약간의 부연이 필요하겠다.

원래의 논문은 게재된 잡지의 성격상 일본 독자를 대상으로 일본에서의 일본사 연구를 비판한 것이므로 한국과는 별 관계가 없다고 여길지도 모르지만, 내 생각에는 이 글의 논의가 한국에서의 한국사 연구와도 결코 무관하지 않다. 여기서 비판한 문제점 중 몇가지는 한국에서의 한국사 연구에도 해당하는 문제라고 할 수 있기 때문이다. 그중에서도 두가지 점에 대해서 말해두고 싶다.

하나는 '봉건제' 문제이다. 일본사 연구에서 '봉건제'론은 이 글에서도 지적한 대로 러일전쟁을 전후한 시기에 등장한 담론으로, 당초부터 극히 이데올로기적인 성격이 강했는데, 주지하듯이 한국사 연구에서도 한국사의 특정 시대를 '봉건제'시대라고 파악하려는 경향이 존재한다. 이것은 일제시대에 일본인 연구자가 주장하던 한국사 이해에서 정체성론의 일종이랄 수 있는 '봉건제부재론'에 대한 비판으로 등장한 것으로서, 1930년대 백남운(白南雲)의 연구 등이 그 선구적인 예이다.[2]

한국사에서 '봉건제부재론'을 가장 먼저 내놓은 후꾸다 토꾸조오(福田德三)는 '봉건제'의 부재뿐만 아니라 조선사회를 전(前)'봉건제'사회(고대사회)라고 주장했으므로, 이것을 비판하기 위해 백남운이 '봉건제'시대의 존재를 제기한 것이다. 따라서 백남운의 주장은 연구사적으로는 의미있는 것이지만, 현시점에서 보면 일본'봉건제'론과 같은 입장, 즉 유럽의 역사발전과정을 모델로 일본과 한국의 역사를 파악하려는 입장이었다고 할 수 있다.

한국사에 유럽적 의미의 봉건제시대가 존재하지 않았다고 보는 것과 한국사의 정체성을 주장하는 것은 별개의 문제다. 오히려 유럽의 봉건제는 고대제국이 붕괴하는 가운데 출현한 아주 특이한 체제이자 분열적인 체제였다. 그에 비해 중국에서는 후한 이후 분권적인 경향이 계속되었지만 수·당부터 송에 걸쳐 과거제도 확립과 그에 따른 지식인관료 통치체제의 실현, 문관 우위체제의 실현 등 수많은 혁신이 추진됨으로써 분권화 극복이 가능했다. 그리고 이러한 중국의 체제는 유럽의 봉건제보다 수립되기 훨씬 힘든, 그러나 일단 확립되면 훨씬 안정적인 체제였다.[3] 고려왕조와 조선왕조는, 특히 조선왕조는 이러한 중국의 국제(國制) 혁신에서 많은 것을 배워 여러 어려움을 극복하면서 자기 것으로 만들어나갔다. 따라서 이런 중국이나 한국의 역사를 유럽을 기준으로 보는 것은 완전히 전도된 방법으로, 전형적인 유럽중심주의라 하지 않을 수 없다.

일본사나 한국사에 유럽적 봉건제시대를 설정하려는 시도의 최대 문제점은, 그렇게 함으로써 일본사나 한국사의 개성적 전개를 파악할 수 없게 된다는 것이다. 그 단적 현상이 유교, 특히 주자학에 대한 부정적 평가이며, 주자학이념에 입각한 국가체제에 대한 관심의 저조함이다. 이러한 유교에 대한 부정적 평가, 즉 '유교망국론'이라 할 수 있는 관점이 일본사 연구보다 한국사 연구에서 더욱 심각하다고 여겨지므로 이 점을 두번째로 지적해두고 싶다.

조선왕조가 주자학이념을 바탕으로 한 국가였기 때문에 '서양의 충격'에 대응하지 못했고 결국은 일본의 지배를 받게 되었다는 인식은 일본인이 한국 지배를 합리화하기 위해 주장하기 시작한 담론이라고 할 수 있다. 그리고 현재도 일본 학계에서는 한국이나 중국에 비해 일본은 유교의 영향이 적었기 때문에 재빨리 근대화할 수 있었다고 생각하는 경향이 강하고, 교과서에도 그러한 경향이 현저하다. 이는 앞서 말한 대로 일본사 연구에서 '탈아'적 성격이 단적으로 표출된 것인데, 문제는 한국의 연구에서도 같은 경향을 볼 수 있다는 것이다.

한국사에서 '봉건제'의 존재를 주장하는 연구이든 유교에 대한 부정적 입장에 선 연구이든 일찍이 일본인 연구자가 주장한 한국사상(韓國史像)을 부정하려는 노력의 소산이지만, 그 방법 자체는 일본인에 의한 일본사 연구와 같은 것이라는 이야기이다. 이 점을 분명히 자각하지 않는 한, 일본인 연구자가 주장하던 한국사상을 진정한 의미에서 극복하기는 어렵다고 여겨진다.


## 1. 들어가며

『역사학연구』 편집위원회가 이번 특집에 관한 기고의뢰문과 특집의 취지문을 보내왔다. 취지문의 내용을 보면서 역사학연구회도 크게 바뀌었다는 생각을 금할 수 없었다. 이 특집의 목적으로 "이 시기(16~18세기) 각 지역의 질서 형성의 다양한 모습에서 어떠한 공통의 '근세성'을 간파할 수 있는지에 대한 문제의식을 공유하면서, 국제(國制), 시장, 풍속론 등 다양한 시점에서 문제제기"를 할 것이 명시되어 있었다. 이 특집의 연구사적 의의는 기술되어 있지만, 왜 지금 이러한 특집을 기획하는지, 오늘의 일본과 세계의 상황에서 일본의 '근세화'를 생각하는 것이 어떤 의미를 가지는지에 대해서는 아무런 언급도 없었다.

물론, 명시되어 있지는 않지만 현재 진행 중인 이른바 지구화를 응시하면서, 그 역사적 기점을 근대의 출발에서 찾는 것이 아니라 시기적으로 한층 더 거슬러올라가 탐구하려는 의도가 근저에 흐르고 있으리라고 상상할 수는 있다. 따라서 이번 특집의 현재적 의의가 전혀 의식되지 않았다고 하면 과언이 될 것이다. 그러나 일본의 전후체제가 큰 위기, 전환점을 맞고 있는 오늘의 상황에 대해 전혀 언급이 없는 것은 대단히 기이하게 느껴졌다.

전후체제의 기초가 된 평화의 이념이 위기에 노출되어 있는 것이 오늘날의 가장 중대한 문제라고 생각할 수 있지만, 요즈음의 움직임을 보면 일본헌법이 구가하고 있는 평화라는 이념을 지키려는 결의가 얼마나 확고한 것인지 매우 의아하지 않을 수 없다. 전후체제 혹은 전후민주주의가 왜 현재 위기적 상황에 처했는지 파악하기 위해서는 다양한 각도의 검토가 필요하겠지만, 역사연구의 입장에서는 전후의 시작에 즈음해서 압도적 다수의 국민이 평화의 이념을 내세우는 데 공감했던 경위 그 자체에 포함된 다음 두가지 문제점을 재검토하는 것이 무엇보다 중요하다.

일본헌법이 추구하는 평화이념은 주로 2차대전 혹은 15년전쟁(1931년 '만주사변'에서 2차대전 종결까지의 전쟁)에 대한 반성에 의거한 것이었지, 메이지유신 이후의 일본근대사 전체에 대한 반성에 입각한 것은 아니었다. 더욱이 더 거슬러올라가서 '근세'일본의 체제를 평화라는 관점에서 묻는 것은 의식조차 되지 않았다.

그 일례로 작년에 공표된 한일 양국간 역사 공동연구의 결과를 들 수 있다. 공동연구위원회는 2001년 교과서문제를 계기로 발족하였는데, 일본의 중세·근세를 대상으로 한 제2분과에서는 당연히 토요또미 히데요시(豊臣秀吉)의 조선침략(임진왜란)이 큰 테마가 되었다. 회의록을 보면, 한국측 연구자가 왜 이러한 전쟁을 토요또미가 일으켰는지 묻자 일본측 연구자가 제대로 대답하지 못하는 모습이 잘 나타나 있다.[4] 토요또미 개인의 성격 문제다, 혹은 전국시대의 통일과정 자체가 가지고 있던 필연적인 결과다, 무역의 이익을 요구했던 것이다 등 지금까지의 여러 견해가 소개되었지만 일본에서 무사(武士)의 등장과 무사에 의한 통일정권의 성립이라는 더 근본적인 문제까지 거슬러올라가 이 전쟁을 파악하는 논의는 전혀 없었다. 이러한 현상은 이 공동연구에 참가한 일본측 연구자의 문제라기보다는 일본 내 일본사 연구 전체의 문제라고 보아야 한다. 평화라는 관점에서 일본의 '근세화' 문제를 생각하는 현재적 의의가 바로 여기에 있는 것이 아닐까?

전후 평화이념의 또다른 문제는 앞서 말한 것과도 깊게 관련되겠지만, 2차대전을 연합국, 특히 미국과 영국에 대한 일본의 '패전'이라고 파악함으로써 아시아에 대한 침략전쟁이라는 측면, 일본의 침략자로서의 측면에 대한 반성이 결정적으로 미약하다는 것이다. 이러한 문제점은 일본 스스로 서구열강과 같은 입장에서 자신들이 아시아를 '문명화'할 주체라고 인식하는 데서 기인한 것인데, 그러한 인식을 지탱하는 것이 일본사에 대한 '탈아'적인 역사인식이다. 따라서 일본의 '근세화'를 동아시아세계 속에서 검토하는 작업은 현재도 뿌리깊이 존재하는 '탈아'적 '근세사' 이해를 비판하는 데 그 목적이 있다고 하겠다. 현재 일본정부가 대미 일변도의 외교를 한층 강화하고 있는 것을 볼 때, '탈아'의 문제는 낡았지만 여전한 쟁점이라는 생각을 금할 수 없다.

## 2. 현재도 계속되는 '탈아'적 일본사 이해와 '근세사' 연구

일본사회의 역사적 전개를 중국이나 한국과의 이질성에 초점을 맞추어 파악할 뿐만 아니라 심지어 유럽과의 유사성에서 파악하려는 일본사 이해의 '탈아'적 경향은 아주 뿌리깊은 것이다. 그리고 이러한 경향을 상징적으로 나타내온 것이 일본 '봉건제'론이다. 일본 '봉건제'론이란, 일본역사에 유럽적인 '봉건제'시대를 설정하면서 '봉건제'의 존재를 중국이나 한국과의 이질성을 나타내는 것으로 이해함과 동시에, '봉건제'시대가 존재했기 때문에 일본의 '근대화'가 가능했다고 보는 역사인식을 가리킨다.

이러한 일본 '봉건제'론에 대해 나는 이미 다른 글에서 비판한 적이 있다.[5] 즉 일본 '봉건제'론은 러일전쟁을 전후한 시기에 등장한 담론이며 처음부터 이데올로기적인 성격이 강했다는 점, 그리고 일본사 연구에서 '봉건제'론의 확립에 결정적인 역할을 한 이시모다 쇼오(石母田正)의 『중세적 세계의 형성』에서 전개된 일본과 중국의 비교는 대단히 문제가 많다는 것, 전후에 접어들어 이시모다는 중국에 대한 인식의 잘못을 자기비판했지만 그 비판은 표면적인 것이지 일본사 이해에 대한 자기비판은 아니었다는 것 등이 졸고의 주된 내용이었다.

따라서 이 글에서 일본 '봉건제'론에 대해 재차 비판하지는 않겠지만, '봉건제'론에서 전형적으로 볼 수 있는 일본사 이해의 '탈아'적 경향이 여전히 계속되고 있다는 점은 짚고 넘어가야 할 것이다.

여기서는 그 전형적인 예로 아미노 요시히꼬(網野善彦)의 담론을 검토하고 싶다.

주지하다시피, 아미노는 1980년대 이후 현재에 이르기까지 영향력이 가장 큰 일본사 연구자이다. 아미노는 자기 연구의 출발점인 이른바 전후역사학을 성실하게 비판함과 동시에, 비농업민의 문제, 일본사에서 지역적 편차 문제, 도시와 유통 문제 등 종래의 연구에서는 간과되어온 주제에 주목함으로써 일본사 연구의 새로운 국면을 열어주었다. 게다가 천황제 문제에 시종일관 관심을 가지면서, 천황제의 성립과 불가분의 관계에 있는 '일본'이라는 국호(아미노에 의하면 왕조의 이름)의 성립을 문제삼아 먼 옛날부터 '일본사'라는 것이 존재하는 듯이 기술되어 있는 역사교과서를 비판하는 등 괄목할 성과를 거두어왔다.

이러한 아미노의 연구는 그 자신도 여러번 언급하듯이 전후역사학, 특히 그 대표적 학자인 이시모다의 연구를 비판하는 것이 주된 동기였음에도 불구하고, '탈아'적 일본사 이해라는 면에서는 이시모다와 기본적으로 같은 입장에 서 있다고 판단된다. 아미노의 '탈아'적 일본사 이해를 잘 보여주는 것으로 카와무라 미나또(川村湊)와의 대담을 기록한 『열도와 반도의 사회사』[6]를 들 수 있다.

이 기록에는 대담이란 형식으로 말미암아 아미노의 생각이 솔직하게 나타나 있는데, 그 내용은 문제가 꽤 많다. 아미노와 카와무라는 일본열도와 한반도의 사회사를 다양한 각도에서 비교하고 있다. 예컨대 일본에서는 14세기 중엽부터 16세기 중엽까지의 무로마찌기(室町期) 이후 승려가 일반 서민의 장례식에게 관여하게 되는 데 비해 한국에서는 그렇지 않은 것을 확인하면서, 한국은 일본의 남북조시대(南北朝時代, 14세기 후반 천황이 두명 병존했던 시대) 이전의 모습에 가깝다고 말하고 있다.[7] 또한 조선시대에 존재한 행상인 보부상들이 왕권과 깊은 관계에 있었다는 것 혹은 당시 한국의 장시(場市)에서 여성들이 상인으로 활약하고 있는 것,[8] 조선에서는 전통적으로 호색문학(好色文學)이 존재하지 않았던 것[9] 등에 대해 논하면서, 역시 일본 남북조 이전과의 유사성을 강조한다. 아미노가 여기서 거듭 일본의 남북조 이전에 대해 언급하는 것은, 말할 필요도 없이 아미노 사학의 가장 핵심적인 주장, 즉 남북조시대를 전후해서 일본열도 사회가 대전환을 이루었다는 것과 관련되어 있다. 그리고 이러한 여러 비교를 바탕으로 다음과 같은 결론이 도출되는 것이다.

아마, 일본이나 유럽처럼 어느 시기에 사회구조의 대전환, 자연과 사회의 관계에 큰 전환이 일어난 사회와 그렇지 않은 사회의 차이는, 이러한 현상들에 잘 나타난다고 생각합니다. 아마, 이러한 사회의 전환과 관련하면서 호색문학이 발생해, 일본의 경우 그것이 우끼요에(浮世畵, 에도시대에 발달한 판화)에서 '마꾸라에'(枕畵, 춘화)라는 예술로까지 닦여가는 것이라고 생각합니다.[10]

즉 일본열도에서는 남북조시대를 전후해 유럽과 마찬가지로 사회구조의 대전환이 일어난 데 반해 한반도에서는, 그리고 아마 중국 대륙에서도 그러한 대전환이 일어나지 않았다는 이야기이다.

이러한 아미노의 담론은 우선 사실인식에서 조잡할 뿐 아니라 잘못된 부분이 많다. 여기서 비교하는 한반도의 풍속들은 대부분 19세기 말이나 현재 한국에서 볼 수 있는 것인데도 불구하고 그것이 먼 옛날부터 존재했는지 여부는 개의치 않는다. 예컨대 보부상 이야기는 19세기 후반에 관한 것이며 장시에 대한 내용은 현재 이야기인데 이것들을 마치 고대 이래 지속되어온 것처럼 대단히 비역사적으로 파악하고 있는 것이다. 조선시대 장시는 압도적으로 남성들의 세계였고 으레 주막도 있게 마련이었다. 장시에서 여성들이 활약하기 시작한 것은 해방 이후에 나타난 새로운 현상이라고 생각되는데 이러한 역사적 경위가 완전히 무시되고 있다.

게다가 전혀 잘못된 사실인식을 근거로 한 경우도 많다. 그 대표적인 예로 문자의 보급에 관한 일본과 조선의 비교론을 들 수 있다. 아미노는 조선시대에 한글을 교육기관에서 전혀 가르치지 않았다는 사실인식에 근거해서 카나(假名)가 넓게 보급되어 문자를 이용한 지배가 이루어진 일본과 비교하면서, "일본의 남북조에 일어난 것 같은 대변화를 경험하지 않았던 조선, 한국 쪽에는 무(無)문자사회의 다양한 이질성이 넓게 남아 있는지도 모르겠네요"[11] 같은 '대담한' 발언을 하고 있는 것이다. 이것은 터무니없는 오해인데, 조선시대의 한자 학습서는 개별 한자의 의미와 발음을 한글로 표기하는 것이 일반적이었음을 상기한다면 교육의 과정에서 한글을 가르치지 않았다는 것은 터무니없는 말이다.

아미노의 이러한 사실 오인 및 역사의식의 부족은 일본에 대해 말하는 경우에는 있을 수 없는데 한국에 관한 이야기가 되면 사정이 달라진다. 게다가 한국과 일본의 비교가 아주 안이하게 행해지는 것이다. 다만 이러한 수법은 아미노에게 국한된 것이 아니며 다른 글에서도 지적한 것처럼 이시모다에게서도 볼 수 있는 문제이다. 즉 『중세적 세계의 형성』에서 일본과 중국을 비교할 때 핵심을 이루는 것은 중국에서는 동족단체〔宗族〕가 강고했다는 점인데, 그것이 송대 이후에 형성되기 시작한 새로운 시대의 산물이라는 것을 간과하고 마치 고대 이래 계속 이어진 것으로 보는 등 비역사적인 이해가 전제되어 있는 것이다.[12]

이처럼 아미노의 한일 비교는 상당히 문제가 많은바, 남북조 이후의 일본을 특별하게 볼 뿐만 아니라 일본을 유럽과의 유사성 속에서 파악하려는 그의 방식은 전형적인 '탈아'적 일본사 이해라고 할 수밖에 없다. 그러나 초기에 발표된 아미노의 연구에서 '탈아'적 일본사 이해는 희박했다. 아미노의 출세작이라고 할까, 그의 연구에 큰 전환점이 된 것으로 알려진 『몽골내습(蒙古襲來)』에는 다음과 같은 기술이 있다.

그리고 13세기 후반의 일본에서는, 이 양자(농업민과 비농업민)의 세계 그 자체에 큰 변화가 일어남과 동시에, 양자에 의해 이루어진 분업체계에 중대한 전환이 나타나기 시작한다. 그때까지 비농업민의 편력, 농업민의 '부랑성(浮浪性)'을 전제로 성립하던 체계는, 그 정착과 함께 질적인 전환을 이루게 되므로 농촌·어촌·산촌 그리고 도시의 분화가 이때 처음으로 명료하게 모습을 드러내기 시작하는 것이다.

중세사회의 변동이 이 전환을 배경으로 했다는 것은 말할 필요도 없다. 그러나 여기서 나타나기 시작한 움직임은 무로마찌기를 넘어

근세·근대에 이르는 일본사회의 구성에 이어지는 것으로서, 같은 중세사회라고 해도 13세기 전반 이전과는 질적으로 다르다고 하지 않을 수 없다. 현재 우리의 생활에 밀착한 풍속·습관 등이 직접적으로는 무로마찌기까지 거슬러올라갈 수 있는 이유는 거기에 있는데, 그것(현재의 풍속이나 습관)을 13세기 전반 이전의 사회에 적용하는 것은 잘못된 것이 아닌가.

그리고 조금 더 넓게 말하자면, 일본을 포함한 동아시아의 제 민족—적어도 일본과 한국—에서 이 전환은 농업적 세계가 우세한 방향으로 나아갔다고 생각된다. 일본의 경우 몽골내습으로 출현한 몽골민족의 동아시아 지배는 그 방향에 꽤 결정적인 의미를 지닌 것이 아니었을까.[13]


나는 이러한 관점에 훨씬 매력을 느끼고 공감하는데, 만년이 될수록 아미노는 '탈아'적인 일본사 이해로 복귀해갔던 것이다. 그리고 이러한 '탈아'적 일본사 이해가 그의 책을 베스트셀러로 만든 원인이 되었다고 생각된다. 아미노 자신의 본의는 아니었겠지만, 그의 저서가 베스트셀러가 될 수 있었던 이유는 천황제 문제 혹은 일본이라는 국호성립 문제에 있었던 것이 아니라, 전후사학에 대한 비판에도 불구하고 그가 제시하는 일본사상(日本史像)이 일본국민의 자존심을 세워주는 측면이 강했기 때문이라고 생각할 수 있다.

아미노의 연구에서 일관된 주제는 천황제 문제였지만, 남북조를 전후해 일본사회가 대전환했다는 주장과 천황제 지속이라는 문제가 어떻게 관련되는지에 대해서는 결국 명확하게 대답하지 못했다고 생각된다. 다음에서 이야기하겠지만, 아미노의 이해와는 완전히 반대로 천황제 존속 문제는 오히려 일본사회에서 대전환의 부재랄까, 불철저함의 소산이라고 나는 생각한다.

그런데 지금까지 본 것처럼 일본사 연구에서는 여전히 '탈아'적 일본사 인식이 압도적으로 우세할 뿐만 아니라 역사교과서에도 그것이 여실히 반영되고 있는데,[14] 극소수나마 이러한 일본사 인식을 정면으로 비판하는 연구도 간신히 제기되기 시작됐다. 일본 '봉건제'론을 가장 명확하게 비판하고 있는 연구자는 호따떼 미찌히사(保立道久)이다.

나 역시 일본 '중세사' 연구자로서 일본 '중세'사회가 유럽 봉건제와 비슷한 측면을 갖고 있는 것은 사실이라고 생각한다. 그러나 일본의 역사적 사회구성은, 결코 봉건제라는 용어로 파악할 수 없을 것이다. 무엇보다 그것은 유럽과의 대비가 아니라 우선은 동아시아사회의 사회구성과의 상호영향과 상호대비 속에서 파악하지 않으면 안된다. 말할 나위도 없겠지만 그렇게 하는 것이야말로 일본 전근대사회의 총결산으로서의 '일본 근세(에도시대)'를 파악하는 정도(正道)이며, 세계사적 '근세'의 본질을 파악하기 위한 일본 역사가의 독특한 책무가 아닐까? 그리고 그 작업은 아마도 에도시대를 '근세'라고 부르는 것(한발 더 나아가 카마꾸라·무로마찌시대를 '중세'라고 부르는 것) 자체가 정당한지를 검토하는 작업을 포함한다는 것이 나의 입장이다.[15]

나의 이 글은 이러한 호따떼의 지적에 전적인 동의를 표하면서,

일본 '근세화'를 동아시아세계의 관점에서 평가하는 것을 목적으로 삼고 있다. 이때 유의해야 할 것은 일본 '근세화'의 문제는 항상 '근대화' 문제와 불가분의 관계에 있는 것으로 이해되어왔다는 점이다.

앞서 논한 일본사 연구에서의 '탈아'적 이해는, 일본 '근대화'의 성공이라는 현실(한국이나 대만의 '근대화', 중국의 '개혁·개방화'라는 사태 앞에서 퇴색해버렸지만)을 대전제로 하는 것이었는데, 그것과 정반대편에 있는 것이 일본 '근세'화의 부재 혹은 '근세화'로부터의 격리라고도 할 수 있는 파악방식이다.[16] 즉 일본이 중국이나 한국에서 '근세화'의 영향을 심각하게는 받지 않았다는 인식을 전제로, 그것을 긍정적으로 파악하여, 그렇기 때문에 '근대화'를 신속하게 성공시킬 수 있었다는 역사이해가 지금도 널리 통용되고 있는 것이다. 이러한 의미에서 일본의 '근세화'와 '근대화' 문제는 항상 짝을 이루며 이해되어왔다고 할 수 있겠다.

여기서는 앞서 소개한 호따떼의 제언을 받아들이면서, 일본의 '근세화'를 이해하는 하나의 방법으로서 동아시아세계의 '근세화'에 관해 내 나름의 이해를 제시한 다음, 동아시아세계의 '근세화'와 대비하면서 일본 '근세화'에 대한 새로운 이해의 방향을 제시해보고 싶다. 우선은 중국의 경우이다.


## 3. 소농사회의 성립과 중국사회의 '근세화'

중국사 연구에서 '근세화' 문제는, 주지하듯이 나이또오 코난(内

藤湖南, 쿄오또대학 초대 동양사학과 교수)이 제창한 송대 이후 근세설 이래 긴 연구사를 가지고 있다. 그리고 현재는 많은 연구자가 그의 생각에 동의하고 있는 것으로 판단된다. 그러나 나이또오의 송대 이후 '근세'설은 유럽의 '근세'(르네상스)를 기준으로 한 것이어서, 유럽 기준이라는 의미에서는 근본적인 재검토가 필요하다. 적어도 18세기 말까지 중국은 세계에서 가장 발달된 문명을 가지고 있었는데, 그러한 중국 전근대역사를 유럽 기준으로 파악하는 것은 완전히 본말이 전도된 방법이다. 따라서 여기서는 중국 '근세화'의 문제를 종래와는 전혀 다른 관점에서 파악해보겠다. 즉 소농사회(小農社會)의 성립이라는 관점에서 중국 '근세화'를 파악하려는 것이다. 그리고 소농사회론의 관점에서 중국 '근세화'를 이해한다면, 그것이 단지 중국에서만 볼 수 있는 것이 아니라 다소의 차이는 있지만 동아시아 규모로 연동되는 움직임이었음을 알 수 있을 것이다. 다시 말하면, 소농사회론은 동아시아 전통사회를 그 공통점에 주목하면서 파악하려는 데 최대의 목적이 있다.[17]

중국 '근세화'를 소농사회론의 입장에서 파악할 때 그 핵심은 다음 네가지이다. 첫째, 경제에서 집약적 벼농사 농법 확립, 둘째, 정치에서 과거제도 확립과 과거관료에 의한 집권적 국가지배의 확립, 셋째, 사상에서 유교혁신운동과 그 결과 등장하는 주자학의 형성 및 주자학의 국가이념으로서의 위상 확립, 넷째, 사회에서 종법(宗法)질서 확립이다. 중국에서는 이 네가지가 서로 관련되면서도 독립된 움직임으로 송대부터 시작되어 명대에 들어서면서 완성된다는 것이 소농사회론의 입장이다. 먼저 사상 문제부터 보기로 하자.

　주지하듯이 주자학은 송대에 일어난 유학혁신운동으로서의 송학(宋學)을 집대성한 것이다. 그리고 송학이란 송대에 전면적으로 확립된 과거제도와 함께 등장한 사대부층의 세계관임과 동시에 그들이 정치적·사회적·문화적 엘리뜨로 존재할 수 있는 근거를 제시하고자 하는 것이었다. 주자학은 이러한 과제에 가장 뛰어난 해답을 제시해주는 사상이었다고 볼 수 있는데, 이에 대한 비판으로 등장한 양명학(陽明學)도 사대부의 사상이라는 면에서는 주자학에 대한 전면적 비판이었다고 보기 힘들다.

　송학 및 주자학이 사대부층의 사상이었기 때문에, 그 특징을 이해하려면 사대부라는 독특한 지배엘리뜨의 존재양식과 관련지어 생각할 필요가 있다. 출신계층 혹은 신분을 불문하고 개인의 능력을 근거로 과거시험에 합격한 다음 황제의 보좌로서 관료가 되어 정치에 참여하는 것이 이상적인 삶이라고 생각하는 존재, 그리고 관료로서 능력의 기준은 유교 고전에 대한 지식을 통해서 시험받는 도덕능력에 있어야 한다는 공통의 이해, 이렇게 해야만 '만세를 위해 태평성대를 열' 수 있다는 평범치 않은 자각 등, 사대부는 세계사적으로 보아도 꽤 특수한 지배계층이었다고 할 수 있다.[18] 그러면 이 특수한 계층이 어떻게 송대에 형성되었고, 어떻게 그 체제가 중국대륙에서 천년이란 장기간에 걸쳐서 존속할 수 있었던 것일까? 그 근거를 주자학이념을 바탕으로 한 국가체제를 담는 그릇으로서의 소농사회 형성에서 구하려는 것이 소농사회론의 입장이다.

　소농사회론의 내용은 어떤 의미로는 매우 단순하다. 중국뿐 아니라 동아시아 전통사회의 가장 중요한 면이라고 생각되는 두가지 특

징, 즉 토지지배가 국가에 집중되고 농민 소경영이 세계 최고 수준
으로 발달했다는 것에 우선 주목한다. 그리고 이것들이 단지 동아시
아 전통사회의 최대 특징이었을 뿐 아니라 근대 이후 동아시아사회
까지도 강하게 규정했다고 보는 것이 소농사회론의 핵심적 내용이
다. 동아시아 전통사회의 두 특징 가운데, 더 기본적이라고 생각되
는 농민 소경영의 문제에 대해서는 다음과 같이 이해할 수 있다.

　동아시아에서는 먼 옛날부터 건조지대에서는 밭농사, 그리고 습
윤지대에서는 벼농사를 지어왔다. 주지하듯이 중국대륙의 황하문
명은 건조지대의 관개 밭농사를 기반으로 한 것이어서 벼농사가 차
지하는 비중은 작았다. 이러한 밭농사와 벼농사의 비중이 바뀐 것
은, 중국대륙에서는 송대 이후이고 한반도·일본열도를 포함한 동아
시아 규모에서는 16세기 이후이다.

　동아시아 농업이 이처럼 획기적으로 변화한 이유는 그때까지만
해도 산간의 작은 평야지역에서만 가능하던 이식식(移植式) 집약적
벼농사가 대하천의 하류 평야지역에서도 가능해졌기 때문이다. 중
국대륙에서 이런 변화는 송대에 시작되어 명대 16세기에 이르러 장
강(長江) 델타지역의 치수가 안정됨에 따라서 확립되었다. 한반도와
일본열도에서는 16~18세기에 기본적으로 같은 변화를 볼 수 있는
데, 이러한 집약적 벼농사의 획기적 확대가 당시로서는 세계적으로
유례없는 고도의 토지생산성과 높은 인구밀도를 가져온 원동력이
되었다. 몽골제국의 성립과 함께 시작되어 16세기에 비약적으로 확
장된 세계시장 형성의 움직임은 동아시아, 특히 중국의 부유함을 동
경하면서 기동한 것이었는데, 중국의 부의 원천은 집약적 벼농사의

성립이었던 것이다.

집약적 벼농사의 발전은 단지 농업에서의 큰 변화에 불과한 것이 아니라, 동아시아 사회체제와 국가체제에도 결정적인 영향을 주었다. 예컨대 인구의 현저한 증가는 가족과 친족제도의 변화와 깊이 결합되었으며 촌락과 도시의 성격, 상업·화폐경제의 전개 등과도 관련되었다. 이러한 사회 전체의 변화 가운데 특히 중요한 것은, 관료제를 토대로 한 집권적인 국가체제가 확립되고 이를 지지하는 주자학이 국가이념으로 정착되었으며 양자를 결합하는 과거제가 확립되는 등 일련의 사태였으며, 더 나아가서 이러한 국가체제의 변화가 토지지배의 국가적 집중을 가능케 했던 것이다.

송대의 과거제 확립은 과거를 통해 관료가 되는 것을 목표로 하는 새로운 엘리뜨인 사대부계층의 발흥을 재촉했는데, 앞서 말한 대로 송학은 이러한 사대부층의 사상으로 등장한다. 그러나 송대 국가의 운영원리는, 신법당(新法黨)과 구법당(舊法黨)의 대립에서 볼 수 있듯이 중앙집권의 강도에 대해 아직은 유동적인 상황이었고 주자학이 국가이념으로서의 지위를 차지한 것도 아니었다. 따라서 송대는 새로운 국가 지배원리의 모색기로 볼 수 있을 것이다. 송·원시대를 거쳐서 명대가 되어서야 비로소 주자학이 국가의 기본이념으로 정착하게 된다. 중국에서 이처럼 새로운 국가체제와 그 운영원리의 확립에 긴 시간이 필요했던 것은 그 선구성 때문이었으며, 한국과 일본의 정치조직이 중국의 예를 배우면서 국가체제를 구상할 수 있었던 것과는 근본적으로 차이가 있다. 그러면 중국에서 긴 모색기를 거치는 가운데, 왜 주자학이 국가운영의 기본적 이념으로 정착한 것일까? 그것은 주자학이야말로 소농사회에 가장 적합한 국가체제를 지지할 수 있는 이념과 구체적인 정책을 제공해주었기 때문이다.

앞서 말한 집약적 벼농사의 발전은 농업경영 면에서 보면 가족경영의 발전을 촉진했다. 즉 새롭게 획득한 농업생산력을 실현하기 위해서는 고용노동력이나 예속적 노동력을 이용하지 않고 가족노동력만을 이용한 경영이 가장 적격이었다. 다른 한편 화북(華北)의 농업은 본래 그 기후조건 때문에 축력(畜力)의 이용이 불가피했고 가족경영은 적합하지 않았다. 그 때문에 역축(役畜)을 소유한 대경영과 이를 보조할 노동력을 제공하는 영세경영 내지 예속적 노동력의 이중구조가 존재했는데, 집약적 벼농사의 발전은 이러한 이중구조를 해소함으로써 가족경영의 보편화를 가져왔던 것이다.

송학, 특히 주자학은 이렇게 대두한 농민층을 어떻게 지배할 수 있을지를 강하게 의식한 사상이었다. 주지하듯이 주자학은 생래적 신분의 차이를 부정하고 배움의 차이에 의해 사회질서를 형성하려는 것인데, 이것은 귀족체제를 부정하면서 과거에 합격함으로써, 즉 실력에 의거해 지배엘리뜨가 된 사대부층에 걸맞은 사상임과 동시에, 경영주체로 성장해온 '백성'의 존재를 인정해 그들을 통치하는 것을 자각적으로 추구하는 가운데 성립한 사상인 것이다.

게다가 집약적 벼농사의 발전은 가족경영의 발전을 촉진했을 뿐만 아니라 지배층의 농업으로부터의 분리를 촉구했다. 중국 강남의 개발에 즈음해서는 사대부층의 역할이 컸는데, 일단 개발이 완료되면 그들은 농업생산에서 물러났다. 왜냐하면 집약적 벼농사에서는 가족경영이야말로 가장 높은 생산력을 실현하므로 사대부들은 스스로 농업에 종사하는 것보다는 지주로서 지대(地代)를 얻는 길을 선택하는 것이 유리했기 때문이다. 그리고 이것이 과거 준비에 전념할 수 있는 조건을 제공해주기도 했다. 그러나 이같이 농업생산에서 유리된 사대부층은 동시에 농촌지배를 위한 독자적인 기반도 상실하게 되었다. 사대부들은 지배엘리뜨이기는 하지만 토지에 대해서는 아무런 특권도 인정받지 못하게 되었고, 토지지배는 완전히 국가에 집중, 독점되는 현상이 생겼다.『어린도책(魚鱗圖冊)』이라는 중국의 토지장부는 이러한 토지지배의 국가집중을 상징적으로 보여준다. 즉 거기에는 업주(業主, 토지소유자)들이 모두 일률적으로 파악되어 있는바, 사대부도 일반 농민층과 마찬가지로 업주로 등록되어 있을 뿐이다.

유교는 원래 군현제(관료제)에 의한 국가체제보다는 봉건제에 의한 국가체제를 이상으로 삼았지만, 주자학은 관료제에 의한 국가체제를 목표로 삼았다. 그리고 관료제에 의거한 국가체제에서 가장 중요한 것은 지방의 토착적 정치세력의 등장을 얼마나 억제할 수 있는가의 문제였는데, 앞에서 서술한 지배엘리뜨의 존재양식은 관료제적 국가체제에 대단히 적합한 것이었다 하겠다. 일찍이 중국대륙의 역대 왕조에서는 볼 수 없던 명대·청대의 안정성은 이렇게 해서 담보되었다고 생각할 수 있을 것이다.

## 4. 주자학이념이 주도한 조선사회의 '근세화'

주지하듯이 1392년 건국된 조선왕조는 당초부터 주자학을 국가이념으로 내걸었다. 그후 주자학적 이념은 국가체제·사회체제 구석구석까지 침투해갔는데, 이러한 조선사회의 전면적 주자학화에 대해서는 일본사회의 부분적 유교화, 주자학의 체제교학(體制教學)으로서의 미확립이라는 현상과 대비해서 이해되는 경우가 많다. 마루야마 마사오(丸山眞男)의 다음 말이 그러한 이해를 대표한다고 할 수 있다.

나는 조선을 홍수형(洪水型)이라고 하며 일본을 누수형(漏水型)이라고 한다. 홍수형은 고도문명이 가한 압력 탓으로 벽이 무너져버려 동일한 문화권에 들어가게 된다. 그러나 반대로 미크로네시아 군도(群島) 같은 경우에는 문화의 중심부로부터 '무관'하게 혹은 '무관'에 가깝게 된다. 일본은 천장에서 비가 똑똑 새므로 병탄(並吞)되지도 않고, 무관하지도 않으면서 이것에 '자주적으로' 대응해나가 개조조치를 강구할 여유를 가지게 된다.[19]

이러한 이해는 언뜻 보면 옳다고 생각할 수 있을지 모르지만, 잘 생각해보면 많은 문제점을 안고 있다. 예컨대 한국을 홍수형이라고 할 경우, 신라나 고려시대에는 중국과 같은 문화권에 들어가지 않고 오히려 율령제 수용 등에서 야마또(大和)국가와 유사한 구석이 많왔던 데 비해, 왜 조선왕조가 들어서면서부터 중국과 같은 문화권에 들게 되었는지 충분히 설명되지 않는다. 더욱 문제가 되는 것은 중국의 국가체제나 사회체제를 전면적으로 수용하는 것이 과연 그리 쉬운 일이었는지 전혀 고려되지 않는다는 것이다. 19세기에 근대서구문명 수용이 용이하지 않았던 것과 달리 당시 최선진 문명이라고 할 수 있는 송대 이후의 중국문명은 조선이 의도만 하면 간단하게 받아들일 수 있는 것이었을까? 마루야마로 대표되는 종래의 이해는 이러한 근본적인 문제를 도외시한 채 조선사회의 중국화 운운해왔던 것이다. 그러나 실제로는 조선시대에 들어서면서 시작된 '중국화'과정은 결코 평탄한 길이 아니었다.

고려에서 조선으로의 왕조교체를 어떻게 파악할지에 대해서는 지금까지 많은 견해가 제시되어왔다. 한국 학계의 통설적인 이해는 고려후기에 성장한 지방 중소지주가 주자학을 수용하면서 조선왕조의 건국을 주도했다는 것이다. 즉 이 왕조교체는 지배적 사회계층의 변동을 수반한 획기적인 것으로서, 그 변화를 '근세화'라는 개념으로 파악하는 것이 주류적인 견해라고 할 수 있다. 그러나 이러한 이해에 대해 한국 내외에서 비판이 제기되었는데, 특히 미국 학계에서 반론이 강하다. 미국 학계의 비판적 의견을 대표하는 연구로 존 던컨(John Duncan)의 저서를 들 수 있다.[20] 던컨은 조선의 건국을 주도한 유교관료층의 상당수는 고려시대에 벌써 중앙정계에서 높은 지위에 있던 집안 출신이었고, 따라서 고려에서 조선으로의 왕조교체는 지배층의 대폭적인 변동을 수반하는 것으로 파악할 수 없다고 주장한다. 바꾸어 말하자면 고려후기 지배층의 자기혁신으로 조선의 건국을 설명하는 것이 던컨의 입장이라고 할 수 있다.

던컨의 견해는 부계혈연조직이 존재하지 않았던 고려사회(이에 관해서는 나중에 다시 언급하겠다)에 대해서 그 존재를 전제로 유력 가문을 분석하는 등 실증적으로는 아직 불충분한 면이 있지만, 조선 건국을 주도한 유교관료층 대부분이 결코 신진세력의 부류에 속하지 않는다는 점에서는 옳은 주장이라고 생각할 수 있다. 따라서 고려에서 조선으로의 왕조교체는 지배층 내부의 자기혁신 움직임이 기본이었다고 파악하는 것이 타당한데, 이러한 자기혁신을 가능케 한 요인은 던컨도 지적하듯이 몽골 세계제국의 붕괴와 거기에 연동한 국내외의 혼란이었다. 그러나 이러한 자기혁신에서 결정적으로 중요한 의미를 지닌 것은 주자학이념에 의거한 국가를 건설하고자 하는 국가모델의 수용이었으며, 그 모델은 명왕조에서 실제로 진행 중인 프로그램이었다. 이에 관해서 마르티나 도이힐러(Martina Deuchler)가 정확하게 지적한 바 있다.

조선에서는 신유교의 도래와 함께 사회문제 전반에 대해서 행동하도록 촉구하는, 동참하지 않을 수 없는 이데올로기가 출현했다. 그것은 인간과 사회에 대한 정치적 담론을 전에 없을 정도로 고무했다. 신유교는 사회적·정치적 혁신에 관한 명확한 교시를 포함하고 있어 고대중국의 성인군자들의 모범적인 세계가 실현 가능하다는 희망을 갖게 만들었다. 그뿐 아니라 개혁을 향한 신유교의 추진력은 그 신봉자를 행동주의자로 바꾸어 사회변혁 프로그램에 전면적으로 개입할 것을 요구했다. 조선초기의 신유교 신봉자들은 행동에 대한 호소에 감

염돼 조선사회를 유교화하는 개혁프로그램을 결정해 실천하기 위해 노력하게 되었다. 11세기 중국에서 왕안석(王安石, 1021~86)의 개혁이 실패한 이후, 그들의 프로그램은 동아시아세계에서 가장 야심차고 창조적인 시도가 되었던 것이다.[21]

그러나 이 야심찬 프로그램의 진행은, 당연한 일이지만 아주 곤란한 것이었다. 왜냐하면 고려말기에서 조선초기의 사회에는 주자학적 이념에 합치하지 않는 측면이 너무 많이 존재했기 때문이다. 우선 국가체제 면에서는 귀족세력이 중앙정계를 좌지우지했으며, 고려초기부터 실시되어온 과거도 중국 당대와 마찬가지로 관료 등용제도로서는 제한적 의미를 지니는 것에 불과했다. 또한 지방통치체제 면에서도, 고려의 군현제는 중국과 달리 통일적인 지방지배를 위한 제도가 아니었고,[22] 지방사회의 실력자인 이족층(吏族層, 향리계층)의 존재가 중앙집권적인 지방통치를 방해하고 있었다.

더 심각한 문제는 사회체제에 있었다. 종교적으로는 불교와 샤머니즘이 지배적이었는데, 무엇보다도 가족·친족의 구조가 유교·주자학이 전제로 하는 종법주의와는 맞지 않았던 것이다. 주지하듯이 유교, 특히 주자학에서는 국가체제가 부계혈연원리에 따른 가족질서의 논리에 의거해 구상되는데 당시 사회에서는 부계혈연원리를 바탕으로 한 가족·친족결합이 지배적이지 않았던 것이다. 즉 가족의 구성은 일반적으로 부계 혈연구성원과 그 배우자뿐만 아니라 외가, 처가의 구성원을 포함했으며 결혼 후의 거주형태도 친가 거주, 외가 거주, 처가 거주의 세 형태 중 임의로 선택되었다.[23] 게다가 부부관계에서도 일부일처제는 성립되어 있지 않았고, 귀족층에는 일반적으로 다수의 부인이 존재했으며 부계혈연관계 내부의 결혼도 당연하게 이루어지고 있었다.

이러한 비주자학적 국가체제·사회체제에 대한 전면적 변혁은 먼저 국가체제 변혁에서부터 시작되었다. 유교교육의 진흥과 그것을 위한 학교제도 정비, 유교 경전의 지식을 묻는 과거시험(문과)의 비중 확대 등이 조선 건국 초기부터 도모됨과 동시에, 중앙관제의 정비와 언관(言官)의 권한 강화, 지방세력의 억압책 등이 실행되었다. 또한 불교에 철저한 억압을 가하는 한편, 중앙 및 지방의 공적 제사가 유교식으로 치러졌을 뿐만 아니라, 종래의 민간 제사는 음사(淫祀)로 치부되어 탄압이 가해졌다. 그러나 이러한 정책은 여러 알력을 낳아, 우여곡절을 거쳐 서서히 진전될 수밖에 없었는데, 그 최종적인 결과는 주지하는 대로 중국의 명·청시대 이상으로 주자학적인 국가·사회체제로 귀결된 것이다. 그렇다면 어째서 그러한 사태가 생긴 것일까? 주자학이념에 합치하는 소농사회가 형성되었기 때문이라는 것이 소농사회론의 입장이다.

한국에서 주자학의 담당자로 등장한 것은 고려말기의 신진관료층이었다. 그들은 조선 건국 이후, 중앙 및 지방에서 지배세력의 지위를 굳혀가는 가운데 점차 특권계층화되었다. 즉 양반층의 성립이라는 사태가 진행되었던 것이다. 이같은 양반층 성립과 그들의 존재양식의 특징이 주자학화의 양상을 결정지었다고 생각할 수 있다.

조선왕조 건국을 주도한 집단은 이미 건국 이전에 과전법(科田法)으로 불리는 전제(田制)개혁을 실시했는데, 이것은 고려말기에 문란했던 관료층에 대한 수조권(收租權, 국가를 대신해서 조세를 징수할 권리)의 분여(分與)를 국가가 강력하게 통제하려는 것이었다. 건국 이후에도 이 방침이 답습됨과 동시에, 관료에 대한 과전 지급뿐 아니라 정부기관과 지방 토착세력에 대한 수조권 분여도 축소·통제하는 정책이 취해졌다. 이른바 국용전제(國用田制) 확립의 방향인데, 모든 토지에 대한 지배권을 국가에 일원화하려는 정책이었다. 이 과정에서 수조권 분여의 특권을 향유해온 계층의 강한 반발이 있었지만, 관료층 중 일부는 이를 억제하면서 국용전제를 추진하기도 했던 것이다. 그리고 최종적으로 16세기 중엽에 수조권 분여는 완전히 폐지되기에 이르렀다. 따라서 양반층은 한편으로 특권화의 길을 걷는 동시에 다른 한편에서는 토지에 대한 특권을 상실한, 자기모순적인 존재였다고 볼 수 있다.

양반층의 토지에 대한 특권이 부정되기에 이른 것은 관료제적 국가체제를 목표로 하는 주자학적 이념에 의거해서였지만, 단지 이념만으로 이러한 대변혁이 진행되었다고 할 수는 없다. 거기에는 그러한 정책을 가능하게 한 현실적 기반이 있었다고 보아야 하는데, 그 기반이 바로 집약적 벼농사의 확립과 그것에 기초해 양반층이 농업경영에서 물러난 것이었다. 조선의 양반계층은 지배층이면서도 토지에 대한 아무런 지배권·특권도 갖지 못했다는 점에서 중국의 사대부와 같은 성격의 존재였던 것이다. 조선사회의 전면적 주자학화는 이러한 양반의 존재양식으로 인해 가능했다고 볼 수 있다.

다만 조선의 양반은 중국의 사대부와 비교할 때 상당히 폐쇄적인 성격이 강했는데, 그들의 지위는 세습신분으로서의 측면을 갖고 있었던 것이다. 과거 수험자격의 신분적 제약이나 과거 합격자가 소수 가문으로 집중되는 현상 등에 양반층의 폐쇄적·신분적 성격이 전형적으로 나타난다. 이는 주자학의 이념에 배치되었지만 조선왕조는 과거에 의한 지배엘리뜨의 유동성보다 안정성을 중요시했다고 할 수 있다. 아울러 주자학을 배워 과거에 합격하는 것을 자기의 존재이유로 삼는 양반층이 밀도 높게 존재하게 된 것이 주자학 이념을 전사회적으로 보급하는 데 결정적인 영향을 미쳤다고 할 수 있을 것이다.

조선사회의 주자학화를 생각할 때, 지배계층의 존재양식 문제와 함께 또 하나 중요한 문제는, 앞에서도 지적한 가족·친족의 문제이다. 부계뿐만 아니라 모계나 처계와의 관계가 다같이 중시된 가족·친족관계는 16, 17세기에 크게 변해서 부계결합이 강화되는 방향으로 나아갔다. 이러한 변화는 한편에서는 양반층이 폐쇄적인 신분적 성격을 강하게 띠게 되는 과정과 궤를 같이하지만, 다른 한편에서는 집약적 벼농사가 확립됨에 따라 소농민경영이 일반화되면서 농민세계에서도 가족이 경영단위로서 안정화되었으며 가계(家系)라는 관념이 보급되었기 때문에 생긴 것이기도 했다. 즉 농민 소경영이 확립되지 않은 단계에서 가족은 일시적 동거집단의 성격을 면할 수 없었던 데 비해서, 소농사회 확립에 따라 농민 차원에서도 비로소 가족이 일시적인 것이 아니라 선조로부터 물려받고 자손에 이어나가야 할 것이라는 관념이 현실화됐던 것이다.

앞서 밝혔듯이 주자학은 국가체제를 종법질서에 의거해 구상하는 사상이다. 그리고 그 점에 주자학을 이념으로 한 국가체제의 강인함과 취약함의 비밀이 있다고 할 수 있다. 왜냐하면 가족이라는 아주 자연스러운 관계에 의거해 국가를 형성하는 것은 강력한 국가지배를 옹호하는 측면을 가지는 반면에, 가족을 규정하는 질서와 국가를 규정하는 질서는 현실적으로는 서로 모순될 수밖에 없기 때문이다. 국가질서와 종법질서의 관계는 중국에서도 큰 문제였는데, 중국의 경우는 단조오 유따까(壇上寬)의 훌륭한 정리[24]에 나도 찬성하고 싶다. 그러나 덧붙여 다음 두가지를 언급해두고 싶다.

첫째, 국가질서와 종법질서의 일치는 단조오가 지적하듯이 이상론이며 현실에서는 불가능함에도, 그것이 단순한 이상론에 머무르지 않고 실제로 정치를 움직이는 기능을 수행했다는 측면도 무시할 수 없다는 점이다. 황제나 국왕의 전횡, 특권관료나 내시의 발호 등 국가체제에 큰 문제가 생겼을 때 그것을 바로잡는 '용수철'로서, 즉 비판의 근거로서 이 이상론은 현실적으로 기능해왔던 것이다. 조선왕조에서는 특히 그랬다. 조선 건국을 주도한 정도전(鄭道傳)보다 고려를 지키자고 주장함으로써 암살된 정몽주(鄭夢周)를 학문적 스승으로 받드는 사림파가 집권하게 되는, 일면 기묘해 보이는 사태도 주자학적 이상국가론을 빼놓고는 이해하기 힘든 현상이라 하지 않을 수 없다. 주자학적 이상론은 이같이 현실의 국가를 비판하는 기능까지 수행했던 것이다.

둘째, 국가질서와 종법질서의 일치라는 이념은 종법질서의 담당층이 민중 수준까지 확산됨에 따라 처음으로 전사회화할 수 있었다는 점이다. 주지하듯이 고대중국에서는 왕족과 제후들만을 종법질서의 실천주체로 상정했다. 송대 이후 사대부도 종법의 실천주체로 인식되었지만, 서민은 여전히 종법질서에서 소외된 존재로 머물렀다. 중국에서는 명대 이후 종족 형성이 본격화하지만 국가는 계속해서 종족결합을 인정하지 않았고, 청대가 되어서야 비로소 그것을 공인하게 되었다.[25) 그리고 이렇게 해서 주자학적 국가이념은 그 사회적 기반을 전보다 훨씬 확대하게 되었다고 할 수 있는 것이다. 한편 조선에서는 종족결합이 당초부터 국가적 규제를 받지 않았고, 따라서 중국 이상으로 주자학적 이념이 사회 전반에 깊이 침투하게 되었다고 볼 수 있다.

이상 말해온 것처럼 조선의 '근세화'는 주자학적 국가모델 실현이라는 프로그램에 따라 추진되어 긴 시간을 거치면서 진행되었다. 즉 주자학이 현실을 변혁하는 동력의 역할을 완수했는데, 18세기가 되면 부계혈연결합 강화와 장자의 지위 강화가 진행되는 가운데, 균분상속이 지배적인 중국 못지않게 종법질서가 조선사회 전체를 지배하게 되었다. 그러나 이 과정은 전면적인 중국화와는 달랐다. 양반이라는 지배층의 존재양식이 그 차이를 상징적으로 나타내는데, 양반들은 '국속(國俗)', 즉 조선의 독특한 풍속의 존재를 신분적 특권의 근거로 삼았던 것이다.


## 5. 동아시아적 동시대성이 결여된 일본의 '근세화'

중국과 한국의 '근세화'를 이렇게 이해할 때, 일본의 '근세화'는 어떻게 파악할 수 있을까? 한마디로 동아시아 규모의 '근세화'라는 변동에 일본은 대응할 수 없었다, 즉 일본의 '근세화'는 동아시아적 동시성이 부족했다고 할 수 있을 것이다.

일본에서 주자학의 존재는 일찍이 카마꾸라시대(鎌倉時代, 1192~1333, 일본에서 처음으로 무사가 독자적 정권을 수립한 시대)에 알려졌지만, 주자학이념에 의거한 국가를 건설하려는 움직임은 고다이고(後醍醐) 천황의 '켄무신정기'(建武新政期, 1334~35, 고다이고 천황이 카마꾸라막부를 타도하고 정권을 장악한 시기)를 제외하고는 존재하지 않았다. 그러나 다른 한편에서 소농사회의 가장 핵심을 이루는 집약적 벼농사의 형성과 그에 동반한 지배층의 토지로부터의 분리 현상은 일본에서도 볼 수 있던 것으로서, 일본의 '근세화'를 크게 규정하기도 했다. 따라서 일본의 '근세화'는 소농사회가 형성되어갔음에도 불구하고 거기에 대응할 국가 지배체제가 수립되지 않았던 과정으로 이해해야 한다는 것이 이 글의 입장이다.

그런데 왜 일본에서는 소농사회에 가장 적합한 주자학적 지배체제가 형성되지 않았을까? 기본적으로 주자학이념에 맞지 않는 존재인 무사에 의해서 '근세화'가 추진되었기 때문이다. 토요또미(豊臣) 정권과 그 뒤를 이은 토꾸가와(德川)정권의 지배근거는 무위(武威)였으며 무위에 의한 '평화' 실현 즉, 천하총무사(天下總無事, 국내에서 전쟁이 일어나지 않도록 하겠다는 이념)였다. 이 '평화'의 내적 실체에 대해서 미즈바야시 타께시(水林彪)는 다음과 같이 말하고 있다.

이와 같이 토요또미권력이 사회를 '평화'화한 길은 사회평화화를 실현하는 두 형태 중에서 하나의 방식을 전형적으로 나타내는 것이었다. 일반적으로, 사회의 평화화에는 군대 내적 평화질서의 원리가 군국주의질서 확립을 매개로 전사회로 확대되어나가는 위로부터의 길과, 폭력을 배제한 곳에서만 존재할 수 있는 시장경제가 점차 발전해나가면서 이윽고 시장적 평화의 원리가 전사회를 감싸게 되는 아래로부터의 길이라는 두가지 길이 존재한다. 그리고 이 두가지 길은 16세기 일본사회에서 실제로 대립적으로 존재했다. 전자는 전국다이묘오(戰國大名)권력에서 오다(織田)·토요또미권력으로 이어져간 길이며, 후자는 촌락공동체 간의 자주적 평화질서의 연장선상에 형성되는 국지적 시장권이 담당하던 길이다. 그리고 이 두가지 길이 대항한 역사는 전자의 길, 즉 군국주의 국가의 확립에 의한 사회의 평화화가 승리하는 형태로 종국을 맞이했던 것이다.[26]

미즈바야시의 지적은 일본 '근세'의 '평화'의 질을 적확하게 표현하고 있는데, 한가지 간과한 것은 '평화'화의 또다른 길, 즉 중국과 한국의 '근세화'와 그 속에서의 '평화'의 실현이라는 현상이다. 일본의 '근세'가 기본적으로 무위에 의해 '평화'가 담보되는 체제였다는 것, 그리고 그 때문에 "법으로써 이(理)를 깨되 이로써 법을 깨지 않는다"[27]라는 법관념이 지배적이었음을 생각한다면, 일본의 '근세'를 '봉건제' 확립이라든지 '집권적 봉건제'의 확립이라고 이해하며 긍정적으로 파악하려는 일본사 연구의 주류적인 입장은 근본적으로 재검토되어야 한다. 평화의 문제가 크게 부상하고 있는 현재, 일본 '근세'가 남긴 부(負)의 유산을 자각하는 것이 지극히 중요하다고 나는 확신한다.

제7장

# 일본사 인식의 패러다임 전환을 위하여

'한일병합' 100주년에 즈음하여


＊

이 글은 본래 '한일병합' 100년을 맞이하여 일본의 역사인식을 재검토하기 위해 기획된 『시소오(思想)』 2010년 1월호에 게재된 논문이다. 독자를 위해 『시소오』 특집호와 이 글의 취지, 그리고 특히 이 글에서 비판한 일본 역사학계의 문제점이 결코 한국의 역사학계와 무관하지 않다는 점에 대해 약간의 설명을 덧붙이고 싶다.

주지하듯이 일본에서는 21세기에 들어와서도 근대일본의 아시아 및 한국 침략의 역사를 직시하고 진심으로 반성하려는 태도가 사회적 동의를 얻고 있다고 하기 어려운 상태이다. 반성은커녕 오히려 근대일본의 역사를 영광스러운 것으로 인식하고 있으며, 이에 대한 한국과 중국 등의 지적에 반발하는 움직임이 점점 강해지고 있는

것이 현실이다. 공영방송인 NHK가 시바 료오따로오(司馬遼太郎)의 소설 『언덕 위의 구름(坂の上の雲)』을 바탕으로 한 드라마를 2년에 걸쳐 방영하고 있는 것에서 일본의 현주소가 상징적으로 드러난다고 하겠다. 러일전쟁을 배경으로 한 이 소설은 대국 러시아에 승리한 일본 찬가라고 할 수 있는데, 러일전쟁이 한국에 대한 침략전쟁이기도 했음에도 한국에 관한 이야기는 거의 등장하지 않는다.

이러한 상황에 대해 일본에서 지금까지 한국사를 연구해온 연구자들(일본인뿐 아니라 일본에서의 한국사 연구에 대단히 중요한 역할을 해온 재일한국인·조선인 연구자도 함께)이 일본의 역사인식 문제를 다양한 각도에서 검토하는 것이 『시소오』 특집의 목적이었다. 이 특집을 위해 2년에 걸쳐 집필예정자들이 연구회를 꾸리고 서로의 논문내용에 대한 토론도 진행해왔다. 그러한 노력 덕분인지 이 특집호는 간행되자마자 품절되어 증쇄하게 되었다. 집필자들에겐 기쁨이자, 나로서는 일본 현실에 조금이라도 희망을 품게 해준 일로 생각하고 싶다.

이러한 특집 가운데 이 글은 일본의 역사인식의 문제점으로서 근대 이후뿐 아니라 일본사 전체에 대한 인식을 문제 삼아 전근대 역사인식을 근본적으로 재검토해야 함을 주장한다. 여기서 주로 검토대상으로 삼은 연구자들은 실은 일본 역사학계에서 대단히 진보적인 입장에 선 분들이다. 그런 의미에서 이분들은 예컨대 '새로운 역사교과서를 만드는 모임'에 참여하는 사람들과는 확연히 구별해야 한다. 그럼에도 불구하고 주된 비판대상으로 삼은 것은, 이분들이야말로 일본 역사학계를 이끌어왔고 지금도 많은 젊은 연구자들이 그 영향을 받고 있어서 여기서부터 바뀌지 않으면 희망이 없다고 생각했기 때문이다. 이 점을 독자들이 정확히 이해해주기 바란다.

또한 이 글에서 지적한 일본 역사학계의 문제점이 한국 학계와도 무관하지 않다는 점을 짧게나마 말해두고 싶다. 나는 일본 역사학계의 동아시아 인식에서 가장 큰 문제점으로 유교 혹은 유교를 바탕으로 한 국가·사회체제에 관한 인식 부재를 지적했다. 그러나 이는 일본뿐 아니라 한국의 역사인식에서도 마찬가지다. 예를 들어 주자학과 성리학에 대한 인식이 그 전형적인 경우다. 조선왕조에서 성리학이 국가이념의 지위를 얻게 된 것은 한국의 모든 교과서에 기술되어 있지만, 그것이 어떤 사상이며 왜 조선시대에 와서 그같은 지위를 얻을 수 있었는지, 그리고 그 결과 나타난 긍정적인 면과 부정적인 면은 무엇인지에 대한 제대로 된 설명은 거의 결여하고 있지 않은가? 이는 역사교육의 문제일 뿐 아니라 역사연구의 문제이기도 할 것이다. 이러한 유교와 성리학에 대한 불충분한 인식은 혹시 일본인 학자들이 외쳤던 '유교망국론'의 잔재는 아닐까.


## 1. 일본의 주변화와 패러다임 전환

현재 일본이 거대한 역사적 전환점에 서 있다는 것은 많은 사람들이 느끼는 바일 것이다. 내 생각으로 그 전환의 본질적인 내용은 일본이 다시 동아시아의 주변적 지위로 돌아가고 있다는 것이다. '한일병합'이 강행되던 100년 전은 일본이 동아시아의 중심으로 뛰어

오르려고 하던 시기였다. 그후 2차대전의 패배에도 불구하고 동서냉전의 국제관계 속에서 미국의 종속적 동맹자로서 동아시아에서 중심적 지위를 계속 점하게 된 일본은, 이제 냉전의 종결과 중국의 부활이라는 상황에서 다시 동아시아의 주변국이 될 게 확실하다고 생각된다. 여기에서 '다시'라고 말하는 것은 19세기 중반까지 동아시아에서 일본의 지위가 주변적이었기 때문이다.

오늘날의 시점에서 '병합'을 역사인식의 문제로 파악하고 그에 이르는 과정을 비판적으로 성찰하려고 할 때 가장 중요한 것은 지금까지 일본의 역사인식을 지배해온 패러다임인 '동아시아의 중심으로서의 일본사'라는 인식을 전환해야 한다는 것이다. 그러나 일본 역사학계에서 이러한 자각은 거의 보이지 않고, 종래의 패러다임이 약간 수정된 채로 여전히 지속되고 있다. 이 글의 목적은 '동아시아의 주변부로서의 일본사'라는 시각에서 지금까지의 일본사 이해를 비판하고 새로운 패러다임 모색의 방향을 제시하는 데 있다.


## 2. 패러다임 전환의 기축으로서의 유교인식

일본사 인식의 패러다임 전환을 구상한다고 할 때 그 전환의 기축이 되는 것은 유교 혹은 유교모델에 대한 인식 문제라고 할 수 있다. 왜냐하면 19세기 중반까지 일본이 동아시아에서 주변적 위치에 처해 있었다고 할 때 그것의 최대 근거는 일본의 유교모델 거부에 있다는 점, 그리고 19세기 후반 이후 일본이 동아시아의 중심으로 뛰어오를 수 있었던 것도 유교모델로부터 일본이 상대적으로 자유로 웠던 점이 결정적으로 작용했다는 점, 더 나아가 글로벌리즘이 석권 하는 오늘날 유교모델 수용의 역사적 경험 부재라는 조건이 일본의 진로를 크게 제약하고 있다고 볼 수 있다는 점 등이다.

여기에서 유교모델이라 함은 유교(주자학)를 이념으로 내걸고 그 이념의 실현을 지향한 국가·사회체제를 말한다. 그 핵심은 유교 에 관해 깊은 지식을 가진 자를 과거를 통해 선발하고 그들이 국가 통치를 담당케 하는 것, 그리고 '예(禮)'를 통치의 가장 중요한 요소 로 삼아 철저한 '예치(禮治)'를 꾀하는 것 등 두가지 점이다. 중국 송 대에 형성되기 시작한 이 모델은 중국에서는 명대에 확립되었고, 한 국에서는 조선왕조의 성립을 계기로, 또 베트남도 여조(黎朝)시대에 들어 유교모델 수용 움직임이 본격화되었다. 류우뀨우(琉球)왕국의 경우에는 약간 늦었는데, 17세기 초에 사쯔마번(薩摩藩)을 통해 토 꾸가와정권의 지배하에 들게 된 이래 유교모델을 의식적으로 수용 하게 된다. 이같이 동아시아 여러 나라들이 점차 유교모델의 수용을 추진했으나 그중에서 일본만이 이러한 움직임에 동조하지 않았던 것이다.

### 토꾸가와시기 유학자의 유교모델 인식

일본에서 유교모델 거부 혹은 부재라는 사태는 일본의 정체성에 복잡한 문제를 야기했다. 그 단서를 보여주는 것으로 토꾸가와시대 유학자들의 예를 들 수 있다. 주지하듯이 토꾸가와시기 유학자들 사 이에서는 일본을 중국 고전에 묘사된 봉건제사회라고 파악해 군현제인 동시대의 중국보다 이상적인 사회로 보는 인식이 공유되었다. 이러한 인식에서 조선은 전혀 관심의 대상이 되지 않았지만, 조선에 서도 고전적 봉건제와 군현제를 기준으로 현상을 파악하는 논의가 존재했다. 일본에서 논의가 정치체제 문제에만 집중되었던 데 반해 조선에서는 봉건제를 종법주의 및 정전제(井田制)와 불가분한 것으 로 파악하는 경우가 일반적이어서 둘을 비교하면 일본 논의의 자의 성이 눈에 띄지만, 이 문제에 관해서는 다른 기회에 다루려 한다.

여기서는 토꾸가와시기 일본 유학자들이 유교를 정치체제 문제 로 파악하는 한편, 어째서 현실의 국가·사회체제 문제로 리얼하게 파악하는 데는 무관심했는지 그 실례를 하나 들어보려고 한다. 그것 은 『당토행정기(唐土行程記)』라는 책에 보이는 어떤 일본인 유학자 의 유교인식, 조선인식이다. 이 책은 15세기에 조선에서 저술된 최 부(崔溥)의 『표해록(漂海錄)』을 초역(抄譯)한 것으로, 쿄오또(京都)의 저명한 유학자 집안인 이또오가(伊藤家) 출신의 세이따 탄소오(清 田澹叟)가 엮었다.[1] 『표해록』은 1487년 제주도를 출항한 최부 일행 이 폭풍을 만나 중국의 저장성(浙江省)에 표착한 후, 명 조정의 조처 로 베이징을 경유해 조선에 귀국하기까지의 체험을 기록한 책이다. 완성된 지 얼마 안된 대운하에 관해 상세히 기록되어 있는 등 사료 적 가치가 현재에도 높이 평가되고 있으며, 엔닌(圓仁), 마르코 폴로 (Marco Polo)의 여행기와 함께 중국에 관한 3대 여행기 중 하나라고 까지 평가된다.

세이따의 『당토행정기』는 『표해록』을 단지 초역한 것만이 아니라 군데군데에 자신의 감상과 의견 등을 더하고 있는데, 이 추기(追記)

부분에 그의 유교관, 조선관이 잘 나타나 있다. 그중에서 최부가 조선에서 유교가 얼마나 번창한가를 묻는 명의 중신들에게 조선국왕은 학문을 좋아해 매일 네차례나 유신(儒臣)들과 만난다고 답한 부분에 관하여, 세이따는 다음과 같은 감상을 드러내고 있다.

생각건대, 최부는 중국에서는 어떠한 거짓을 이야기해도 그 말대로 받아들여질 것이나, 이 책이 최부가 귀국한 후 조선왕의 분부로 지어졌다고 하니, 비록 당연한 일이라고 해도 얼토당토않은 것을 말한다면 조선왕에 대한 불경죄가 되니 도리어 벌을 받을 수도 있다. 만약 조선왕이 학문을 싫어하는데 최부의 말처럼 매일 네차례 유신을 대면한다고 운운한다면, 최부가 당나라땅임을 내세워 자신을 비난하고 조롱한다고 조선왕이 크게 노할 것이다. 그러므로 조선왕에게 나쁜 점이 있다면 그것을 감추고 말하지 않을 수는 있어도, 좋은 일이라면 근거 없는 것을 반대로 있다고 하는 것은 불가능할 것이다. 그렇다면 하루에 네차례까지 유신과 대면한다는 것은 거짓은 아닐 것이다.

국왕이 매일 네차례나 유신들을 만난다는 것은 이른바 경연제도(經筵制度)를 가리키는 것으로, 이는 국왕에게 유교를 교육하고 정책을 논의하는 것을 목적으로 실시되었다(조선시대에는 신하가 왕권을 견제하는 기능도 있었다). 따라서 이러한 제도는 유교이념에 입각해 국가를 운영하는 유교모델에 있어 더없이 중요한 의미를 가졌던 것이지만, 세이따는 최부가 사실을 서술한 것으로 해석할 뿐 그 이상의 언급은 하지 않는다. 유학자라면 조선의 이러한 제도는 응당 높게 평가해야 하는 것이고 더욱이 그러한 제도가 전혀 존재하지 않는 일본의 상황을 비판해야 할 터이지만, 세이따에게는 그러한 발상이 전무하다. 한편, 토요또미 히데요시의 조선침략을 언급하는 부분에서는 "임진왜란 때 조선왕이 의주(義州)로 도망쳤는데, 우리 대일본 병사가 거기까지 쫓아가지 않음은 그 나라의 천행(天幸)이라 할 것이다"라고 서술한 것에서 알 수 있듯 유학자라면 당연히 가져야 할 일본의 무위에 대한 비판의식도 결여되었다. 세이따가 토꾸가와시기 일본 유학자들을 대표할 수 있는가에는 이론도 있겠지만, 이와나미서점(岩波書店)에서 출간된 『일본고전문학대계96: 근세수상집(近世隨想集)』에도 세이따의 문장이 수록되어 있는 것으로 보아 그는 결코 무명의 유학자가 아니었다. 오히려 세이따와 마찬가지로, 유학자이면서도 중국과 조선이 보여준 현실 유교국가 본연의 모습에 무관심하고, 유교모델을 채용한 중국·조선과 비교해 일본의 체제를 구상하는 보편적 사고회로를 결여하고 있었던 것이 당시 대부분의 일본 유학자들의 입장이었다고 보아야 한다.

### 메이지유신 이후

유교모델에 대한 무관심이 결정적으로 강화된 것은 메이지유신 이후에 들어서이다. 그 대표적 예로 후꾸자와 유끼찌(福澤諭吉)의 이름을 드는 데는 이의가 없을 것이다. 주지하듯이 일본 근대화(문명화)의 가장 뛰어난 이데올로그였던 후꾸자와는 문명화의 최대 장애가 유교에 있다고 파악하고 유교에 대한 혹닉(惑溺)을 엄중히 비판했다. 즉 일본·중국·한국의 구체제를 사상적으로 지배한 유교에의 혹닉을 극복하지 않고는 서양문명을 수용하는 것이 불가능하다고 보고, 아직까지도 그 혹닉에서 헤어나지 못하고 있는 중국·한국과의 결별, 즉 탈아를 선언하고 일본의 문명화를 논했던 것이다.

따라서 후꾸자와가 탈아를 주장한 배경에는 일본의 구체제를 중국·한국의 그것과 기본적으로 같은 것으로 보는 전제가 깔려 있었다. 그리고 이러한 이해는 후꾸자와에게만 특유한 것이 아니라 당시의 일반적 인식이었다. 가령 뒤에서도 논의할 쿠메 쿠니따께(久米邦武)의 '동양＝도덕정치'라는 이해도 동양을 일체(一體)로 파악한 것으로 그 기저에는 유교를 공통분모로 간주하는 발상이 있었는데, 여기에서는 이또오 히로부미(伊藤博文)의 경우를 특별히 언급하고자 한다.

최근 일본에서 진행된 이또오 관련 연구를 보면 이또오가 '병합'에 반대했다거나 그나마 나은 제국주의자였다는 견해가 강하게 주장되는 것 같다. 그 대표적 논자 중 한 사람이 이또오 유끼오(伊藤之雄)인데,[2] 이또오 히로부미가 한국의 근대화를 위해 힘썼다고 보는 그의 주장에는 근대화할 대상인 당시 한국의 상황에 대한 고찰이 결정적으로 빠져 있다.

이또오 히로부미는 한편으로는 동아시아 삼국을 "공맹(孔孟)의 도덕에 의해 인심(人心)을 유지하는 나라들"[3]이라고 하여 그 공통성을 인정하는 인식을 보여주고 있고, 따라서 한국에 대한 교육방침에서도 유교교육을 중시해야 함을 강조했다. 그러나 다른 한편으로는 "한국 유생(儒生)의 편협하고 시세에 우원(迂遠)함은 거의 예상한 바 이상이다"[4]라고 하면서 한국유교의 현실에 대해 매우 부정적인 인식도 드러낸다. 그의 이러한 유교인식은 더없이 천박한 것으로, 특히 조선시대 이래 유교모델의 실태에 관한 인식은 거의 무지에 가까웠다고 볼 수 있다.

예컨대, 그가 한국통감으로서 추진했던 사법제도 개혁과정에서 다음과 같은 흥미로운 일이 발생했다. 이또오의 강력한 추천으로 한국에 근대적 법제도를 만들기 위해 내한해 있던 우메 켄지로오(梅謙次郎)는 민법 등을 제정하기에 앞서 구관조사(舊慣調査)를 실시했다. 근대법인 일본의 민법을 한국에 그대로 적용하면 여러가지 문제가 발생할 것이라고 예상하고, 근대법에 적합하지 않은 전통적인 관습을 조사한 후에 한국의 독자적인 민법을 제정하려는 것이 그 조사의 의도였다. 그런데 실제로 조사해보니 예상이 뒤집혀 근대적 소유권과 지극히 유사한 토지소유권이 한국에 존재하고 있음이 확인되었던 것이다.

오늘날에는 일반적으로 토지소유권을 인민에게 인정하고 있다는 것은 의심의 여지가 없어 보인다. (…) 따라서 내가 말하는 한국의 토지소유권이 온전히 우리나라의 오늘날의 토지소유권 관념과 일치하는가 하지 않는가는 의심할 수 있으나, 요컨대 널리 소유권이라고 칭할 수 있는 권리가 한국인민에게 적어도 수백년 전부터 인정되고 있다는 것은 의심할 여지가 없다.

즉 일본에 비해 한참 뒤처져 있어야 할 한국에 근대적 소유권과 유사한 형태의 것이 수백년 전부터 존재해왔음을 우메는 인식했던 것이다. 이러한 토지소유권의 존재는 토지에 대한 지배권이 국가에 집중되어 있어 양반이라고 하더라도 양인, 노비와 마찬가지의 소유권밖에 갖지 못하는 상황, 바꿔 말하면 토지소유와 신분이 무관한 데에서 연유하는 것으로, 이는 유교모델의 중요한 내용을 이루는 것이었다. 따라서 우메의 이러한 인식은 당시 일본인이 가지고 있던 한국인식을 뒤엎을 수 있는 가능성을 내장하고 있었지만, 이또오에게는 이러한 인식이 완전히 결여되었던 것이다. 이또오 히로부미의 경우는 시대적 제약 때문이었다고 정리하는 것도 가능할 테지만, 당시 한국의 실태에 관한 연구가 비약적으로 진전한 현재에도 그러한 성과는 전적으로 무시되고 있다. 조선시대 유교모델에 관한 일본의 인식은 이 100년간 조금의 진보도 없었다고 봐야 한다.

## 3. 근대화 패러다임의 지배와 유교모델 인식

### 전후역사학까지

일본에서 근대역사학은 러일전쟁을 전후한 시기부터 본격적으로 형성되기 시작했다고 볼 수 있다. 최근의 연구에서 강조되는 것처럼, 근대 국민국가를 떠받치는 역사인식으로 기능했던 근대역사학은 서구 이외 지역의 역사도 서구의 역사발전을 모델로 삼아 파악하려는 것이었다. 그러한 관점에서 서구적 근대화=근대 국민국가 건설이 목표로 설정되었고 그것을 기준으로 과거가 자리매김되었다.

러일전쟁의 승리로 열강의 무리에 진입한 일본에 있어서는 비서

구국가로서 어떻게 그것이 가능했는지를 명확히 밝히는 것이 근대 역사학의 가장 큰 과제로 간주되었다. 동아시아에서 일본만이 근대화에 성공했다고 보는 근대화 패러다임에 입각할 때 토꾸가와시기까지의 동아시아에서 일본의 주변적 지위는 다른 식으로 해석되지 않으면 안되었는데, 이 과제를 해결하는 데 결정적인 역할을 담당한 것이 일본 '봉건제'론이다. 일본 '봉건제'론이란 일본사에 서구적 봉건제 개념을 적용해 봉건제의 존재를 근거로 일본사를 중국사·한국사에서 분리(탈아)하는 것과 동시에, 그러한 차이로 말미암아 일본에서는 근대화가 가능했다고 보는 담론이다.[5]

일본 '봉건제'론은 20세기 초부터 등장했지만, 일본사 연구에 큰 영향을 미친 것은 이시모다 쇼오의 『중세적 세계의 형성』이었다. 2차대전 중의 저작인 이 책은 전후 일본사 연구를 견인하는 역할을 담당했다. 이시모다의 연구에 관해서는 이미 비판한 적이 있기 때문에 여기에서 상세히 서술하지는 않지만, 그 요점은 송대 이후 형성되어온 중국의 종족(宗族)을 고대적 혈연공동체로 파악하고 혈연을 넘은 결합을 이룬 일본의 무사단(武士團)을 고대세계를 부정하는 것으로 해석한 이시모다의 이해를 비판하는 데 있었다. 다른 글에서도 지적했던 것처럼 그는 1950년대 이후 그러한 중국인식을 자기비판하긴 하지만, 종족이 새로운 시대의 산물이며 유교모델과 불가분의 관계에 있다는 점은 끝끝내 인식하지 못했다.

이시모다 역시 주요 멤버로 활약했던 전후역사학(戰後歷史學)에는 비참한 전쟁에 대한 반성으로부터 근대일본의 후진성을 강조하는 조류도 존재했다. 이러한 조류는 언뜻 근대화 패러다임을 비판하는 입장처럼 보이지만, 일본의 후진성이라고 할 때 그 기준을 서구에 두고 있고, 일본과 아시아의 공통성을 중시하는 경우에도 그 후진성에 중점을 두기 때문에 근대화 패러다임에 대한 비판으로서는 매우 불충분할 수밖에 없었다. 따라서 그러한 관점에서는 유교 역시 동아시아의 후진성을 상징하는 것으로밖에 인식되지 않았다.

이시모다의 연구가 주로 중세사 연구에 큰 영향을 준 것과 대조적으로, 토꾸가와시기부터 근대에 걸친 일본사 연구에서 근대화 패러다임을 견인하는 역할을 담당했던 이가 마루야마 마사오이다. 주지하듯이 마루야마는『일본정치사상사연구』에서 주자학을 중세적 사상으로 파악하고 오규우 소라이(荻生徂徠)의 '작위(作爲)'의 논리에서 주자학적 사유 해체의 맹아를 발견함으로써 일본의 근대를 전망하려고 했다(자연과 인간세계를 일체로 파악하는 주자학에 대해 오규우 소라이는 인간세계를 자연과 분리하여 파악함으로써 인간의 주체적 의지=작위의 중요성을 강조했다는 것이 마루야마의 해석이지만, 이는 주자학에 대한 이해 자체가 근본적으로 잘못된 것으로 여겨진다).

이 역시 전형적인 탈아적 일본사 이해라고 볼 수 있는데, 한국 인식의 문제와 관련하여 주목하고 싶은 것은 마루야마의 다음과 같은 이해이다. 즉 그는 중국문화에 대한 일본과 조선의 관계를 비교하면서 일본을 '누수형', 조선을 '홍수형'으로 파악하고, '누수형'의 일본은 중국문화의 영향을 선택적으로 수용하려 한 데 반해 지리적으로 가까운 한국은 선택의 자유 없이 중국문화에 동화되고 말았다고 주장했다. 그런데 여기에는 두가지 점이 간과되고 있다. 하나는 한국이 중국문화를 전면적으로 수용했다고 볼 경우 수용하는 측의 사회가 고도의 문화적 기반을 가지고 있지 않으면 안된다는 점이다. 예컨대 유교모델의 핵심인 과거제도 도입 문제를 생각해봐도 그것이 현실적으로 기능하기 위해서는 인쇄기술의 발달과 그에 따른 서적의 보급이라는 조건이 필수적인데, 이러한 조건을 만족시키기란 가령 15세기의 일본에서는 불가능했다. 마루야마는 어디까지나 문화수용의 패턴을 문제삼은 것이긴 하지만, 그 때문에 현실의 역사과정이 사상(捨象)돼버리고 말았던 것이다.

마루야마에게 결여되어 있는 다른 하나는 '홍수형'의 한국에서 중국문화를 전면적으로 수용함으로써 어떤 사태가 발생했는가라는 물음이다. 한국은 유교모델의 수용이라는 대단히 곤란한, 그리하여 장시간을 요하는 과정을 겪는 와중에 국가와 '민족'을 초월한 유교라는 보편적 이념을 수용했고, 그 결과 여러가지 현상이 발생하게 되었다. 예컨대 18세기 후반 유교지식인 중에서 가톨릭 교의에 관심을 가지고 스스로 베이징에까지 가서 세례를 받는 집단이 등장했다는 것, 19세기가 되면 유교이념이 일반민중에까지 보급되는 가운데 대다수 사람들이 양반을 지향하게 되고 그 움직임은 현재에도 계속되고 있다는 것, 조선시대의 문과급제자 중에 때로는 한족(漢族), 위구르족, 여진족 등 다양한 출신배경을 가진 인물들이 다수 포함되어 있었던 것 등이 그것이다. 이러한 사례는 유교모델 수용과 매우 밀접한 관계 속에서 발생한 현상들이며 일본과 큰 차이를 갖는 것이었지만, 당시 마루야마의 시야에서는 전혀 고려의 대상이 되지 못했던 것이다.

## 근대화 패러다임의 존속

주지하듯이 전후역사학은 1980년대에 들어서면서 다양한 비판에 처해 자기해체를 시작했지만, 근대화 패러다임은 지금도 여전히 존속하고 있다. 그 전형적 예로서 이나바 쯔구하루(稻葉繼陽)와 아다찌 케이지(足立啓二)의 견해를 문제삼고자 한다.

나는 일본 『역사학연구(歷史學硏究)』 2006년 11월호의 ''근세화'를 생각한다' 특집에서 주로 전후역사학의 일본 '근세사' 연구를 비판한 적이 있었는데, 그 논문에 대한 전면적 비판이 이나바에 의해 제기되었다.[6] 일본사 연구자로부터 별다른 반응이 없음에 실망하고 있던 나로서는 이러한 비판이 나왔다는 사실 자체가 기뻤고, 게다가 비판으로부터 배우는 바도 많았다. 그러나 이나바의 주장은 오늘날 일본사회가 가지고 있는 문제에 대한 인식 면에서 나와는 근본적으로 다르고, 그 일본사 인식도 수긍할 수 없는 부분이 있기 때문에 여기에서 재비판하고자 한다.

내 글에 대한 이나바의 최대 비판점은 내 글의 일본사연구 이해가 1980년대까지의 연구성과에 기반하여 연구사적 동시대성을 결여했다는 데 있다. 즉 나의 글은 토요또미·토꾸가와정권의 집권적 성격을 강조하고 민중에 대한 억압성을 중시해온 1980년대까지의 연구를 대상으로 삼아 기존 일본사 연구를 비판했으나, 현재 그러한 '근세사' 이해는 이미 비판받았고 일본의 '근세화'를 사회적 측면에서의 내발적 질서화, 규율화 과정으로 파악하는 연구동향이 지배적이라는 게 이나바의 비판이다. 그리고 나서 이나바는 '근세화'를 사회의 단체화(團體化)의 진전이라는 각도에서 검토하는 동시에, 그러한 '근세'의 단체화가 동아시아 중 일본에서 가장 진전되었기에 근대화가 순조롭게 전개될 수 있었다고 주장했다. 그의 이러한 입장은 다음 문장에서 더욱 명확하게 나타난다.

훗날 일본사회의 기초단위가 된 '이에(家)'와 '가업(家業)'=야꾸(役)의 성립을 중시하는 비또오 마사히데(尾藤(正英))는 14~16세기야말로 일본역사의 가장 큰 획기였다고 보고, 그것과 표리관계에서 고대와 중세, 근세와 근대의 연속성에 주목한 '이분법'적 시대구분론을 제기했다. 그것이 막번(幕藩)구조론·국가론에 대한 안티테제임과 동시에, 세계사적으로도 드문, 근대화의 순조롭고 급속한 진전을 가져온 메이지유신의 역사과정을 중세 후기 이래 사회의 내발적 전개의 연장선상에서 이해하려는 태도의 표명인 것은 분명하다 할 것이다.

본서는 일본사회의 '근세화'를 사회적 측면에서 내발적 질서화와 규율화의 과정으로 파악하려는 연구동향에 입각해, 전체적으로는 대략 15~17세기까지, 더 나아가 종장에서는 18세기부터 메이지유신 이후의 지역사회까지 시야를 넓혀 근세사회가 산출해낸 근대화의 전제에 대해서도 약간의 고찰을 시도한다.[7]

이나바의 연구에서는 일본 '근세'의 평화가 위로부터 작용하는 힘만이 아니라 매우 강고한 영속적 단체로서 성립해온 촌락〔무라村〕을 중심으로 하는 아래로부터 작용하는 힘에 의해 유지되었다는 것, 그리고 이러한 촌락의 성격은 동아시아에서는 일본의 경우가 특이했고 페데(Fehde, 자력구제) 관행을 가진 유럽의 촌락과 공통성을 보인다는 주장이 제기되고 있다. 그 개개의 논점과 주장은 납득이 가는 부분도 많지만, 일본사회의 단체적 성격에 대한 평가에 관해서는 의문이 든다.

아래로부터의 질서화를 중시하는 이나바의 입장은 후지끼 히사시(藤木久志)의 연구에 의거하면서 그것을 더욱 발전시킨 형태라고 볼 수 있는데, 문제는 아래로부터의 질서화를 기본적으로 긍정적인 것으로 파악하는 그의 평가이다. 예컨대 후지끼의 연구에서는 '중세'에 촌락간 분쟁해결과 관련된 여러 규정들이 소개되는데, '게시닌(解死人)'이라는 대역(代役)을 처벌하는 것으로 분쟁이 해결되는 사례가 많이 보인다는 것, 그리고 게시닌은 많은 경우 촌락의 일원이 아니며 때로는 미리 촌이 '부양'하는 경우도 있었다는 사실 등이 밝혀져 있다. 이것은 촌락의 질서를 유지하기 위해 그곳에서 배제된 자의 존재가 필요불가결했음을 의미하는 것인데, 이나바가 이해한 바에 따르면 이러한 '내부의 평화=질서화'와 그 모순을 외부로 전가하는 구조가 '근세'에도 지속되고 있었음을 보여주는 게 아닐까?

이나바는 토요또미정권의 조선침략에 즈음하여 다수의 농민이 진부(陣夫, 전장에서 무기 운반 등의 용무를 담당하는, 무사가 아닌 사람)로 동원되었으나 전장에서 도망한 자가 많았고, 대규모 침략전쟁이 장기화되는 극한상황에서 영주층과 백성 간의 모순이 표면화되었다는 것, 그리고 이러한 백성의 저항을 야기한 '농민층의 성숙(農の成熟)'을 적극적으로 평가하면서 그것이 침략전쟁 이후 백성지배의 형태를 규정했음을 밝힌다.[8] 그러나 백성동원의 근거가 된 '진부역(陣夫

役)'은 촌락의 평화를 지키는 댓가로 성립했던 것으로, 이나바에 따르면 조선침략에 즈음하여 백성들이 그렇게 강하게 저항한 것은 그것이 촌의 평화와 무관했기 때문이다.

이같이 이나바는 침략전쟁의 모순을 촌락의 평화와의 연관으로만 파악하지만, 이나바가 많이 기대고 있는 후지끼는 히데요시의 조선침략을 다룬 저서에서 전장에서 암약하는 일본상인의 모습과 대규모 항왜(降倭, 조선에 항복한 일본병사)의 존재, 더 나아가 전국영주(戰國領主)들에게 가장 완강하게 저항한 일향종(一向宗, 불교의 한 종파. 정토진종淨土眞宗 혹은 진종眞宗이라고도 함)이 조선침략에서는 침략의 선봉이 되었던 사실(이것은 근대에도 되풀이되었다) 등 침략전쟁의 체험을 훨씬 심각하게 받아들이고 있다. 하지만 이나바의 연구에서는 이러한 문제는 시야에서 벗어나 '농민층의 성숙'이 구조적으로 품지 않을 수 없었던 모순은 간과되었다. 그리고 이러한 시각의 결여는 이나바의 현실인식과 깊이 결부되어 있다고 생각한다. 이나바는 책의 결론 부분에서 다음과 같이 서술하고 있다.

세번째로 지역사회론은 이른바 '일본형 사회(日本型社會)'의 조직원리를 역사적으로 파악하기 위한 방법이 될 수 있다. 일본형 사회에서의 규율은 지역커뮤니티에 의한 구성원의 생활·사상 관리, 생활보장단체로서의 일본기업[종신고용제와 기업복지]과 중층적인 하청기업 편성, 그리고 품의(稟議)에 의한 조직의사 결정방식 등의 조직원리에 의해 유지되고, 일본자본주의의 발전을 계속적으로 지탱하며, 또 한편으로 천황제 파시즘의 생성을 받쳐들었다. 이러한 조직원리는 모두 봉건사회의 지역단체 운영과 자치행정에 역사적 근거를 둔 것으로, 그것이 지금 글로벌화에 의해 붕괴에 임박해 있다. 현재 우리나라가 처한 사회적 상황에 '위기'를 느끼지 않는 자는 적을 텐데, 지역사회론은 지금의 조직과 법률의 붕괴상황이 갖는 의미를 역사적으로 이해하는 수단의 하나가 될 수 있을 것이라고 생각한다.[9]

요컨대 이나바에 따르면 봉건사회에 기원을 둔 '일본형 사회'의 조직원리가 글로벌화에 의해 붕괴위기에 직면했다는 게 지금 일본이 처한 위기의 본질이라는 것인데, 과연 그러한가? 일본의 조직원리가 천황제 파시즘을(그리고 내 생각으로는 히데요시의 조선침략과 메이지유신 이후의 아시아침략도) 받쳐들었다 함은, '일본형 사회'의 조직원리라는 것이 내부에서의 억압을 동반한 평화와 외부에 대한 차별과 폭력성이라는 양면성을 원래부터 가지고 있었음을 보여주는 것은 아닐까? 그런 점에서 이 문제에 대한 비판의식 없이 단지 '일본형 사회'의 원리를 역사적으로 파악하는 것에서 적극적인 의미를 찾으려는 입장에는 동의하기 어렵다.

사회의 단체화라는 각도에서 역사를 파악하려고 한 이나바의 방법은 그의 책에도 명시되어 있는 것처럼 중국사 연구자인 아다찌 케이지에 의거한 것이다. 그런데 중국사회와 일본사회의 이질성, 일본과 서구의 유사성을 강조한 아다찌의 연구에서도 근대일본의 침략적 성격 문제는 매우 경시되고 있다. 더 나아가, 그러한 침략성을 배태한 전제적 성격의 연원이 메이지유신의 왕정복고라는 슬로건으로 상징되듯 고대 율령국가체제에 있었던 것처럼 이해되고 있는데,

여기에서도 사회의 단체화의 진전 및 그 자율성에 대한 높은 평가와 국가의 전제적 성격이 어떠한 관계에 있었는가를 묻는 문제의식은 빠져 있다고 할 수 있다.

### 전후역사학 이후

일본의 전후역사학이 해체되지 않을 수 없었던 요인은 여러가지 겠지만, 역사연구의 방법이라는 면에서 보면 일국사적 방법에 대한 비판, 그리고 전후역사학이 근대 국민국가를 떠받치는 역할을 담당해온 것에 대한 자각이 결정적인 요인으로 작용했다고 할 수 있다. 그리고 전후역사학의 해체에 즈음하여 새로운 역사연구를 모색하던 중에 큰 주목을 받게 된 이들이 아미노 요시히꼬, 야스마루 요시오(安丸良夫), 니시까와 나가오(西川長夫) 세 사람이었다. 따라서 그들이 내가 말한 동아시아에서의 유교모델 수용과 연관된 역사과정에 대해 어떠한 인식을 갖고 있었는가를 묻는 것은 현재 일본의 일본사 담론을 비판적으로 검토하는 데 있어 중요한 과제라고 생각한다.

전후역사학 해체 이후 역사연구에 큰 영향을 미치고 있는 앞서 말한 세 연구자 가운데, 아미노 요시히꼬의 일본사 이해가 탈아적 성격을 가지고 있다는 점에 대해서는 6장에서 논했기 때문에 반복하지 않겠다. 여기서는 야스마루 요시오와 니시까와 나가오의 유교모델 수용 문제에 관한 인식을 다룰 텐데, 야스마루의 연구, 특히 민중의 통속도덕(通俗道德)에 관한 연구는 전후역사학의 전성기라고 해도 좋을 만한 1960,70년대의 작업이다. 그런 점에서는 전후역사학

해체 이후 연구에 포함시켜 검토하는 것이 적당치 않은 듯도 하지만, 그 연구가 주목받은 것이 대체로 1980년대 이후의 일이라고 여겨지므로 여기에서 다루기로 한다.

## 야스마루 요시오의 통속적 유교이해와 동아시아적 관심의 부재

야스마루의 민중사상, 통속도덕에 관한 연구는 근대이행기에 민중세계에서 형성된 통속도덕에 주목하여 그 방대한 에너지가 근대사회의 형성을 지지했음을 주장한다. 즉 통속도덕은 원래는 지배이데올로기였던 유교의 이념을 민중이 스스로의 것으로 전유하려는 과정에서 형성된 것이며, 그것이 토꾸가와시대 말기부터 '메이지' 초기까지 민중운동의 기반이 되었다는 게 그의 주장의 핵심이라고 할 수 있다.

말할 것도 없이 근세유교는 봉건적 위계질서를 도덕적 위계질서로서 옹호했다. 유교이론이 얼마만큼 내재적으로 이해되고 있었는가의 문제는 차치하고, 봉건적 위계질서를 도덕과 인간성의 위계질서로 실감한다는 것은 봉건사회에서는 피할 수 없는 사회적 통념이었다. 이 통념하에서는 민중은 도덕적 열등자가 되고, 그 때문에 신념에 기초한 자주적이고 적극적인 활동주체가 되는 데 방해가 되었다.[10]

근세 후기에서 메이지시기에 걸친 민중적 입장의 사회비판은 유교도덕과 통속도덕의 순수화(純粹化)라는 관점에서 이루어지는 경우가 많았다. 매우 일반적으로 말해서, 원래는 지배계급의 이데올로기적

무기인 유교, 기독교 등은 그 교의의 이상주의적 측면을 순수화하여 지배계급의 현실에 적용해보면 광범위한 민중에게 비판의 무기를 부여하는 것이었다. 근대사회 형성기에 나타난 민중투쟁의 세계관적 배경은 대체로 그러한 전(前) 근대사상의 순수화라는 형태를 취했다. 광범위한 민중에게 가령 유럽의 시민적 근대사상을 기대한다 해도 그것은 거의 의미가 없다. 민중은 자신들이 고심해 만들어낸 자기규율의 논리를 보편화하고 사회를 보는 척도로 삼아 비판의 논리로 전화시켜간다. 농민봉기, 자유민권운동, 곤민당(困民黨)과 빈민당(貧民黨) 등에는 그러한 사상적 특질이 있었다고 본다.[11]

이 인용문에서 볼 수 있듯이 야스마루는 유교를 봉건적 위계질서를 옹호하는 것으로 파악하고 서구의 기독교와 같은 것으로 이해하고 있다. 그런데 그의 이러한 유교이해는 당시로서는 어쩔 수 없었다고 해도 지금 보면 매우 통속적이고 일면적이다. 한대 이후의 유교는 (중국의 고전적 의미에서의) 봉건제를 부정하고 집권적 국가체제를 옹호하는 것이었고, 송대 이후의 과거제도 확립과 함께 지배층의 신분적 세습제를 이념적으로 부정한 사상이었다. 그것이 토꾸가와시대에 일본에 수용되는 과정에서 신분적 위계질서를 지탱하는 역할을 담당하게 되었던 것이다. 일본의 유교가 그렇게 될 수밖에 없었던 경위에 관해 야스마루가 전혀 무관심했던 이유로, 여기에서도 역시 근대화 패러다임에 의한 구속이라는 문제를 지적하지 않을 수 없다. 그리고 그 결과, 유교이념의 하강화(下降化)가 민중의 체제비판의 무기가 되는 상황은 중국과 한국에서도 발생했던 일임에

도, 이러한 관점에서 일본의 민중사상, 통속도덕을 동아시아 차원에
서 비교하는, 서구와의 비교보다 성과가 많을 것으로 기대되는 작업
도 시도되지 않는다. 앞에서도 지적한 대로 야스마루의 연구가 시
작된 1960년대의 시점에 유교에 대한 이해와 동아시아적 관점의 미
약함은 어쩔 수 없었다고 생각되지만, 그의 최근 저작『문명화의 경
험』(文明化の經驗, 岩波書店 2007)에 수록된 글에도 동아시아와의 비교
라는 시각은 전무하다는 점에서 이러한 초기 입장이 여전히 변하지
않았음을 알 수 있다.

## 니시까와 나가오의 국민국가론과 서구모델의 특권화

니시까와 나가오가 전후역사학 이후의 일본근대사 연구에 가장
큰 영향력을 발휘해온 국민국가론의 대표적 논자라는 것에는 이견
이 없을 것이다. 프랑스문학 연구자로 출발한 니시까와는 프랑스혁
명을 비교기준으로 삼아 일본의 메이지유신과 근대사에 대해서도
적극적으로 발언해왔다. 니시까와의 논점은 다방면에 걸쳐 있는데,
그의 핵심적 주장인 국민국가론은 그 자신이 참가한 토론회에서 야
스다 히로시(安田浩)가 정리한 바에 따르면 다음과 같다.

니시까와씨는 일찍이 국민국가의 특징을 다섯가지로 정리하고 있
습니다. 첫째, 국민주권과 국가주권의 존재, 둘째, 국민통합 장치와 국
민통합 이데올로기, 셋째, 세계체제 혹은 국가간체제가 국민국가를
만들어낸다, 그 전제로서는 국가간체제가 먼저 존재한다, 넷째, 국민
국가는 본래 모순적 존재이며 그 모순적 성격을 발전의 원동력으로

삼는다, 다섯째, 국민국가는 모듈성을 지닌다(국민국가는 여러 요소로 구성
되며 각 요소를 개별적으로 모방·수용하는 것이 가능하다는 의미).[12]

그리고 니시까와는 19, 20세기를 비서구세계가 이러한 국민국가
를 만들도록 강제되었던 시대라고 파악하고, 더욱이 그 과정을 '문
명화'과정이라고 인식하지 않을 수 없었음을 강조했다. 더 나아가
식민지였던 국가나 지역이 독립한 후에 형성된 국민국가도 그것이
국민국가인 한은 같은 속성을 갖는다는 그의 주장도 중요한 의미
를 지닌다.

니시까와는 이러한 국민국가론에 입각해 메이지유신 이후 일본
의 국민국가 형성과정을 특수성이 아닌 보편성에 역점을 두고 파악
하고 있다.

그렇다면 막부말기·메이지시기의 국민국가 형성이 적어도 국가장
치와 국민통합의 관점에서 고찰하는 경우 전형적으로 보이는 것은 왜
일까? (…) 내가 지금 여기에서 답할 수 있는 바는 토꾸가와시기에 아
마도 프랑스의 절대왕정에 가까운 체제가 확립되어 있었고, 모종의
근대성이 성숙해 있었다는 것, 또한 메이지혁명 이후 선진국의 국가
장치와 이데올로기를 이입(移入)했고(게다가 모듈로서 이입했고), 그
것을 단기간에 정착시킬 만큼의 정치적 사회적 문화적 제조건을 갖추
고 있었다는 것으로, 이것도 하나의 가설일 뿐이다.[13]

토꾸가와시대에 '근대성의 성숙'이라는 표현을 쓰는 것이 마음에

걸리지만 '가설'이므로 그것은 일단 제쳐두려고 한다. 문제는 니시까와에게 당시의 동아시아에서 일본만이 이러한 조건을 갖추고 있었다는 인식이 전제되고 있다는 점이다.

(이와꾸라岩倉사절단이 파견된) 메이지 4년은 유럽에서는 빠리꼬뮌과 독일제국이 성립한 해인데, 메이지정부가 잇달아 내세운 개화정책을 생각나는 대로 열거해보자. 1871년—**호적법 제정**, 신화조례(新貨條例) 공포, **폐번치현**(廢藩置縣), 산발(散髮)·제복(制服)·**폐도**(廢刀) 허가, '에따(穢多)·히닌(非人)'의 폐칭(廢稱), **전답의 경작물 선택의 자유화**(田畑勝手作) 허가, **종문인별장**(宗門人別帳) 폐지, 견구(遣歐, 이와꾸라)사절단 파견 등. 1872년—**토지영대매매**(土地永代賣買) 해금, **학제 반포, 직업이주의 자유**, 철도 개통, 토미오까(富岡) 제사공장 개업, 인신매매 금지, 태양력 채용 등. 1873년—**징병령 공포**, 지조개정조례 포고 등. 프랑스혁명의 처음 5년간에 필적하는 급격하고 근본적인 개혁이 이 3,4년간 시행되었던 것인데, 메이지유신의 경우는 그것이 '문명개화'의 이름으로 행해졌다. 그렇지만 이 시기의 메이지정부에 충분히 심화된 명확한 문명개념이 있었던 것 같지는 않다. 위정자 측에서 세계의 현상에 대한 인식과 결부해 문명의 명확한 이미지를 갖게 된 것은 역시 이와꾸라사절단 파견 이후일 것이다.[14]

이것은 1871~73년에 걸쳐 실시된 개혁을 열거한 부분인데, 인용문에서 강조하여 표시한 제반 개혁은 중국과 한국에서는 원래부터 실시할 필요가 없는 것들이었다. 즉 호적제와 징병제는 이미 존재하고 있었고, 토지매매와 직업이주의 자유도 인정되고 있었다. 군현제도 옛날부터 실시되고 있던 것이며, 지배층의 대도(帶刀)와 종교 조사를 위한 종문인별제도(宗門人別制度) 등은 폐지할 필요도 없이 아예 존재하지도 않았다. 말하자면 국민국가의 제요소를 모듈로서 옮겨오려고 할 때 일본에는 필요한 개혁의 상당부분이 중국과 한국에서는 필요 없는 것들이었던 셈이다. 이러한 현상이 발생한 가장 큰 원인은 중국·한국에서는 집권적 관료제 국가체제가 이미 존재하고 있었던 바에서 구할 수 있는데, 그것이야말로 유교모델 수용의 산물이었다.

따라서 던져야 할 질문은 국민국가를 형성하기 위해 필요한 요소들의 상당부분을 이미 실현하고 있었던 중국과 한국의 '구(舊)사회'의 실체를 어떻게 이해할 것인지, 그리고 그와 비교하여 일본의 위치를 어떻게 인식할 것인지 하는 것이다. 그러나 니시까와의 논의에서 이러한 부분은 완전히 사상되어 있다. 방금 서술했듯이 서구화를 '문명화'라고 파악할 때 서구와 일본에서 근대가 되어서야 비로소 실현된 것들의 상당부분이 중국·한국에서는 훨씬 이전에 실현되었고, 이러한 조건은 중국과 한국의 근대적 변혁에 독특한 성격을 부여했다. 즉 한편으로는 근대적 변혁을 추진하기 위해서는 무엇이 과제인지가 불분명해져서 서구모델 수용이라는 과제를 절실한 것으로 인식하기를 곤란하게 만드는 동시에, 다른 한편으로는 자기 전통을 문명으로 인식하고 서구문명을 상대화하려는 움직임이 필연적으로 등장하게 되었던 것이다.

니시까와는 앞의 인용문에서도 언급된 이와꾸라사절단에 대해 이러한 사절단 파견은 일본만이 했다고 단언하면서 매우 높이 평가하는데, 이 점에 대해서도 재검토가 필요하다.

여기에서 특히 주목하고 싶은 것은 이와꾸라사절단 파견에서 보이듯이 독자적 세계인식방법과 국제사회에의 참여방법이다. 새로운 국가건설을 지향하는 신흥국이 여러 선진국에 시찰단을 파견하는 것은 지극히 평범한 일일 것이다. 그렇지만 이러한 다수 국가들(구미 12개국이라 함은 당시 선진국의 전부이다)에 대규모의 사절단을 보내고 더욱이 각각의 나라를 철저하게 시찰한다는 것은 전례가 없는 일이다. 사절단이 가져온 것, 즉 그들이 무엇을 보고 보지 않았는가는 일본의 장래에 있어 매우 중요한 의미를 갖지만, 그전에 사절단이 이러한 형태를 취할 수 있었다는 데에 일본의 국민국가 형성의 독자성이 이미 드러나 있다. 그것은 근대화에 임하여 중국과 조선 혹은 다른 아시아 국가들이 취한 태도와 비교하면 분명해질 것이다.[15]

여기서 보이는 니시까와의 논의는 우선 사실과 다르다. 청국에서는 이와꾸라사절단이 파견된 4년 전 즈음인 1867년에 이미 구미 여러 나라에 사절단(푸안천蒲安臣사절단)을 파견했기 때문이다. 이 사절단은 이와꾸라사절단과 거의 같은 코스를 거쳤으며 게다가 2년 이상의 장기간에 걸쳐 시찰을 행했다. 하지만 푸안천사절단의 존재는 지금까지 주목받지 못해 개설서 등에서 간단하게 언급되는 정도였고, 본격적인 연구로는 사까모또 히데끼(阪本英樹)의 『달을 끄는 뱃사공: 청말 중국지식인의 미구회람(米歐回覽)』(東京: 成文堂 2002)이 유일하다. 다만 사까모또의 연구는 중국 사절단이 유교적 관념에서 벗어나지 못했던 데 반해 이와꾸라사절단의 기록으로 집필된 쿠메 쿠니따께의 『특명전권대사(特命全權大使) 미구회람실기(實記)』(太政官記錄樹 1878)는 훨씬 자유로운 시각으로 구미를 관찰했다고 보면서 높은 평가를 내리는 등, 지금까지의 연구틀을 그대로 답습하고 있는 점에서 문제가 된다.

그래서 나는 푸안천사절단의 수행원 장 더이(張德彝)의 상세한 기록인 『구미환유기(歐米環游記)』와 『회람실기』를 비교한 논문을 「'화혼양재'와 '중체서용' 재고: 일본·중국과 구미와의 만남」(백영서 엮음 『동아시아 근대이행의 세 갈래』, 파주: 창비 2009)이라는 제목으로 발표한 바 있다. 이 논문에서 나는 장 더이가 유교적 세계관에 입각해 서구문명을 주체적·비판적으로 파악하고 있었다는 것, 쿠메도 '동양도덕·서양예술'이라는 입장에서 서구와 동아시아를 대비적으로 파악하려고 했지만 '동양도덕'이라는 것의 내용이 추상적·이념적인 수준에 머물러 있었으며 결국은 서구문명에 매료되었음을 논했다.

물론 당시 장 더이가 취한 이러한 입장은 자기가 속한 문명에 대한 비판적 의식의 결여, 그것과 표리를 이루는 서구문명에 대한 과소평가라는 점에서 커다란 문제를 내포하는 것이었고, 서구문명에 대한 쿠메의 날카로운 관찰을 높이 평가하는 것도 충분히 가능하다. 그러나 현재적 관점에서 되돌아보면, 양자에서 관측되는 이러한 차이는 이후의 중일 양국의 다른 행보를 상징하는 것이라고 생각된다. 즉 장 더이처럼 자기 문명을 기준으로 서구를 비판하는 입장은 머지않아 자기 문명에 대한 비판으로 전화되어, '서구화＝문명화'라는 코스를 따라간 일본과는 달리 자기 문명의 재생이라는, 중국에서 현재도 계속되고 있는 방향으로 이어졌다고 볼 수 있다. 그렇다면 양자에 대한 평가는 달라지지 않을 수 없는데, 니시까와는 이러한 문제들을 전혀 고려하지 않고 있다.

한국에도 중국과 비슷한 현상이 존재했다. 나는 최근 발표한「민족주의와 문명주의: 3·1운동에 대한 새로운 이해를 위하여」(『대동문화연구』 66집, 2009)라는 논문에서 종래 민족주의적 관점에서만 이해되어온 3·1운동을 문명주의라는 관점에서 다시 파악해야 할 필요성을 환기하면서, 그러한 문명주의는 유교모델의 수용에 따라 형성되었다는 점과, 조선시대에 성립된 문명주의의 입장이 서구문명과 직면했을 때 재빠른 대응을 곤란하게 하고 문명주의와 민족주의의 갈등이라는 사태를 발생시켰음을 논했다.

이를 니시까와의 국민국가론과 연관시켜 보면, 중국과 한국은 일본에 비해 국민국가 형성이 어려웠는데, 그렇게 된 가장 큰 요인이 유교적 문명주의의 존재라는 이야기가 된다. 지금까지 일본 역사학계에서는 유교적 문명주의의 존재를 부정적으로 파악해왔으나 21세기 현시점에서 이러한 이해는 근본적으로 재검토되어야 한다. 니시까와의 국민국가론은 국민국가에 대한 비판에 머물러 있고 국민국가로부터 탈출할 전망이 보이지 않는 것처럼 느껴지는데, 일본처럼 급속하게 국민국가를 형성하는 게 매우 어려웠던 중국·한국의 근현대사를 그 어려움 때문에 일본과는 다른 길을 걸었다고 재인식하는 것은 큰 의미를 가질 수 있을 것이다.

## 새로운 동향

앞에서 검토한 바와 같이 지금까지 일본 역사학계에서는 14세기에 동아시아에서 시작된 유교모델의 확립과 보급이라는 사태를 간과하거나 부정적으로 파악하는 견해가 지배적이었지만, 최근 들어 이러한 경향을 극복하려는 움직임도 생겨나고 있다. 마지막으로 그 일단을 소개하면서 이후의 논의방향을 전망해보고자 한다.

2009년에 열린 일본의 역사학연구회 대회에서 조경달(趙景達)이 발표한 「정치문화의 변용과 민중운동: 조선민중운동사연구의 입장에서」(『歷史學研究』第89號, 2009)는 전통적 정치문화와 그것의 근대에서의 의미를 묻는 입장에서 한국과 일본을 비교한 글이다. 그는 현재 한국 시민운동 등의 에너지에 주목하면서 그 연원을 조선시대 정치문화에까지 거슬러올라가 고찰했는데, 이러한 조선시대 정치문화는 유교모델 수용 문제와 불가분의 관계에 있던 것이다. 그런 점에서, 일본 민중운동·시민운동의 정체(停滯)를 바라보면서 유교모델 수용경험의 유무에 따라 근대화 여부를 묻는 것이 아니라 그것의 현재적인 의미 자체를 물어야 한다는 생각을 떠올리게 해준다.

야마다 에이꼬(山田央子)도 「율곡 이이의 붕당론: 비교붕당론사를 위한 하나의 시론」[16]에서 조선시대 정치문화의 중요한 부분이라고 할 수 있는 '공론'정치 문제에 주목하여 토꾸가와시대의 공론정치 부재와 조선시대 그것의 정착을 비교했는데, 이 역시 종래와는 전혀 다른 시각의 한일비교론이라고 할 수 있다. 이러한 흐름 가운데 내가 특히 주목하고자 하는 것은 후까야 카쯔미(深谷克己)가 최근 제창한 동아시아 정치문화론이다. 그의 주장과 의도는 다음 문장에 잘 나타나 있다.

　근세일본은 일반적으로는 무력을 점유했던 영주(무가武家·무위武威)권력의 지배체제라고 여겨져왔고, 지금도 그러한 견해가 부정되는 것은 아니다. 한때는 근세가 임전태세(臨戰態勢)의 사회라고 이야기되거나 때로는 군국주의의 시대라고 평가되는 일조차 있었다. 이러한 견해들은 크게 정리한다면 근세일본의 지배체제에서 '무위'의 역할을 강조하는 관점이다. 그리고 그것들은 대소도(大小刀)를 일상적으로 휴대한 무사의 무력독점 양상과 카따나까리(刀狩, 무기 몰수)로 상징되는 피지배민중의 무장해제 양상과 모순되지 않는다는 점에서 사실을 반영하는 견해이기도 했다.

　그러나 동시에 그러한 관점은 영주제론을 핵심으로 한 봉건제론과 결부되어 있다. 일본을 아시아적이라고 말하는 경우에는 유럽 여러 사회에 대한 일본의 후진성이 강조되었지만, 영주제·봉건제의 체제론에 있어서는 일본만이 동아시아 여러 국가와 사회와는 이질적이었고 유럽 봉건제〔영주제 지배체제〕 같은 세계를 구축하고 있었다는 견해와 결부되어 있었다. 아시아적이란 정체성·후진성을 가리키는 말이며, '아시아적 생산양식론' 논의만큼은 아니라고 해도 영주제·봉건제를 전형적으로 실현했던 유럽과 비교해서 아시아적 봉건제의 억압성, 후진성이 논의되곤 했다.

　필자는 이전에 '교유성(教諭性) 강한 인정덕치(仁政德治)'를 '동아시아의 초지역적〔超域的〕 정치문화'로 지적했다. 이것은 현단계에서는 아직 직관적이기는 하지만 여러 분야에 걸친 연구사로부터 끌어낼

수 있는, 동아시아세계의 정치문화와 관계된 10항목 가량의 공통분모
적 특징 중 하나다. 이것들을 일단 열거해보면 다음과 같다.

① 한자와 지역의 문자를 혼교병용(混交倂用)한 의사전달

② 불교·유교·도교의 보편적 토속적 초월관념〔諸天·諸佛·諸神〕

③ 교유성 강한 인정덕치의 정도론(政道論)

④ 노장(老莊)에서 유래한 심법(心法) 존중

⑤ 관료제(영주관료화)왕조(국가)와 대비되는 '백성'이라는 '국
민' 신분의 설정

⑥ 균전평균의 평등주의적 백성안민론

⑦ 오상자애공과(五常慈愛功過)의 윤리론

⑧ 부귀여경(富貴餘慶)(고복격양형鼓腹擊壤型)의 지복론(至福論)

⑨ 사농공상의 양민과 구별되는 천민 신분의 설정

⑩ 태평무사의 평화론

⑪ 화이사대(華夷事大)의 신분제적 국제관계론[17]


후까야의 이러한 주장은 탈아적 일본'근세사'상(像)으로부터의
탈각을 목표로 하는 시도라는 점에서 매우 흥미롭다. 다만 여기서
제시된 공통항에 관해서는 의문스러운 부분도 많다. 정치문화의 비
교만이 아니라 '인정덕치'를 떠받친 제도적인 면(과거제도는 그것
의 핵심적인 부분이다)까지 포함할 경우 일본의 자리매김이 역시
문제가 될 것이며 신분제의 존재양태도 동아시아 삼국 간에 큰 차이
가 있었다고 보지 않을 수 없다.[18] 더욱이 유교적 통치의 가장 핵심
이 되는 '예치'와 관련해서도 일본은 그것을 수용하지 않았는데, 그

역시 정치문화 비교에서 불가결의 문제일 것이다. 따라서 앞으로 다양한 논의를 진척시킬 필요가 있을 터인데, 탈아적 '근세사'상을 비판하는 그 문제의식은 이 글과 근본적으로 통하는 면이 있다.


## 4. 일본의 출구를 찾아서

현재의 일본은 경제적으로는 '앞서가지만'(그 역시 상당히 의심스러워졌지만) 정치적으로도 사회적으로도 주변 국가들에 뒤처지고 있다. 아직까지도 군주제가 존재할 뿐 아니라 여성 천황을 인정할지 말지라는, 나에게는 만화적이라고밖에 보이지 않는 논의가 이뤄지고 있다. 사회적으로 보아도 한국에서는 2008년부터 호적(그것은 적어도 고려시대 이래 천년 이상 지속되어온 것이다)이 폐지되고 가족관계등록부로 전환되었다. 그에 반해 일본에서는 남녀별성(男女別姓) 논의조차 여전히 답보상태에 있다.

이러한 현상은 처음에 언급한 일본의 주변화의 발로라고 할 수 있는데, 나는 주변화 자체가 문제라고는 보지 않는다. 주변화라는 미래에 정면으로 마주하지 않고 종래대로의 중심주의 패러다임에 안주하고 있는 것이야말로 문제이다. 21세기에 일본이 동아시아에서 어떠한 관계를 구축할 것인가의 선택은 차치하고라도, 한국·북조선·중국, 더 나아가서는 베트남 등 여러 나라와 깊은 관계를 맺어야 할 것은 자명하다. 그때에 이들 국가가 유교모델을 수용한 역사적 경험을 가지고 있다는 것, 또한 현재에도 그 역사적 경험이 의미를 가질 수 있음을 인식하는 것은 21세기 동아시아의 국제관계를 구상하는 데 있어 매우 중요한 과제라고 생각한다. 역사인식의 문제로서 '한일병합' 100년을 생각하는 오늘의 의미도 바로 여기에 있는 것이 아닐까.

〔번역: 김하림〕

제8장

# 한국사 인식의 함정

## 1. 한국사 연구자로서의 반성

　솔직히 고백하자면 2010년을 이렇게 맞으리라고는 생각지도 못했다. 1970년대 초 한국사 공부를 시작한 시점만 해도, 나는 일본의 한국침략 문제, 그것을 지탱했던 이른바 식민사관의 문제는 머지않아 극복될 것이라고 생각했다. 내가 근대사보다 조선시대 역사에 관심을 가지게 된 것도 그런 바람이 있었기 때문이다. 이후 40년 가까운 세월이 흘러서 일본도 한국도 많이 변했고, 양국간에는 매년 수백만명의 사람들이 왕래하게 되었다. 그럼에도 불구하고 역사인식 문제에서는 기본적으로 변화가 없는 이런 현실 속에 살고 있는 것이다. 따라서 한일'병합' 100년에 즈음하여, 여전히 한국과 일본에 관한 역사인식 문제를 논의하지 않으면 안되는 현실에 유감과 무력감을 갖고 있는 사람이 나 혼자만은 아닐 것이라고 생각한다. 왜 이렇게 되었을까?

'한국병합'을 어떻게 인식할 것인가 하는 문제가 지금도 더 논의되어야 하는 것은 '병합'을 옹호하거나 혹은 적극적으로 찬성했던 당시의 역사인식이 아직도 극복되지 않았다는 사실을 의미할 것이다. 또한 그러한 역사인식이 지금도 재생산되고 있기 때문이라 생각한다. 그렇다면 일본의 침략행위를 옹호 혹은 변호하는 보수적·국가주의적 역사연구와, 일본의 침략을 비판하는 진보적 역사연구라는 구도로는 이러한 역사인식의 재생산 문제를 충분히 파악할 수 없는 것은 아닐까?

이러한 의문을 전제로, 이 글에서는 먼저 일본과 한국을 둘러싼 역사인식의 역사를 개략적으로 되짚어본 다음 최근의 역사인식 문제를 둘러싼 논의, 특히 이른바 진보적 역사연구자로 간주되는 이들의 논의에도 이전의 역사인식이 재생산되고 있는 면이 있는 것은 아닌지 논해보고자 한다.


## 2. 역사인식 문제로서의 '한국병합'

'한국병합'을 어떻게 인식할 것인가라는 문제는 일본사 전체의 인식과 밀접한 관련이 있는 문제라고 나는 생각한다. 즉 그것은 단순히 일본 근현대사의 문제일 뿐만 아니라, 일본사 전체에 대한 인

식과 불가분의 관계에 있다는 말이다. 따라서 '병합'에 대한 인식을
바꾸기 위해서는 일본사 전체에 대한 근본적인 인식의 전환이 필요
하다. 하나의 사례를 들어보자.

'병합'한 지 2개월 정도 지난 1910년 11월 3일자로 『역사지리(歷
史地理)』라는 잡지의 임시증간호 『조선호(朝鮮號)』가 간행되었다(이
잡지에 대해서는 이 책 7장에도 나오는 『시소오』 특집호에서 이성
시李成市가 자세하게 소개하고 있다). 『역사지리』라는 잡지는 1899
년 키따 사다끼찌(喜田貞吉)를 중심으로 만들어진 '일본사지리연구
회'(이후 '일본역사지리학회'로 개칭)의 기관지로, '병합'을 기념하여 임
시증간호를 발행한 것이다. 그 발간사에는 '병합'이 국사(일본사)
2600년의 정화(精華)의 발견이며 천세의 쾌사(快事)임을 기념하여,
독자와 함께 일본 국운의 융성을 구가하기 위한 목적으로 간행된 사
실이 기록되어 있다.

이 잡지에는 모두 22명의 글이 실려 있는데, 당시 일본의 대표적
인 역사연구자들의 이름이 등장한다. 게재 순서대로 소개하면 호시
노 히사시(星野恒), 쯔보이 쿠메조오(坪井九馬三), 쿠메 쿠니따께, 세
끼노 타다시(關野貞), 요시다 토오고(吉田東伍), 키따 사다끼찌, 나까
미찌요(那珂通世), 쿠로이따 카쯔미(黑板勝美), 미우라 히로유끼(三浦
周行), 오까베 세이이찌(岡部精一, 당시 이 잡지의 편집자였다), 타나까 요
시나리(田中義成), 이마니시 류우(今西龍), 쯔지 젠노스께(辻善之助)
등 13명이었으며, 발행자의 말에 따르면, 질병 등의 이유로 기고를
하지 않은 시게노 야스쯔구(重野安繹), 미까미 산지(三上參次), 시라
또리 쿠라끼찌(白鳥庫吉) 세명을 제외한 당시 저명한 역사연구자를

총망라한 집필진이었다. 즉 일본 역사학계가 일제히 '병합'을 축하한 자리였는데, 내가 주목하고자 하는 것은 당시 그들의 주장이 아니라, 거기 등장하는 이름의 연구자들이 전후 일본 학계에서 어떤 식으로 평가받고 있는가 하는 점이다.

2003년에 간행된 나가하라 케이지(永原慶二)의 『20세기 일본의 역사학』(二十世紀日本の歷史學, 東京: 吉川弘文館)이라는 책이 있다. 제목이 나타내는 바와 같이, 20세기 일본 역사학에 관한 사학사(史學史)이며, 저자 나가하라는 전후 일본의 대표적인 '중세사' 연구자이다. 이 책에는 많은 역사연구자가 소개되고 있는데, 앞서 기술한『조선호』에 보이는 13명 중에서 오까베 세이이찌와 이마니시 류우를 제외한 11명이 등장하며, 또 이들 11명의 연구가 모두 높게 평가받고 있다.

예를 들면 '일선동조론(日鮮同祖論)'을 주장하고 '병합'을 고대관계로의 복귀라 하여 일본의 지배를 찬미한 키따 사다끼찌에 관해서, 이 책에서는 '일선동조론'에 대해서는 아무런 언급을 하지 않은 채 다만 피차별부락의 역사에 처음으로 주목한 연구자로서 키따를 높이 평가한다. 또 키따보다 앞서서 '일선동조론'적인 견해를 처음으로 제기한 호시노나 호시노와 마찬가지로 최초의 토오꾜오대학 국사과 교수가 된 쿠메, 토오꾜오대학 자료편찬소 초대 소장 쯔지 등은 실증주의 사학자로서, 황국사관적인 입장에 비판적이었던 측면이 강조되었다.

이러한 나가하라의 견해는 일본사 연구자로서의 측면에서 각각의 인물들을 평가한 것으로, '병합'에 대한 태도라든지 그 기저에 있는 한국사 이해의 문제 등을 완전히 도외시한 것이다. 물론 나는 '병합'을 축하하는 문장을 썼다고 해서, 그들의 연구가 의미가 없었다고 주장할 생각은 없다. 그러나 주로 일본사에 관한 연구와 한국사 이해나 일본의 한국침략을 인정하는 그들의 입장을 완전히 분리해서 전자의 측면만을 높게 평가하는 방법에 대해서는 동의할 수 없다.

소위 '전후역사학'의 대표적 연구자 중 한 사람인 나가하라의 예가 보여주는 바와 같이 '전후역사학'은 황국사관 비판이라는 면에서는 성과를 거두었지만 한국사 인식에서는 전전(戰前)의 생각을 극복하지 못했다고 할 수 있는데, '전후역사학' 이후의 역사학에 있어서는 어떠할까. 다음 절에서 이 문제를 검토해보겠다.


## 3. '전후역사학' 이후의 일본 '중세사' 연구

일본에서 '전후역사학' 이후의 역사연구가 일본사 연구에 다양한 새로운 국면을 연 것은 특기할 만하지만, 그럼에도 불구하고 한국사 인식의 면에서 상당히 불충분하다는 점에 대해서 나는 지금까지 몇 편의 논고에서 언급한 바 있다. 즉 '전후역사학' 이후의 역사연구에서 큰 영향력을 가진 아미노 요시히꼬, 야스마루 요시오, 니시까와 나가오의 연구나, 나리따 류우이찌(成田龍一) 등이 중심이 되어 간행된 『씨리즈 일본근현대사』(シリーズ日本近現代史 1~10, 東京: 岩波書店 2006~10)에 대한 비판이 그것인데,[1] 여기서는 '전후역사학' 이후의 일본사 연구에서 큰 성과를 거둔 것으로 평가되는 '중세' 국제관계

사에 관한 연구를 다루고자 한다. 이 분야는 주지하는 바와 같이 국가의 틀을 전제로 한 역사연구에 대한 비판이라는 최근의 연구동향을 선취한 것으로 평가받는 분야임과 동시에, 한국사와도 밀접한 관계를 갖는 분야라는 점이 여기에서 다루고자 하는 이유이다.

일본 '중세'의 국제관계와 그것을 전제로 한 '중세' 역사상(歷史像)의 재검토에 관하여 가장 정력적으로 연구를 추진해온 연구자가 무라이 쇼오스께(村井章介)라는 점은 대부분 인정하는 바일 것이다.[2] 무라이의 연구는 다방면에 걸쳐 있지만, 그중에서 가장 핵심적인 부분은 '근세'나 근대 이후와 달리 '중세'에는 국가라는 것이 분명한 국경을 갖고 있지 않았으며, 중심에서 벗어난 주변부·경계부에는 특정 국가에 귀속의식을 갖지 않는 경계인(境界人)이 광범위하게 존재했다는 점을 구체적으로 밝힌 점이다. 또, 그와 동시에 중앙정부의 움직임도 이러한 주변부의 움직임과 그 건너편에 있는 한국·중국 등의 동향과 깊게 결부되어 있었다는 점을 명백히 밝힌 것이라고 할 수 있다. 특히 한국사와 관련해서는, 왜구 문제를 중시하면서 그들이 경계인적 성격을 갖는 존재이며, 일본인인지 한국인인지 국적을 따지는 일은 의미 없는 것으로 파악하고 있다는 점 등이 일본의 일부 연구자와 한국의 학계로부터 비판받아왔다. 다음에 소개할 무라이의 발언은 이러한 본인의 연구가 한국 학계에서 충분히 이해되지 못하고 있다는 점에 대한 무라이의 초조함을 여실히 보여준다.

역시 국가라는 것에 대한 인식이 180도 다르다는 생각이 드네요.

우리는 역사연구를 할 경우, 국가적인 발상의 질곡을 항상 강하게 의식해서, 가능한 한 그런 것을 상대화한 시점에서 역사를 알고 싶다고 여기죠. 그렇게 되면, 국경을 초월한 지역을 고려하는 것은 상당히 적극적인 행위라고 생각하고 있는데, 그 결과를 한국에 물어보면 도무지 그들은 국가라는 것을, 역사연구에 대한 질곡으로서 상대화해야 하는 것이 아니라 오히려 실현시켜야 하는 것이라고 보고 있어요. 국가가 국제사회에서 마땅한 지위를 점유해가기 위해서 역사학이 얼마나 도움이 될 것인가라는, 그러한 발상에서 생각하고 있는 셈이죠. 그렇게 되면, 국가 따위는 애매한 것으로, 조선과 일본 사이에서 사람이 자유롭게 왕래하고 있는 역사상은 오히려 한국의 통일체로서의 통합을 위험스럽게 하는, 극단적으로 말하면 어떤 의미에서는 일본의 침략을 합리화하는 것이라는 그러한 반발조차 가끔 있다고나 할까요? 서로 친숙하게 교류하면서 나아가자는 단계까지는 모두 이론(異論)이 없지만, 역사인식 본연의 자세까지 아울러 생각해보면, 아무래도 바로 그런 점이 문제시된다는 느낌이 드는군요.[3]

이 인용문은 역사학연구회 창립 70년을 맞이하여 기획된 토론회에서의 발언으로, 무라이의 본심이 잘 드러나 있다. 국가의 상대화를 강조하는 무라이가 '우리'(일본 연구자)와 '그들'(한국 연구자)이라는 식으로 대비하는 것 자체가 모순이라 여겨지지만, 그 점에 대해서는 여기서 논하지 않으려 한다. 실제로 무라이의 연구에 대하여 한국의 수많은 연구자가 비판적이지만, '일본인' 한국사 연구자로서 나 자신도 무라이의 주장에는 많은 문제점이 내포되어 있다고 생각한다. 내가 의문스럽게 여기는 점은 다음과 같다.

우선, 첫번째로 지적하고 싶은 것은 일본과 한국의 관계에서 왜구 문제가 다른 문제와 관계 없이 거론되고 있다는 점이다. 무슨 말인가 하면 한국인의 뇌리에는 왜구라는 기억이 토요또미 히데요시의 침략(이것은 최대 규모의 왜구라는 성격을 갖는 것이었다) 및 근대의 침략·식민지지배의 역사와 연결되면서 삼자(三者)가 일체화되어 기억되고 있다는 점(이러한 삼자를 연결짓는 언설을 처음 만들어낸 사람은 근대 일본인이었다)에 무라이가 무관심한 듯 보인다는 것이다. 왜구의 긍정적인 면이랄까, 그렇게까지 말하지는 않더라도 왜구에게서 새로운 가능성을 이끌어내려고 하는 무라이의 주장을 대다수 한국인 연구자들이 경계의 눈으로 보는 최대 근거는 바로 여기에 있다고 생각한다.

두번째로 무라이의 연구에서 해명되지 않은 것으로서, 일본 국내 모순의 배출구가 어째서 왜구라는 상당히 폭력적인 형태로 한국을 향하게 되었는지의 문제를 지적할 수 있다. 그리고 이 또한 왜구 문제뿐만 아니라 히데요시의 침략이나 근대의 침략 문제와도 밀접하게 연관되어 있다. 왜 일본은 국내에서 모순이 발생하면 그 해결수단으로 한국침략을 반복해온 것일까? 이 문제는 무라이의 왜구 연구에서 해명되지 않았을 뿐만 아니라, 히데요시나 근대 침략의 경우도 해명은 물론 충분한 반성도 이루어지지 않은 것이 현실이다. 왜구 문제에 입각해서 말하자면, 왜구와 함께 경계적인 존재로서 무라이도 주목하는 류우뀨우(현재 오끼나와)나 북방세계의 경우와 비교하더라도 왜구의 폭력적 측면은 두드러진다고 말할 수 있는데, 이러한 측면을 경시한 채 경계인으로서 일괄적으로 이해하는 것은 납득할 수 없다.

세번째로 지적하고 싶은 것은 앞서 언급한 무라이의 발언이 나타 내는 것처럼 한국의 연구는 일본의 연구보다 뒤처져 있다는 의식의 문제이다. 즉, 일본인 연구자는 국민국가를 비판하려고 하는 데 비해 한국인 연구자는 여전히 국민국가라는 틀을 전제로 연구한다는 일본의 '선진의식'이 여기에 드러나 있다. 그런데 이러한 의식은 무라이뿐만 아니라 다른 연구자들도 상당히 공유하는 것이라 여겨진다. 무라이의 발언이 있었던 토론회에서 쿠리따 요시꼬(栗田禎子)가 무라이에게 '그것은 한국의 역사학이 뒤처졌기 때문일까?'라고 묻자 무라이는 대답하지 않고 대신에 쿠리따와 코따니 히로유끼(小谷汪之)가 한국에서는 통일에 의한 국민국가 건설이 최우선과제로 여겨지기 때문이 아닐까라는 생각을 피력한다. 그러나 나는 이 문제가 그 정도로 단순한 것이 아니라고 생각한다.

지금 한국에서 국가나 민족이라는 틀을 중시하는 담론이 지배적이고, 그것이 여러가지 문제를 일으키고 있는 것은 분명한 사실이다. 또한 최근 들어 한국 내에서도 민족주의 담론에 대한 비판이 제기되고 있는 것은 일본 학계에 소개된 대로이다.[4] 그리고 한국에서 민족주의 담론이 남북통일 문제와 깊게 연관되어 있는 점도 사실이지만, 한국에서 민족주의 담론의 뿌리는 실은 훨씬 깊은 곳에 있다고 생각된다. 나의 견해로는 지금의 한국사회나 과거 조선시대 이후의 사회나, 이 사회에서는 민족이나 국가라는 틀로 결속하려는 구심력보다 그것을 벗어나려는 원심력이 강하게 작용해왔다. 또한 이런 것이 현재 한국에서 민족주의 담론이 특히 소리 높게 주장되는 배경이라고 생각한다. 하지만 이런 점이 일본에서는 전혀 인식되지 않고 있다. 여기서는 조선시대의 민족 혹은 국가의 틀에 관한 특징적인 측면 중 극히 일부분만을 소개하고자 한다.

한국에 3천여개 정도 존재한다고 일컬어지는 부계혈연집단 중, 경주 설(偰)씨, 즉 경주를 본관(선조의 출신지)으로 하는 설씨 일족이 있다. 설문질(偰文質)이라는 인물이 이 일족의 시조인데, 그는 위구르족 출신으로, 그 손자에 해당하는 손(遜)이 고려에 건너왔다고 한다. 손은 고려에서 중용되었을 뿐만 아니라 그 자손들 중 여럿이 고려말기부터 조선초기에 걸쳐 문과에 급제하였다. 손의 아들 장수(長壽)도 그중 한명으로, 건국한 지 얼마 되지 않은 명나라와의 교섭임무를 수행하였다. 또한 손의 손자이자 장수의 조카에 해당하는 순(循)이라는 인물도 세종 때 중신으로, 집현관 부제학의 지위에 봉해졌을 뿐만 아니라 훈민정음 창제에도 참여하고 『삼강행실도(三綱行實圖)』 편찬을 주도하였다. 순의 이러한 행적은 그가 위구르족 출신이라는 점과 분리해서 생각할 수 없는 것이다. 즉, 한글 창제와 관련해서는 위구르문자와 파스파(八思巴)문자 등의 표음문자에 관한 그의 지식이 큰 의미를 가졌을 것이라는 점, 『삼강행실도』 같은 도판이 들어간 서적은 몽골 치하 원왕조 때 대량으로 출판된 것이라는 점 등이 그런 점을 여실히 보여주고 있다.[5]

이 일족의 사례를 여기서 거론한 것은 한국의 부계혈연집단 중에는 경주 설씨처럼 시조가 한반도 이외 지역 출신인 사례를 다수 발견할 수 있기 때문이다. 이러한 집단을 한국에서는 '귀화씨족'으로

부르는데, 한국 전체 인구의 20~25%가 귀화씨족으로 구성되어 있을 뿐만 아니라, 그중에는 연안(延安) 이씨, 남양(南陽) 홍씨, 청주(淸州) 한씨 등 조선시대에 다수의 문과급제자를 배출한 부계혈연집단으로 상위 10위 이내에 들어가는 일족도 포함되어 있다. 또 '귀화씨족'의 가장 새로운 사례로는 임진왜란 때에 조선에 항복한 일본 병사 사야까(沙也可)를 시조로 하는 사성(賜姓) 김해(金海) 김씨나, 마찬가지로 임진왜란에 참전한 명나라 장병을 시조로 하는 집단(이들은 황조유민皇朝遺民이나 황명유민皇明遺民으로 불렸다) 등이 있다. 즉 그들은 지금도 그러한 '귀화' 사실을 감추지 않고 자신들의 아이덴티티로 삼고 있는 것이다.

한국으로 들어온 사람들이 존재했던 반면 나간 사람들도 물론 다수 존재하였다. 이노우에 야스시(井上靖)의 소설 『바람과 파도(風濤)』에도 묘사되어 있듯이, 원나라가 고려를 공격했을 때 그 선두에 섰던 사람은 고려유민이다. 또 청나라 군사력의 중핵을 구성한 만주 팔기(滿洲八旗)에도 대량의 '고려인'이 포함되어 있었다.[6]

이러한 역사를 가진 한국에서 국가라든지 민족이라든지 하는 것은 결코 확고한 틀이 될 수 없으며, 지금도 그 국가의 틀에서 빠져나오려고 하는 다수의 사람들이 존재하고 있다. 그에 비해 일본은 어떠한가? 일본에도 외부에서 일본열도로 건너온 사람들의 자손이 다수 존재한다는 것은 분명한 사실이다. 그러나 이 나라는 그런 사실을 은폐하고 흔적을 말소해온 역사를 지니고 있다. 마찬가지로 해외에 나간 사람들의 존재도 말소해왔다는 사실은, 이전에는 앞에서 언급한 사야까 같은 항왜의 존재를 무시했던 것부터 근래에는 중국잔

류일본인(고아와 여성) 문제에 이르기까지 많은 사례에서 확인할
수 있다. 일본의 역사학계가 이러한 문제에 거의 관심을 가지지 않
았던 것은 국가와 민족의 상대화라는 담론의 내용에 깊이가 없었다
는 것을 의미하는 것은 아닐까.


## 4. 새로운 일본 '중세사상'을 위한 제언


이상과 같이 무라이의 주장에는 여러가지 의문을 가질 수 있지만,
단순한 비판에 머무르지 않고 건설적인 논의를 하기 위해서는 무라
이의 '중세사상'과는 다른 역사상을 대안으로 제시할 필요가 있겠
다. 무라이의 연구가 종래 일본'중세사' 연구의 좁은 시야를 비판하
고 동아시아 속의 일본 '중세'란 시각을 확립한 점은 분명한 사실이
다. 하지만 그럼에도 불구하고 그의 일본'중세사상'이 종래의 것을
획기적으로 바꾸었다고는 볼 수 없는 면이 분명히 존재한다.

이 문제를 생각할 때 상당히 시사적이라고 생각되는 것은『역사
평론(歷史評論)』1986년 9월호에 게재된 무라이와 이루마다 노부오
(入間田宣夫)의 대담이다. 이 대담은 그 전년에 간행된『강좌 일본역
사』의 '중세1, 2'(歷史學硏究會·日本史硏究會 編, 東京大學出版會)에 수록된
무라이와 이루마다의 논문을 소재로 '새로운 중세국가상을 모색하
다'라는 제목으로 이루어진 것이다. 내 생각을 먼저 말하자면, 이 대
담에서 이루마다가 제시하는 방향으로 '중세사' 연구가 진척되었어
야 하는데 그렇게 되지 못했다는 것, 그로 인해 무라이의 '중세사상'

이 종래의 틀을 깨트릴 수 없었다는 것, 두가지로 요약할 수 있다.

이 대담에서 이루마다와 무라이의 견해가 가장 크게 구분되는 것은 중국적인 지배를 어떤 식으로 평가할 것인가에 대해서이다. 이루마다의 생각은 다음 발언에 잘 나타나 있다.

평가되어야 하는 것은 율령국가 배후에 있는 중국의 관료제나 덕치주의이기 때문에, 바로 그것이 전근대사회가 가질 수 있는 최상의 통치형태였다는 것이 저의 생각입니다. 약간 과장되게 표현한 느낌이 들기는 합니다만 그 동심원구조의 대전제에 관해서입니다.(무라이가 주장하는 '중세'의 경계인식에서의 동심원구조에 관한 것. 이에 대해서는 이후에 다시 논하겠다.) 중국이라는 대문명의 주변에 있는 섬나라의 독자적인, 이상하리만큼의 중앙지향성이라고 할까, 선진문명에 대한 민감함이라고나 할까, 그것이 민족의식의 미숙함과 어떤 관련성이 있을까 하는 문제를 묻고 싶습니다. 예를 들어『백성신상과 기청문의 세계』(百姓申狀と起請文の世界, 1986년 아제꾸라쇼보오校倉書房에서 간행된 이루마다의 저서)는 선진중국에서의 역사적 성취, 엄격한 계급투쟁 속에서 생겨난 덕치주의 이데올로기를 수용하지 않고서는 있을 수 없는 것이었다고 생각하며, 덧붙여 말하자면, 일본의 중세 그 자체마저도 중국문명의 섭취 없이는 불가능했다고 생각합니다. 서약문〔起請文〕 등을 보아도 천축(天竺)·진단(震旦)의 신들 다음에 일본의 신들이 오는 구조로 되어 있습니다.[7]

이처럼 중국의 국가체제와 그것을 창출해낸 민중투쟁의 역사적 성취를 이루마다는 높게 평가하며, 일본의 '중세'도 그 영향 없이는 존재할 수 없었다고 파악하고 있는데, 무라이는 이러한 이루마다의 이해에 회의적이다.

일본 막부정권의 부정적인 면을 강조하는 반면 이른바 동아시아의 상식＝문관 우위의 중앙집권적 관료제를 매우 높게 평가하고 있지만, 과연 그것이 타당할까요?

예를 들면, 12세기 말에 고려에서 무신정권이 성립합니다만, 그것이 일본과 달리 오랫동안 지속되지 못했던 이유는 몽골의 거대한 외압과 그들과 내통한 국내 문인파의 결탁 때문이었다고 생각합니다. 이처럼 고려의 무인정권이 갖고 있던 역사적 가능성이 상당히 굴곡된 형태로 부정될 수밖에 없었다는 사실과, '문(文)'을 높게 평가한다는 것 사이에 어긋나는 점은 없는 것일까요?[8]

중국의 극도로 발달된 중앙집권적인 관료기구, 호수(戶數) 하나하나까지 파악하는 지배체제가 정말 전근대의 최고 형태라고 단정할 수 있는 것일까요? 그것과 관련된다고 생각합니다만, 현재 사회사(社會史) 연구가 왕성해진 원인 중 하나로 일본 중세사회의 흥미로움이랄까, 완벽하게 관리되는 현재의 사회와는 다른, 어떤 의미로는 야만적이지만 자유로운 성격을 가진 데에 관심이 집중되는 부분이 있다고 생각합니다.[9]

이러한 무라이의 발언은 우선 사실인식에서도 오류를 내포하고

있다. '호수 하나하나까지 파악하는 지배체제'라고 했지만, 중국에
서나 조선에서나 극히 예외적인 시기(예를 들면 명대 초기)를 제외
하면 그것은 이념일 뿐, 실제로는 훨씬 더 대략적인 호(戶)와 인구
파악이 이루어졌다는 것이 실상이다. 더욱이 그것은 지배체제의 이
완에 의한 것이 아니며, 처음부터 그렇게까지 엄격히 파악하고자 하
지 않았던 것이다. 송대 이후 중국이나 조선시대의 정부는 작은 국
가이며, 과거관료의 수는 중국에서는 수천명, 조선에서는 수백명 정
도로, 이러한 관료제에 의해 사회 구석구석까지 파악하는 것은 불가
능한 일이었다. 말을 좀 바꾸어보면, 이러한 작은 정부기구로도 지
배할 수 있는 체제가 만들어졌다고 하겠다.

　고려의 무신정권에 대한 무라이의 평가도 의문이다. 얼핏 보면 무
신정권의 역사적 가능성을 인정하는 발언이지만, 이것은 사실 일본
사적 발상이 아닐까? 조선왕조를 세운 이성계(李成桂)는 무인으로
서 새 왕조를 세웠지만, 건국 후에는 무인으로서의 자신을 부정하고
'문'에 의한 지배체제 수립을 지향하였다. 따라서 문제로 삼아야 할
것은 고려의 무신정권 붕괴의 원인이 아니라, 일본에서는 왜 역대
무사정권이 정권장악 이후에 '무'로서의 자신을 부정함으로써 '문'
이 지배하는 체제가 생기는 일이 없었는가 하는 것이다. 이러한 무
라이의 '무'에 대한 인식과는 반대 입장에서 이루마다는 다음과 같
이 언급한다.

　무사＝지주라는, 즉 토지소유자라는 측면에 대해서는 전후역사학
이 지속적으로 밝히고 있는데, 그 토지소유를 보장하는 상부구조 등

에 대한 연구는 있지만 그들이 폭력을 행사하는 사람이었다는, 직(職)의 체계로는 설명할 수 없는 측면에 대해서는 연구가 이루어지지 않았다고 생각합니다. 전세계적으로 공통되는 지주로서의 무사에 대한 연구는 해왔지만, 그들이 다름아닌 '살인자'집단이었다는 점, 그리고 그들이 민중에게 어떠한 존재였던가 하는 점을 독자적으로 추궁하지는 않았다고 생각합니다. 전후역사학의 입장이라는 것은, 무사가 무력을 갖는 것은 당연한 것으로, 토지소유만 설명해도 괜찮다고 하는 상당히 낙천적인 부분이 있었습니다. 토지소유의 측면으로는 설명할 수 없는 그들의 폭력문제를 백성 입장에서 재조명하는 것은 현대적 관심에서 보더라도 중요한 문제가 아닐까요?[10]

무인 또는 전사 집단이 사회적으로 돌출되어 일반서민으로부터 동떨어진 성(城)을 만든 것은 일본과 영국·프랑스 등 유럽뿐이라는 것을 키무라 쇼오사부로오(木村尚三郎)씨가 지적하셨습니다. 키무라씨는 그것을 진보의 증거로 삼지만, 아마 그렇지는 않을 거예요. 유라시아 대륙의 동단과 서단에서 발생한 전사집단의 돌출이라는 현상은 오히려 후진(後進)의 증거가 아니었을까요?

예를 들면, 조선사의 이노우에 히데오(井上秀雄)씨의 말씀으로는 중국도 그렇지만 조선 산성(山城)의 경우, 성이라는 것은 주민까지 포함하여 둘러싼 도시지요. 콘스탄티노폴리스(Constantinopolis)의 경우도 터키를 상대로 100년 이상이나 전쟁을 하고 있었던 셈입니다만, 군대는 주민과 일체가 되어 싸우고 있어요. 일본처럼 주민을 무시하는 방법으로 축성이나 전쟁을 하지 않지요. 그런 만큼 일본이나 유럽

은 야만적이었다는 것입니다.[11]

이렇듯 '무'의 긍정적 측면을 보려는 무라이와 '무'의 돌출을 후진성의 표출로 보는 이루마다의 견해는 뚜렷한 대칭을 이루고 있는데, 무라이의 '무'에 대한 이러한 견해가 왜구의 폭력적 측면에 대한 경시와 연결됨과 동시에, 결국은 종래 일본'중세사상'의 극복을 곤란하게 만들고 있는 것은 아닐까.

무라이와 이루마다의 이상과 같은 차이와 관련해서 또 하나 중요한 점은 동아시아세계에서 일본의 위치를 어떻게 이해하는가의 문제이다. 무라이의 연구에서 높게 평가받는 부분의 하나로 '중세'에는 '케가레(ケガレ, 더러움)'라는 관념에 입각한 영역관이 지배적이었다는 점을 밝히고, 그와 동시에 일본의 경계로 관념화되는 '사지(四至, 사방의 경계)'가 시대에 따라, 또는 문헌에 따라 어떻게 달라지는지를 밝힘으로써 '일본'이라는 영역이 결코 고정된 것이 아니었음을 명백히 한 점을 들 수 있다. 그리고 그의 연구는 이러한 영역관념이 왜구라는 경계적 존재의 문제와 밀접하게 연관되어 있다는 점을 강조한다.

중심-주변-경계-이역(異域)이라는 동심원구조로 이루어지는 영역관을 명백히 밝힌 무라이에게, 예를 들면 13세기 이후의 구조는 쿄오또와 카마꾸라라는 2개의 중심을 갖는 타원형 모델로 그려진다. 여기서 특징적인 것은 무라이의 경우 중심이 일본열도 내부에 놓이게 되는 데 비해 이루마다의 경우는 중심이 중국에 놓여, 일본열도는 그 주변에 위치하는 모델이 된다는 점이다. 양자의 이러한 차이는 경계부의 자리매김이라는 측면에서 결정적으로 나타난다. 즉 이루마다 모델에서는 일본의 주변이라든지 경계가 되는 부분이 오히려 중국이라는 중심에서는 가깝다는 측면이 중시되는데, 무라이 모델에서는 이러한 측면이 무시 내지는 경시되지 않을 수 없는 것이다. 왜구라는 경계인적 성격을 강조하고 거기서 새로운 역사의 가능성을 찾으려는 무라이에게 있어, 그 가능성이 과연 무엇일까 하는 점이 결국 명료하지 못한 것도 이러한 문제에서 비롯하는 것은 아닐까.

이러한 모델에서 또 하나 문제가 되는 것은 일본의 중심부에 관한 것이다. 무라이 모델에서는 주변이나 경계에 관심이 집중되어 있어서 중심 자체는 그다지 문제가 되지 않으며, 오히려 중심의 존재를 강화하게 될지도 모른다는 비판도 있는 듯하다. 하지만 이루마다 같이 중심을 중국에 두게 되면, 일본의 중심은 주변부에서의 중심이 될 것이다. 이 경우 일본의 중심 자체가 그다지 강한 구심력을 가질 수 없게 되는데, 나는 이러한 이해방식이 실태에 가까운 것이 아닌가 생각한다.

앞서 소개한 고려말기부터 조선시대 초기에 활약한 설씨의 존재 등은 한국의 중심 자체가 주변적 존재였음을 단적으로 보여주는데, 일본과 중국 사이의 선승(禪僧)의 활발한 왕래 등에서 보듯 일본의 경우도 동일한 점을 다수 가지고 있었던 것은 아닐까? 즉 일본이나 한국 같은 주변부에서는 각자의 중심 자체가 강한 구심력을 갖기 곤란하며, 그것이 오히려 새로운 역사를 개척할 가능성을 창출한다고 볼 수 있을 것이다. 고려에서 조선으로의 왕조교체에 있어 고려에 대한 원나라의 지배, 그에 따른 많은 사람들의 왕래, 원나라에 장기 체재하면서 주자학을 배운 고려 지식인의 존재 등은 결정적인 의미를 갖는다. 주자학을 이념으로 한 국가체제의 건설이라는 조선왕조의 선진모델 수용도 그런 가운데 가능해진 것이었다. 그에 비해 일본은 어떠했는가? 사람들의 활발한 왕래에도 불구하고 일본에서는 왜 조선과 같은 사태가 발생하지 않았던가? 이러한 의문을 제기함으로써 종래의 '중세사상'과는 다른, 별개의 가능성을 모색하는 것은 현재 일본에서도 중요한 의미를 가질 수 있을 것이다.

그밖에 무라이는 그 동심원구조에 대하여, 이따가끼 유우조오(板垣雄三)의 저명한 지역론을 원용했다고 분명히 밝히고 있는데,[12] 양자의 지역론은 비슷하면서도 서로 다른 것으로 여겨지는 점 등 논의하고 싶은 사항이 남아 있지만 이 글에서는 지면관계상 생략할 수밖에 없을 듯하다.


## 5. 글을 마치며

이 글을 쓰면서 나는 정말 우울하기 그지없었다. 왜냐하면, 최근 발표한 다른 논고와 마찬가지로 이 글도 다른 연구자의 연구를 비판하는 데 주안점을 둔 것이 돼버렸기 때문이다. 그리고 비판의 대상으로 삼은 연구자는 무라이를 비롯하여 모두 연구자로서의 자세는 나무랄 데 없는 사람들뿐이다. 다만 나로서는 일본 역사연구가 현실과 긴장관계를 가지면서 좀더 풍요로운 역사상을 표현하기 위해 필요하다고 생각하여 만용을 부려 비판적인 발언을 계속하고 있는바, 이 점 너그럽게 용서해주기를 바라마지 않는다. 여하튼 이런 작업은 정신건강상 바람직하지 않기에, 앞으로는 개인적 관심주제에 충실한 연구에 전념하고 싶을 뿐이다.

〔번역: 하영미〕

제9장

# '방법으로서의 동아시아'를 다시 생각한다

## 1.『역사평론』특집기획에 부쳐

나는 이전에「방법으로서의 동아시아—동아시아 3국에서의 근대로의 이행을 중심으로(方法としての東アジア—東アジア三國における近代への移行をめぐって)」라는 소논문을 기고한 바 있다(『歷史評論』弟412號, 1984). 그 논문에서는 동아시아지역의 근대이행에 관한 연구사를 세 시기로 나누어, 2차대전 이전의 '앞서간 일본, 뒤처진 아시아'라는 시각, 전쟁 이후로는 1960년대까지에 걸친 '앞서간 아시아, 뒤처진 일본'이라는 시각, 그리고 이후에는 이 시각을 극복하고 한국과 대만의 공업화와 중국의 개혁·개방정책의 진전에 입각한 새로운 시각에서 동아시아를 파악하여 그 안에서 일본의 근대이행 문제를 재검토해야 한다고 주장했다.

논문을 발표하고 벌써 4반세기가 지나면서 동아시아의 현실도, 역사학계도 다양한 변화를 경험했다. 특히 일본사회의 변화양상은 나의 예상을 훨씬 뛰어넘는 것으로, '이렇게나 맥없이 무너져내릴 줄이야' 싶은 생각마저 들 정도이다. 한편, 역사학계의 움직임에 대해서 말하자면, 일본의 '전후역사학'이 조용히 해체되는 가운데 역사학이라는 학문 자체의 근저가 의문시되는 상황에 이르게 되었다. 이렇게 많은 변화가 생겨났으나, 그럼에도 불구하고 '방법으로서의 동아시아'라는 시각은 여전히 유효할 뿐만 아니라, 도리어 더욱 그 필요성이 증가하고 있다고 나는 생각한다.

이전 논문을 발표했던 1984년은 '전후역사학'이 갈림길에 서 있던 시기로, 새로운 시각과 방법론의 모색이 시작되고 있었다. 나의 논문도 그러한 동향을 의식하면서 쓴 것으로 동아시아사의 입장에서 '전후역사학'을 비판하는 것이었는데, '전후역사학과 역사학의 현재'라는 주제의 이번 특집에서 집필의 기회를 얻었으므로 현 시점에서 '방법으로서의 동아시아'가 어떤 의미를 가질 수 있는지 논해보고자 한다. 특히 '전후역사학' 비판을 강하게 의식하면서 새로운 연구동향이 본격적으로 등장한 1990년대 이후의 역사학을 대상으로 논하고자 하는데, 전근대시기에 관한 연구의 문제점에 대해서는 이미 내 나름의 비판을 시도한 일이 있으므로,[1] 여기서는 근현대사 연구에 초점을 맞추고자 한다.

## 2.『씨리즈 일본근현대사』에 대해서

일본 근현대사 연구 전체에 대해서 논하는 것은 불가능하므로, 여기서는 최근의 연구경향을 잘 반영하고 있다고 생각되는『씨리즈 일본근현대사』1~10(岩波書店 2006~10)를 대상으로 하고자 한다. 이 씨리즈를 검토대상으로 선택한 것은 각권의 집필자가 현재 일본근현대사 연구에서 가장 활발한 연구활동을 하고 있는 사람들이라는 점과, 씨리즈 전체에서 포스트 전후역사학이라는 것을 강하게 의식하고 있기 때문이다. 또 (이와나미서점 홈페이지에 공개된 이 씨리즈의 광고문에서 보듯) 정치·경제·사회·문화의 흐름뿐만 아니라 가족과 군대, 식민지에도 눈을 돌리고 있다는 점이 강조되고, 동아시아와의 관계를 의식하고 있는 점도 내가 관심을 가진 요인이다.

포스트 전후역사학에 대해서 10권 마지막 부분에서 집필자의 한 사람인 나리따 류우이찌는 개략적으로 다음과 같이 언급하고 있다. 즉 나리따는 1945년 이후의 일본 역사학계를 1960년 무렵까지의 '전후역사학'단계, 60년대 이후의 '민중사 연구'단계, 90년대 이후의 '현대역사학'단계의 세 시기로 나누면서 제1기 근현대사에 관한 대표적 통사로 이노우에 키요시(井上淸)의『일본의 역사』(日本の歷史, 전3책, 岩波書店 1963~66)와 토오야마 시게끼(遠山茂樹)·이마이 세이이찌(今井精一)·후지와라 아끼라(藤原彰)의『쇼오와사』(昭和史, 岩波書店 구판 1955; 신판 1959)를, 제2기로 니시오까 토라노스께(西岡虎之助)·카노 마사나오(鹿野政直)의『일본근대사』(日本近代史, 筑摩書房

1971) 등을 들고 있다. 그리고 이 씨리즈는 제3기에 해당하는 '현대
역사학'단계의 근현대통사로 기획되었다는 점을 천명하고 있다.

내용 검토에 들어가기 전에 전체 구성을 소개해두고자 한다. 전
10권 가운데 1~9권은 각권을 한명의 집필자가 담당하고 시간의 흐
름에 따라서 구성되었으며, 마지막 10권은 각 집필자가 강조하고 싶
었던 점을 재차 언급함과 동시에 추천문헌을 제시하고 있다. 각권의
타이틀과 집필자는 다음과 같다.

| | |
|---|---|
| 1권 막말(幕末)·유신 | 이노우에 카쯔오(井上勝生) |
| 2권 민권과 헌법 | 마끼하라 노리오(牧原憲夫) |
| 3권 청일·러일전쟁 | 하라다 케이이찌(原田敬一) |
| 4권 타이쇼오 데모크라시 | 나리따 류우이찌(成田龍一) |
| 5권 만주사변에서 중일전쟁으로 | 카또오 요오꼬(加藤陽子) |
| 6권 아시아·태평양전쟁 | 요시다 유따까(吉田裕) |
| 7권 점령과 개혁 | 아메미야 쇼오이찌(雨宮昭一) |
| 8권 고도성장 | 타께다 하루히또(武田晴人) |
| 9권 포스트 전후사회 | 요시미 슌야(吉見俊哉) |
| 10권 일본의 근현대사를 | 이와나미서점 편집부 |
| 　　어떻게 볼 것인가 | |

또한 10권은 원래 계획대로라면 같은 제목으로 미야찌 마사또(宮
地正人)가 집필하기로 예고되어 있었는데, 어떤 사정인지 변경된 듯
하다. 미야찌는 『통사의 방법 — 이와나미 씨리즈일본근현대사 비

판』(通史の方法―岩波シリーズ日本近現代史批判, 東京: 名著出版 2010)이라는 책을 공간한 바 있어 그것이 씨리즈의 계획변경과 관계가 있다고 생각되지만, 미야찌의 이 저서는 한국에서 아직 입수할 수 없으므로 여기서는 더 언급하지 않기로 한다.

전체 구성은 이제까지와 같은 종류의 씨리즈들과 큰 차이는 없다. 다만 전후에 세권이 배정되어 있는 점, 또 그 세권의 집필자가 모두 사학과 출신이 아니라는 점이 현재 상황을 반영하고 있는지도 모르겠다. 물론 사학과 출신인지 아닌지가 중요한 것은 결코 아니며 학과에 집착할 의도는 전혀 없지만, 현대를 바라보는 역사학 고유의 방법의 불충분함, 혹은 역사학의 존재의의의 실추를 상징하는 현상이라고 한다면 지나친 말일까. 전후를 대상으로 한 세권의 내용이 각 집필자의 전문영역에 치우쳐 있어 전체를 조망하는 시선이 약하다는 인상을 금하기 어렵기 때문에, 복잡한 기분이 든다는 점을 고백해두고자 한다.


## 3. 국민국가론과 그 문제점

나리따는 앞서 소개했듯이 이 씨리즈를 '현대역사학' 단계의 근현대통사로 위치짓는데, 그러면 그 특징은 어디에 있는 것일까. 나리따는 다음과 같이 말한다.

『씨리즈 일본근현대사』에서는 미리 '일본'이나 '일본인'을 자명한 것으로 보지 않습니다. 막말·유신시기에 '일본'의 범위가 확정되지만, 그때의 '일본'과 대일본제국시기의 '일본'은 그 경계선이 다릅니다. 처음부터 '일본인'이 존재하고 있었던 것이 아니고, 때에 따라서 '일본인'이라고 불리는 사람들도 다르며, 그 경계선의 역학이 가진 역사성의 선명함이야말로 역사학의 문제라고, 현대역사학은 생각하는 것입니다.(10권 243면)

나아가서 나리따는 '통사'라는 방식에서 '통(通)'의 근거에 대해서도 언급한다.

전후역사학과 민중사 연구의 '통'이란 국민화(國民化)였습니다. 거기에서는 국가와 자본주의에 의한 '국민' 형성을 그려왔습니다. '국가'가 인정하는 행위와 국가적 가치에 대해서 비판하고, '국가'의 역사에 맞서는 '국민'에 입각한 당위의 역사상을 탐색하려고 했던 것입니다.

그러나 1990년 무렵부터 국가와 국민의 상관관계로 눈을 돌려, 국민을 축으로 하는 역사상에 대한 비판이 나오게 되었습니다. 국민화를 '통'으로 하는 역사인식과 서술이 의문시되었던 것입니다. 이것은 '국민국가'에 대한 비판이기도 하고, 역사학과 국민국가의 관계를 묻는 일이기도 했습니다.

이를 다른 방식으로 말하자면, 21세기의 현재는 국민화를 대신할 별도의 '통'이 설정되게 됩니다. 이『씨리즈 일본근현대사』에서는 '통'으로서 '군대' '국가' '식민지'와 같은 다른 차원의 '통'을 설정하였습니다.

(…)『씨리즈 일본근현대사』에서 '가족' '군대' '식민지'를 '통'으로 한 것은 '지금' 이 세가지가 각각 문제가 되고, 해결이 요청되고 있다는 점을 출발점으로 삼기 때문입니다. '군대' '가족' '식민지'는 근대가 만들어낸 것임과 동시에, 각각 현대사회를 내부 깊은 곳에서부터 규정하고 있습니다. 또 이러한 것들을 통해서 19세기 후반부터 20세기를 지나 지금에 이르는 역사를 보았을 때, '일본'의 역사성과 '지금'의 과제가 분명해질 것이라고 생각했던 것입니다.(10권 250~52면)


즉 최근 근현대사 연구에서 가장 큰 영향력을 가지고 있는 국민국가론(엄밀하게는 국민국가 비판론이라고 해야겠지만)을 기본적 틀로 근현대통사를 서술할 것을 선명(宣明)하고 있다. 따라서 이 씨리즈 전체를 평가할 경우 나리따가 언급하는 기획의도 자체에 대한 평가와, 그러한 씨리즈의 의도가 각권의 집필자에게 얼마나 관철되고 있는가라는 두가지 면에서 검토할 필요가 있다. 여기에서는 서술순서상 먼저 후자부터 검토하도록 하자.

국민국가론에 입각한 서술이 전형적으로 나타나는 것은 2권과 4권이다. 2권의 경우, 그것이 대상으로 하는 시기가 의회 설립과 헌법의 제정 등 국민국가의 틀이 형성되어가는 시기라는 점에서 보면 자연스러운 것일지도 모르겠다. 또 타이쇼오 데모크라시를 다룬 4권에서는 민주주의가 가진 양면성이 꼼꼼하게 서술되어 있다. 이 두 책에서는 근대가 가진 두가지 측면, 즉 해방이라는 측면과 억압이라는 측면에 유의하면서 깊이있는 역사서술이 이루어지고 있다고 평가하고 싶다.

그러나 이에 비해서 1권과 3권의 자세는 국민국가론과는 이질적인 것으로 생각된다. 가령 1권 도입부분에서 이노우에는 다음과 같이 서술하고 있다.

구미열강의 도래를 맞아 사태가 훨씬 심각했던 남아프리카(내적 발전은 크게 이루어졌다고 알려져 있다)에서도 전통사회가 해체되지 않았던 것과 일맥상통하는 면이 있는데, 본문에서 적고 있듯이 막부의 외교도 성숙한 전통사회를 배경으로 그 역량을 발휘하고 있었다. '극동'의 동쪽 끝이라는 지리상 유리한 위치에 있는 일본에서는, 발전한 전통사회를 기반으로 개국이 실현되고 서서히 정착되어가는 가운데 일본의 자립이 지켜졌다는 것이 본서의 일관된 입장이다.

일본의 개국은 비교적 빠르게 정착했다. 그렇다면 막말·유신기 대외적 위기의 심각함을 강조하는 이제까지의 평가를 크게 재고할 필요가 있다.

절박한 대외적 위기를 전제로 하면, 전제적인 근대국가의 급조마저도 '필사의 국가적 과제'였던 것이 된다. 하지만 그럴 경우, 1871년부터 정부요인들이 오랜 기간 구미의 회람을 위해서 일본을 '비워'둔 것은 어떻게 설명할 수 있을까. 구미열강의 압력이 있었던 것은 사실이지만, 거기에 대항해서가 아니라 도리어 그것을 순풍으로 삼아 메이지정부의 외교정책이 동아시아 이웃나라들에 대한 침략으로 향해가는 과정, 그리고 일본민중이 전통사회에 의거하면서 신정부에 대해 치열한 싸움을 전개한 사실을 중심으로 하여 강화도사건과 관련한 새

로운 사료 등 최근의 성과를 소개하면서, 유신사를 새롭게 재구성해
보고자 한다.(iv~v면)


여기서 서술되고 있는 것은 국민국가론과는 매우 다른 입장은 아
닐까. 즉 '전통사회'의 성숙이 '일본의 자립'의 기초였다, 절박한 대
외적 위기 등이 없었다 등의 지적은, 전통이란 근대가 되어 만들어
진 것이라는 점을 강조하는 국민국가론, 무엇보다도 대외적 위기에
대한 대응으로서 국민국가가 형성된다는 논의와는 어울리지 않는
주장이라고 생각되는데, 이것은 내가 잘못 이해했거나 혹은 잘못 읽
은 것일까.

이런 위화감은 왜 생기는 것일까. 이노우에가 이 씨리즈 전체의
의도를 이해하지 못하고 있기 때문일까. 아마 그렇지는 않을 것이
다. 나는 일본에서 유행한 국민국가론의 문제점이 여기에 상징적으
로 나타나 있다고 생각한다. 즉 일본의 경우, 서구에서는 근대에 이
르러 '만들어진' 국민국가라는 틀의 상당부분이 이미 그전에 형성
되어 있었다고 생각해야 하는 것은 아닐까.

가령 2권에서 마끼하라는 근대의 특징을 '경계짓기'와 '욕망의
환기'라고 파악하고 있는데,(201면) 일본에서는 근세에 이미 무라
(村)의 경계를 둘러싼 분쟁이 빈발했던 점에서 알 수 있듯이, '경계
짓기'는 이미 상당히 진행되어 있었다. 이에(家), 무라, 한(藩), 나아
가 신분까지, 인간을 구별하여 '경계짓'는다는 측면에서 막번체제
만큼 세세한 구별을 한 경우는 매우 드물 것이다. 물론 막번체제 아
래의 '경계짓기'와 메이지유신 이후의 '경계짓기' 사이에 많은 차

이가 생겨난 것은 분명하지만, 대구(大區)·소구(小區)제도처럼 완전히 새로운 지방행정구획을 설정하려는 시도가 제대로 기능하지 않아서 구래의 초오손(町村)을 부활시켜야 했던 경위(2권 8~9면)에서도 알 수 있듯이, '경계짓기'의 연속성이 강하게 보이는 면도 존재했다. 이에 비해서 중국이나 한국에서는 일본만큼 '경계짓기'가 행해지지 않았다. 명·청시대 중국의 높은 사회적 유동성과 촌락의 개방적 성격은 잘 알려져 있다. 한국에서는 중국보다 '경계짓기'가 더 많이 행해진 것은 사실이나, 일본과 비교하면 매우 느슨한 것이었고 촌락이나 신분의 유동성은 높았다.

한편 앞에서 언급하였듯이, 나리따는 '가족' '식민지' '군대'가 근대 이후에 만들어졌다고 서술하는데, 과연 그런 것일까. 근세에 류우뀨우왕국과 아이누에 대한 지배, 혹은 정이대장군(征夷大將軍)이라는 호칭이 상징적으로 나타내듯 정복의 대상으로서 '이(夷)'의 존재 등과 같은 현상은 '식민지'라는 존재가 근대 이후에 만들어졌다고만은 말할 수 없는 면을 보여준다. 또 '가족'의 경우만 보아도 '메이지민법(明治民法)'은 전통적인 '이에'를 좀더 강화한 것이었다.

이처럼 일본의 국민국가가 '전통'에 많은 것을 빚지고 있다는 점을 직시한다면, 국민국가를 비판하는 경우에도 서구와 동일한 방법에 의거하는 것은 불가능해진다. 즉 서구에서는 근대를 비판하는 방법으로 국민국가가 근대 이후에 만들어진 것이라는 점을 밝히고 그 문제점을 지적하는 방법이 큰 의미를 갖는다고 해도, 일본의 경우라면 '전통의 창조'라는 측면만으로 국민국가를 비판하는 것은 불충분하며 '전통' 자체까지 거슬러올라가서 비판해야 한다. 이런 점에서 일본에서의 포스트모던 논의가 '보편적 근대'를 상정하고 있기 때문에 특수한 일본의 근대를 비판하는 데까지 이어지지 않고 있다는 토미따 코오지(富田宏治)의 지적[2]에 동의한다.


## 4. '일본의 자립'의 허망함

일본에서 국민국가를 비판하고자 할 때 전술한 '전통'의 자리매 김이라는 문제와 함께, 또 하나의 커다란 문제로 '일본의 자립'이라는 언설이 발휘해온 구속력의 문제를 지적할 수 있다. 앞에 인용한 이노우에의 문장에서도 메이지유신의 역사적 의의로 '일본의 자립이 지켜'진 것이 강조되고 있는데, 이것은 이노우에 키요시 이래로 전후역사학에서 중시되어온 것이기도 하다. 그리고 자립을 지킨 일본과 대비하여 자립에 실패한 한국, 혹은 절반뿐인 성공의 중국이라는 식으로 동아시아의 근대를 파악하는 담론이 지금까지도 지배적이다. 그러나 국가가 '자립'하고 있는지 아닌지를 기준으로 역사를 평가하는 방법은 근본적으로 재검토하지 않으면 안된다. 왜냐하면 근대일본의 역사가 보여주는 것은 '자립'의 결과가 제2차 세계대전의 패배라는 냉엄한 사실이기 때문이다.

10권에서 요시다는 이오오지마(硫黃島)전투에서 전몰한 병사들 가운데 전투에서 사망한 자는 30% 정도이며, 자살이나 타살에 의한 사망이 훨씬 많았다는 점을 지적하고 있다.(148~49면) 자살이나 타살에 의한 사망자가 많은 것은 포로가 되기를 거부하라는 전진훈(戰

陣訓, 6권 149면)의 영향이라고 생각되는데, 여기에서 '일본의 자립'
이 가져온 가장 비참한 결과를 목격할 수 있다. 이에 비해 중국 병사
는 "궁지에 몰리면 군복을 버리고 서민들 가운데로 섞여들어가"(5권
219면)는 것이 상투적인 수단이었는데, 내게는 이편이 훨씬 자연스
럽다고 생각된다.

　주지하듯이, 후꾸자와 유끼찌가『문명론의 개략』에서 '일신(一身)
의 독립'과 '일국의 독립'이라는 두가지 과제를 내걸고 그 불가분의
관계를 주장한 이래로, 일본에서는 이 둘의 관련을 둘러싼 다양한
논의와 실천이 축적되어왔다. 이 씨리즈의 전권을 관통하는 주제 역
시 이 문제라고 해도 과언이 아니다. 그러나 이 두가지 과제는 정말
로 불가분의 관계에 있는 것일까. '일신의 독립'이란 무엇을 말하고,
또 '일신의 독립'은 '일국의 독립' 없이는 불가능한 것일까. 이러한
근본적인 질문이 필요하다는 것을 근현대일본의 역사가 웅변적으
로 말해주고 있다고 나는 생각한다.

　한국의 경우를 생각해보자. 한국근대사가 '일국의 독립'을 지키
는 데 실패한 역사라는 것은 엄연한 사실이다. 그러나 그로 인하여
그 구성원들이 '일신의 독립'을 완전히 잃어버린 것은 아니었다. 물
론 그 과정은 대단히 가혹한 것이며 많은 희생이 있었지만, '일국의
독립'을 잃어버린 가운데 국가라는 것을 상대화하는 입장을 획득할
수 있었던 것은 아닐까. 현재 한국에서는 민족주의 담론이 큰 위력
을 발휘하고 있고, 그것이 이전 '독립의 상실'이라는 기억과 깊이 연
결되어 있는 것은 분명하지만, 동시에 한편으로는 민족주의 담론을
공동화(空洞化)하는 듯한 현상 역시 얼마든지 발견할 수 있다. 나에

게는 지나친 것으로밖에 생각되지 않는 영어열기(최근에는 한국사 강의까지 영어로 하기를 대학 취직의 조건으로 요구하는 사례가 늘고 있다), 다수의 미국유학과 미국시민권을 획득하려고 하는 한국인의 존재 등, 비근한 사례는 극히 일부에 지나지 않는다.

거기에 비해서 일본은 어떠한가. 가령 9권에서 요시미는 '해외체류일본인'이 최근 급격하게 증가하고 있다며 그 양상을 제시한다. 그에 따르면 2007년 현재 '해외체류일본인' 총수는 1,085,671명으로, 그중 영주권을 가진 자는 339,774명이라고 한다.(209면) 즉 '해외체류일본인'은 전인구의 1%에도 미치지 못하는 비율인데, 이것도 '급증'한 결과이다. 미국에 3백만명 이상, 중국에 약 2백만명을 비롯하여 전체로 7백만명 내지 8백만명이라고 일컬어지는 '재외주재한국인'(남북을 합쳐서)과 비교하면 절대숫자로도 훨씬 소수이고, 전인구에서 차지하는 비율로 말하자면 단위부터 다른 수치이다.

물론 이 숫자를 어떻게 해석할지에 대해서는 다양한 논의가 있을 수 있다. 한국의 경우, 일본의 식민지지배와 해방 후 미국의 존재감이라는 문제를 빼놓고는 다수의 '재외'거주자의 존재를 설명할 수 없을 것이다. 그러나 국가라는 테두리를 벗어난 움직임 속에서 국가를 초월한 네트워크가 형성되었으며 게다가 점점 그런 움직임이 가속화하고 있다는 사실을, 일본의 '쇄국적 상황'과 대비해볼 필요가 있다(원래 일본의 경우, 2차대전 종료 시점에는 약 660만명의 해외체류자가 존재했고, 그 반수가 병사였던 것으로 알려진다. 따라서 요시미가 이 '경험'을 언급하지 않은 것은 이해할 수 없다. 그러나 이러한 해외체류자의 대부분이 일본의 식민지나 지배지역의 체류자였다는 점을 고려하면, 전후 '쇄국적 상황'과 질적인 차이가 없다고 생각할 수 있지 않을까).

'일국의 독립'이라는 문제는 말할 것도 없이 전후역사학에서 중요한 문제(대미종속으로부터의 탈각)였을 뿐만 아니라, 오끼나와로 상징되듯이 현재의 일본에서도 진행 중인 커다란 문제이다. 그러나 '일국의 독립'이란 어떤 것인가. 이에 대해서는 국가를 상대화하는 경험을 축적해온 한국이나 중국의 역사와 비교하는 가운데, 새삼 의문을 가져보아야 하는 것은 아닐까. 나리따는 국민을 주체로 한 '통사' 서술을 극복하는 것이 이 씨리즈의 의도라고 언급하고 있는데, 그 의도가 충분히 달성되었다고는 생각하기 어렵다. 또한 '일신의 독립'이라는 문제에 대해서도 논하고 싶은 것이 아직 많지만, 지면 관계상 이 정도로 그치기로 한다.


## 5. 동아시아라는 방법

이상 지적한 두가지 점, 즉 '전통'을 어떻게 자리매김할 것인가와 '일본의 자립'이라는 담론의 문제를 다룰 때 일본의 근현대사를 상대화하기 위해서 필요한 것이 '방법으로서의 동아시아'이다. 즉 일본 근현대사를 동아시아 안에 자리매김함으로써 종래 보이지 않았던 부분을 부각하는 것이다.

'전통'과 근대의 연결을 중시하는 것은 앞에서 인용한 이노우에와 3권의 저자 하라다 케이이찌이다. 그리고 이노우에와 마찬가지로 일본의 ‘전통’이 결코 일본만의 것이 아니라, 동아시아 차원에서의 축적이었다는 점을 하라다도 지적(3권 iv~vi면)하고 있는 것은 시사하는 바가 크다. 개국부터 헌법제정에 이르는 과정에서 일본은 한편으로는 동아시아 규모의 ‘전통의 축적’에 많은 빚을 지면서 근대적 변혁을 달성했다는 것이다. 따라서 이러한 공통의 전통을 짊어지면서도, 다른 한편으로 왜 일본이 “‘탈아’의 길”(2권에 나오는 마끼하라의 표현)을 걷게 되었는가의 문제가 제기된다. 그리고 이 문제에 이 씨리즈가 충분히 답하지 못하고 있음을 상징하는 것이 “‘탈아시아’의 길”(1권에 나오는 이노우에의 표현) 혹은 “‘탈아’의 길”이라는 표현을 우연히도 두 사람의 저자가 함께 사용하고 있는 점이다.

‘길’이라는 단어는 대단히 함의가 많은 애매한 단어이다. 처음부터 길이 있었는지, 걸으면서 길이 생겼는지, 걷는다고 할 경우 주체적인 선택의 결과인지, 모르는 새에 헤맨 미로인지 등, 이처럼 ‘길’이라는 단어는 다양하게 해석할 수 있다. ‘탈아’라는 노선이 어떤 경위로 현실화되었는지에 대해서 일본의 역사학계 전체가 아직 공통의 이해에 도달하지 않았다는 점을 이 씨리즈에 쓰인 ‘길’이라는 단어가 상징적으로 보여주고 있는 것은 아닐까.

일본이 ‘탈아’의 방향으로 질주하게 된 역사적 요인을 생각할 때 중요한 것이 국가와 개인의 ‘자립’ 문제라고 생각한다. 한국의 경우 국가의 자립을 상실하는 와중에서 도리어 국가를 상대화할 수 있는 입장을 획득했다고 생각한다는 점은 앞에서 밝혔는데, 사실 이렇게 국가를 상대화하는 입장은 근대에 들어 처음 생겨났다기보다는 이전부터 존재하던 ‘전통’이기도 했다. 보편주의의 입장에 선 주자학을 국가이념으로 내건 조선왕조에서는 국가보다 이념 쪽이 상위에 자리했고, 따라서 주자학이념에 기초하여 현실의 국가를 비판하는 현상이 종종 생겨났다. 그리고 그것이 최고조에 달했던 것이 '개항기' 이후였다. 그로 인해 국론은 분열하고 내부에서 심각한 정치적 대립이 생겨났기 때문에 구미나 일본, 중국의 팽창적 정책에 신속하게 대응할 수 없게 되면서 결국 국가의 '자립'을 잃게 되었다. 그러나 그런 중에도 보편적 이념의 실현을 지향하는 활동은 끊임없이 계속되었고, 현재도 그러한 움직임은 이어지고 있다고 볼 수 있다. 앞에서 비판적으로 언급한 한국사회의 영어열기라는 현상도 그 기저에 보편주의에 대한 강한 지향이라는 수맥이 흐르고 있음을 놓쳐서는 안될 것이다.

한국에서 국가와 개인의 이러한 양상은 중국의 경우에도 공통적으로 찾아볼 수 있다고 생각되는데, 일본에서는 여전히 국가를 정면에서 비판하는 일이 곤란한 듯하다. 명성황후(민비) 살해사건이나 대역사건, 혹은 칸또오대지진 당시 조선인학살 같은 국가범죄를 새롭게 재단하는 일이 현재까지 이루어지지 않고 있다는 사실(이것과 대비하여 한국의 '과거사'진상규명 움직임을 상기해볼 필요가 있다)도 이러한 점을 잘 보여준다. '방법으로서의 동아시아', 즉 한국이나 중국(나아가서는 오끼나와나 베트남도)과 대비하여 일본의 역사와 사회를 상대화할 필요성이 여기에 있다고 생각한다.

## 6. 연구자의 모럴에 대해서

이 씨리즈에서 내가 가장 위화감을 느꼈던 것은 점령과 전후개혁을 다룬 7권이다. 전후개혁의 많은 부분이 점령이 없었어도 실시되었을 것이라는 주장은 하나의 관점으로서 수긍할 수 있는 부분이다. 내가 위화감을 느낀 것은 다음 두가지 문제에 대해서이다.

먼저 일본의 포츠담선언 수락결정과 관련해 통상적으로는 그 결정이 늦어졌기 때문에 많은 희생이 생겼다고 생각하는 문제(참고로 6권 183면에서 요시다는 일본군 전사자 중 압도적 다수가 마리아나제도 함락 후의 전사자들이었음을 지적하고 있다)에 대해서, 아메미야는 반토오조오연합(反東條聯合)이 결성되었기 때문에 수락이 가능했으며, 수락결정이 좀더 늦어져서 본토결전(本土決戰)에 돌입할 가능성도 충분히 있었다고 주장한다. 그리고 본토결전이 이루어졌을 경우에는 분할점령의 가능성도 있었다고 하면서 다음과 같이 서술한다.

그보다도, 만일 분할되었을 경우에는 상황이 달리 전개되어, 반드시 비참한 상황이라고만은 할 수 없는 양상이 벌어지지 않았을까.(22면)

이 부분을 읽고 나는 내 눈을 의심했다. 즉 아메미야는, 만일 수락결정이 좀더 늦어져서 본토결전이 벌어지고, 그 결과 분할점령이라는 사태에 이르렀다고 해도 "반드시 비참한 상황"은 되지 않았을 가능성이 있다고 말하고 있는 것이다. 그에게는 패전이 늦어짐으로써 생겨났을 아시아인 피해자들의 존재나 본토결전으로 발생했을 막대한 사상자에 대한 생각은 머리에 들어 있지 않은 것인지, 막대한 사상자에도 불구하고 비참하지 않은 상황이란 대체 어떤 것인지, 나에게는 도저히 이해가 가지 않는 서술이었다. 아무리 자기주장을 강조할 필요가 있다고 해도 이러한 수사학은 허용되어서는 안되는 것이 아닐까. 수락결정 지연으로 더욱 늘어난 희생자의 존재, 또 8월 15일 이후에도 특히 일본열도 이외의 지역에서 발생한 다수의 희생자들의 존재 등이 시야에 들어 있지 않은 것도 무리는 아닌 듯하다.

이런 점이 나에게 위화감을 느끼게 한 첫번째 문제라면, 두번째 문제는 식민지 문제가 완전히 무시되고 있다는 점이다. 말할 것도 없이 일본제국은 광대한 식민지와 지배지, 점령지를 영유하고 있었고, 전쟁종결 후의 체제구상에서도 해외영토를 어떻게 할 것인지는 대단히 중요한 문제였다. 포츠담선언 수락을 결정한 스즈끼(鈴木) 내각이 마지막으로 희망을 걸었던 소련과의 비밀교섭에서도 일본은 조선의 확보를 조건으로 교섭에 임하고 있었다. 따라서 아메미야가 말하는 '네개의 정치조류'가 이 문제를 어떻게 자리매김하고 있었는지는 중요한 문제일 터이지만, 그러한 '구상'이 이런 정치조류들에 들어 있었다고는 생각하기 어렵다. 이것은 아메미야가 말하는 정치조류라는 것이 과연 그 이름에 걸맞은 것이었는지를 의심케 하는 대목이다.

게다가 더 큰 문제는 아메미야가 전후처리와 전후체제를 다루는 데 있어 식민지 문제를 전혀 언급하지 않는다는 점이다. 아메미야는 식민지 지배책임의 회피가 냉전구조의 산물이라고 생각하고 있는 듯한데, 재일조선인의 국적문제 등 일본이 다른 대응양상을 보일 수 있었을 가능성은 얼마든지 있었다. 전후개혁은 내적 용인에 의한 것이고, 식민지 지배책임의 문제는 외적 조건에 의해 저해되었다는 것은 지나치게 '제멋대로'인 주장이 아닐까. 여기서 아메미야와 정반대 입장에 있는 카또오 키요후미(加藤聖文)의 다음과 같은 말을 소개하고자 한다.

전후의 일본인은 무언가 커다란 역사의 관점을 잃어버린 것은 아닐까. 그 대답을 찾기 위해서 과감히 일본제국이 붕괴한 1945년 8월 15일을 직시하고, 그날 무슨 일이 일어났는지, 왜 그렇게 되었는지, 그 결과 무엇이 어찌되었는지를 지금 '일본국'의 영역이 아닌 당시 '대일본제국'의 영역으로 되돌아가 상기해보아야 할 것이다. 거기서 8월 15일은 옥음방송(玉音放送)이 흐르고 전쟁이 끝나서 새로운 일본이 시작되었다는, 전후에 퍼진 일본인만의 폐쇄적인 역사상이 아닌, 좀더 넓고 깊으며 보편적인 역사상이 부상하게 될 것이다.[3]

나는 아메미야의 서술이야말로 "커다란 역사의 관점을 잃어버린" "일본인만의 폐쇄적인 역사상"의 전형이라고 생각한다.

이 씨리즈는 앞에서 소개한 대로 '식민지'를 하나의 키워드로 내걸고 있는데, '식민지' 문제를 생각할 때 결정적으로 중요한 전전과 전후를 잇는 시기를 다룬 7권에서 이 문제가 전혀 다루어지지 않은 것은 씨리즈 전체의 의도를 크게 해치는 일이다. 물론 '가족'이나

‘군대’라는 그밖의 키워드도 포함하여, 각권에서 씨리즈의 의도가 충분히 관철되었다고 보기 어려운 부분도 없지는 않다. 그러나 다른 저자들은 그 불충분함에 대해 자각하고 있는 데 비해(가령 5권 241면에서 보이는 카또오의 언급 등), 아메미야는 씨리즈 전체의 의도 따위는 신경조차 쓰지 않는 듯하다.

원래 이런 통사류에서, 게다가 다수의 집필자가 분담하여 집필하는 형태를 취하는 경우, 각 집필자는 전체의 의도를 반영하기 위해 노력해야 할 것이다. 그것은 다른 집필자에 대해, 특히 독자에 대해서 지켜야 할 최소한의 예의이며, 만약 그것이 불가능하다면 처음부터 집필진에 함께해서는 안되는 것이 아니겠는가. 이러한 연구자로서의 모럴의 저하는 최근의 ‘역사물 붐’ 속에서 눈살을 찌푸리게 만드는 바가 있다. ‘전후역사학’에서 이어받을 최대의 유산이라면 그 높은 지기(志氣)와 모럴이 아닐지, 특히 요사이 그런 생각이 드는 것을 떨치기 어렵다.

〔번역: 김도형〕

## 제10장

# 일본 동아시아공동체론의 현주소

## 1. 머리말

2, 3년 전부터 일본에서는 갑작스럽게 동아시아공동체에 관한 논의가 활발하게 진행되기 시작했다. 예를 들어 일본의 모든 신문의 기사색인으로 '동아시아공동체'와 관련된 것을 검색하면 1995~2000년까지는 총 18개 기사밖에 나오지 않는 데 비해, 2001년에는 29개, 2002년에는 38개, 2003년에는 133개, 2004년에는 386개, 2005년에는 5월 11일 현재 222개로 급증하고 있는 것을 알 수 있다. 특히 2003년 이후의 증가가 눈에 띈다.

2차대전 패배 후 몇년 전까지만 해도 동아시아 지역통합에 대해 아주 소극적인 태도를 유지해온 일본으로서는 어떤 의미에서는 큰 변화라고 할 수밖에 없다. 특히 올해(2005) 초 제162회 통상국회의 소신표명 연설에서 코이즈미(小泉) 총리가 '동아시아공동체의 구축'을 목표로 선언한 일은 주목할 만하다. 이 글에서는 왜 최근에 와서 동아시아공동체에 관한 일본의 움직임이 급부상하게 되었는지, 그 배경을 찾는 동시에 동아시아공동체 관련 연구자들의 논의에 대해 고찰해보려 한다.

주지하듯이 올해 들어 한일 간에는 독도(獨島, 타께시마竹島)문제, 역사교과서 문제 등을 둘러싸고 갈등양상이 고조되고 있고, 또한 북한 핵문제를 놓고 '한반도 6월위기설'까지 나오고 있는 상황이다. 이러한 현상은 동아시아공동체 모색에 제동을 가하는 것같이 보이지만, 장기적으로 볼 때 동아시아공동체 문제가 동아시아지역과 일본의 큰 과제인 만큼 지속적으로 관심을 기울이는 것이 필요하다. 특히 일본에서 헌법개정 움직임이 본격화되는 가운데, 동아시아공동체 문제는 일본이 앞으로 어디로 가야 하는가의 문제와 깊은 관계가 있다고 생각되므로, 그런 관점에서 나의 의견을 개진하기로 한다.


## 2. 동아시아공동체 제기의 경위와 의미

### 동아시아공동체 구상의 구체화과정

먼저 동아시아공동체의 결성 문제가 어떤 경위로 제기되었는지를 알아보기 위해, 그 경과를 연표식으로 정리하면서 약간의 해설을 덧붙이도록 한다.[1]

1967년 동남아시아국가연합(아세안ASEAN) 결성, 5개 가맹국으로 출발. (현재까지 동아시아공동체 논의를 주도해온 조직은 아세안이기 때문에, 아세안 결성을 동아시아공동체의 첫 걸음이라고 볼 수 있다.)

1976년 동남아시아 우호협력조약(TAC) 조인.

1977년 아세안-일본, 처음으로 정상회의 개최, 일본은 이른바 '후꾸다독트린'(福田doctrin) 발표. (후꾸다독트린은 일본이 다시는 군사대국화하지 않고 같은 아시아인으로서 정신적인 유대를 중시하면서 아세안과 특별한 관계를 유지하겠다는 내용이다. 이것은 패전후 일본이 처음으로 아시아 외교에 적극적으로 나서겠다는 의지를 나타낸 것이지만, 그것이 한국이나 중국이 아니라 아세안을 향해 이루어졌다는 점에서 현재 일본의 아시아정책의 문제점을 잘 나타내는 것이기도 하다.)

1985년 플라자합의(Plaza Accord) 이후 급격한 엔고(円高)로 인해 일본의 대아세안 직접투자 확대.

1989년 아시아·태평양경제협력체(APEC) 결성. 참가국은 아세안 6개국과 한국·일본·미국·호주·뉴질랜드. (미국이 2국간 자유무역협정에 적극적으로 나서자 위기감을 느낀 일본이 이를 견제하기 위해 호주와 함께 APEC 결성을 주도했다.)

1990년 말레이시아의 마하티르(Mahathir bin Mohamad) 총리, 동아시아경제그룹(EAEG) 결성을 제창. (미국이 EAEG 결성움직임에 대해 강하게 비판하고 나서자, 일본도 미국에 동조했다. 마하티르는 EAEG보다 느슨한 결합체인 동아시아경제협의체EAEC 결성을 제안했지만 그 역시 순조롭지 못했다. 현재 논의되고 있는 동아시아공동체는 EAEG구상을 이어가면서 그것을 더욱 발전시킨 형태로 볼 수 있다.)

1992년 제4회 아세안정상회의, '아세안자유무역지대(AFTA) 형성을 위한 싱가포르 선언' 발표.

1993년 미국 클린턴 대통령 일본 방문. '신태평양공동체' 구상을 제창하며 APEC의 중요성을 강조. (EAEG 결성을 반대하는 미국의 입장에서 아시아국가만의 공동체결성을 방지하려는 의도였다.)

1994년 아세안지역포럼(ARF) 제1회 각료회의 개최. 아시아·태평양지역의 정치·안전보장 협력강화의 주축이 될 것을 목표로 함. 참가국은 아세안+대화 파트너(미국·한국·일본·중국·러시아·인도·호주·캐나다·뉴질랜드·EU 10개국), 베트남·라오스·파푸아뉴기니. (이후 캄보디아·미얀마·몽골·북한도 참가.)

1996년 아시아·유럽정상회의(ASEM)가 처음으로 개최됨. 아시아와 유럽 간의 경제·정치·문화에 관한 대화와 협력 추진을 목표로 함. 이후 2년마다 개최. (ASEM 준비작업을 위한 모임은 '아세안+3' 모임의 단서가 되기도 했다.)

1997년 여름 아시아 금융위기 발생. 일본이 아시아통화기금(AMF) 설립을 제안했지만 미국의 반대와 중국의 보류로 무산됨. (이 위기가 동아시아공동체 결성움직임의 직접적인 계기가 되었다고 볼 수 있다.)

1997년 12월 아세안정상회의에서 한·중·일 삼국 정상을 초대해 동아시아 정상회의 개최, 이것이 '아세안+3'의 첫번째 회의가 됨. 1998년 이후 정례화. (이 '아세안+3'이 동아시아공동체 논의를 현실화하는 모체가 되었다. 따라서 아시아 금융위기가 동아시아 공동체 논의의 객관적인 계기였다면, '아세안+3'은 그 주체적인 계기였다고 할 수 있다. 처음에 아세안 정상들은 일본을 제외하고 한·중 정상만을 초대할 생각이었는데 이를 눈치챈 일본이 급히 참가하게 되었다.)

1998년 10월 일본, 금융위기 재발을 방지하기 위한 '미야자와(宮澤) 구상' 발표. 아시아 각국에 300억 달러를 공여.

1998년 12월 제2회 '아세안+3' 정상회의에서 한국의 김대중(金大中) 대통령이 민간인을 중심으로 한 포럼, 즉 '동아시아비전그룹(EAVG)'의 설치를 제안, 다음해 한국의 한승주(韓昇洲) 전 외무부 장관을 좌장으로 설립됨.

1999년 8월 말레이시아 마하티르 총리 중국을 방문, 동아시아공동체의 실현을 호소함.

1999년 11월 제3회 '아세안+3' 정상회의에서 최초의 공동성명 '동아시아협력에 관한 공동성명' 발표. 안보 문제도 포함해 논의하자는 데 대해 일본은 거부함.

2000년 7월 북한이 ARF에 처음으로 참가.

2000년 11월 제4회 '아세안+3' 정상회의에서 한국 김대중 대통령이 정부관계자를 중심으로 한 '동아시아연구그룹(EASG)'의 설립을 제안, 합의됨.

2000년 11월 중국이 아세안과의 자유무역지대 창설을 제안.

2001년 11월 EAVG, 제5회 '아세안+3'정상회의에 보고서 '동아시아 공동체를 향하여 — 평화, 번영, 진보의 지역'을 제출. (EAVG 보고서는 "우리 동아시아의 민중the people of East Asia은 지역 내 제諸국민의 전면적 발전을 기초로 한 평화·번영·진보의 동아시아공동체East Asian Community를 창조할 것을 희망"한다고 하면서, 협력의 과제로 경제협력, 재정금융협력, 정치·안보협력, 환경·에너지협력, 사회·문화·교육협력의 다섯가지를 제시했다. 이 보고서에서 처음으로 동아시아공동체 결성이 표면화되었다고 할 수 있지만, 일본의 공식문서에서는 동아시아공동체라는 말은 사용되지 않고 '동아시아 커뮤니티'라고 표현되었다.)[2]

2001년 12월 중국이 세계무역기구(WTO)에 가맹.

2002년 1월 코이즈미 총리가 싱가포르에서 동아시아의 '함께 걷고 함께 나아가는 커뮤니티' 구축을 향한 결의를 표명. (이 커뮤니티는 호주, 뉴질랜드까지 포괄하는 것으로서, 마하티르의 비판을 받았다.)

2002년 11월 제6회 '아세안+3'정상회의에서 EASG가 보고서를 제출함. '동아시아자유무역지대(EAFTA)'와 '동아시아정상회담'의 현실적 가능성을 강조. 김대중 대통령이 보고서에 있는 동아시아포럼(EAF)의 설립을 제안, 승인됨. (EASG 보고서는 동아시아공동체 구체화를 위한 26개 과제를 제기했다. 그중 17개 항목은 단기목표로, 기업협의회 설치, 투자정보네트워크 설립, 기술이전과 기술개발 협력, 싱크탱크 네트워크의 확립, 동아시아포럼 설치, 빈곤해소계획의 작성 등이다. 나머지 9개 항목은 중장기목표로, EAFTA 설치, 동아시아 투자지역 설정, 지역 통화관리기구의 확립, '아세안+3'정상회의의 동아시아정상회의로의 발전 등이 포함되어 있다. 현재 진행 중인 동아시아공동체 결성움직임은 이 EASG 보고서를 바탕으로 한 것이다.[3] 또한 이 회의에서 중국은 한·중·일 삼국 간 FTA체결을 위한 협의 개시를 제기했다.

2002년 11월 코이즈미 총리의 사적 자문기관인 '대외관계 태스크포스'가 '21세기 일본외교의 기본전략'을 제출하여 대미일변도 외교에서의 탈피를 제안함.

2003년 1월 일본 경제단체연합회(경단련)가 '활력과 매력이 넘치는 일본을 향하여'라는 의견서를 발표함. 동아시아의 연계 강화, 일본 주도하에 2020년까지 아시아 자유경제권 완성을 제안.

2003년 5월 '아세안+3'외상회의에서 중국이 동아시아 싱크탱크 네트워크(NEAT)의 설립을 제안하여 승인됨.

2003년 8월 말레이시아 전략국제문제연구소(Institute of Strategic and International Studies)가 제창한 제1회 동아시아회의 개최.

2003년 9월 NEAT 설립, 중국 사회과학원에 사무국 설치.

2003년 10월 중국과 인도가 TAC에 서명함.

2003년 10월 중국과 아세안이 '평화와 번영을 위한 전략적 파트너십 공동선언'을 발표하고 2010년까지 FTA 체결을 선언.

2003년 12월 토오꾜오에서 일본과 아세안 특별수뇌회의 개최. 동아시아지역의 창조에 공헌하며 동아시아공동체를 위한 동아시아 협력의 심화를 꾀하는 '토오꾜오 선언'을 발표. 일본이 TAC 가맹을 표명함. (이 회의는 중국과 아세안의 관계 강화에 대한 일본의 대응이라는 성격이 강했다. 두달 전에는 가맹을 거부했던 TAC에 일본이 가맹한 것도 중국을 강하게 의식한 행동으로서 일본의 동요를 엿볼 수 있다.)

2003년 12월 서울에서 EAF 제1회 회의 개최.

2004년 5월 일본이 '동아시아공동체평의회'를 결성함. 회장으로 나까소네(中曾根) 전 총리 취임. (NEAT와 EAF 설립에 자극을 받아 만들어진 조직으로, 정계·재계·정부관계자·학계·싱크탱크 대표자 등으로 구성되었다.)

2004년 6월 제2회 동아시아회의 개최.

2004년 7월 '아세안+3'외상회의가 의장 이름으로 동아시아공동체를 위한 협력관계 강화를 발표하고 동아시아정상회의 개최에 합의함.

2004년 8월 파월(C. Powell) 미 국무장관이 동아시아공동체 구상에 대해 "그 필요성에 납득이 안 간다"라면서 "미국과 이 지역 친구들 간의 이해관계가 손상을 입지 않는 한 참가는 자유이다"라고 발언함.

2004년 9월 코이즈미 총리가 유엔총회 연설에서 "아세안+3을 바탕으로 동아시아공동체 구상을 제창하고 있다"라고 발언함. (그때까지 애매했던 '커뮤니티'라는 말을 대신하여 '공동체'라는 말을 처음으로 사용한 것이다.)

2004년 11월 아세안 정상회의에서 2005년 동아시아정상회담 개최를 합의.

2005년 1월 코이즈미 총리가 제162회 통상국회 소신표명 연설에서 동아시아공동체의 구축을 목표로 한다고 선언함.

2005년 1월 일본 경단련이 '우리나라의 기본문제를 생각한다—앞으로의 일본을 전망하면서'라는 의견서를 발표하고 '동아시아 자유경제권' 구축을 주장했다.

2005년 2월 일본 경제동우회가 의견서에서 동아시아공동체 구상의 실현을 위해 일본이 적극적으로 공헌할 것을 촉구함.

### 동아시아공동체에 대한 일본의 입장

주지하듯이 일본에서는 오랫동안 지역통합이나 지역구상 등이 거의 금기시되어왔다. 그것은 전전(戰前)의 대동아공영권이라는 악몽 같은 기억이 강하게 의식되었기 때문이며, 한편으로 미국의 우산 아래 있으면서 특별한 외교정책의 필요성을 느끼지 못했기 때문이기도 하다. 더욱이 경제적으로도 '관세 및 무역에 관한 일반협정'(GATT)과 그 후신 WTO가 주도하는 포괄적·다각적인 자유무역체제의 혜택을 많이 받아온 일본으로서는, 지역적인 경제통합에 반대 입장을 유지해온 것이 당연했다. 그런 일본에서 최근 동아시아공동체 형성 문제가 거론되는 것은, 무엇보다도 유럽연합(EU)과 북미자유무역협정(NAFTA) 같은 경제통합이 진행되는 가운데, 1997년의 아시아 금융위기를 계기로 동아시아지역에서도 경제통합뿐 아니라 정치적 통합을 지향하는 움직임이 본격화되기 시작했기 때문이다.

그러나 앞의 연표에서도 알 수 있듯이, 현재 제기되고 있는 동아시아공동체는 아세안의 주도하에 중국이 적극적으로 동조함으로써 본격화된 것이다. 한국도 특히 김대중 대통령 시기에 EAVG와

EASG 설치를 주도하면서 큰 역할을 했다고 할 수 있다. 이런 움직임에 대해 미국은 시종일관 반대입장이었는데, 일본은 그 사이에서 우왕좌왕해온 것이 사실이다. 지금 일본에서 동아시아공동체 문제를 다루는 중심적인 조직은 2004년에 설치된 '동아시아공동체평의회'라고 할 수 있는데, 그 회장인 나까소네는 일본의 고민을 다음과 같이 말하고 있다.

일본은 지금까지 동아시아의 지역통합 문제에 대해 이율배반적인 대응을 해왔다. 그것은 일본이 선진국의 일원임과 동시에 일·미관계를 기축으로 한 태평양 국가이며 또한 동아시아 국가이기도 하다는 복수의 정체성 위에 서 있는 국가이기 때문이다. 그러나 '동아시아공동체'는 불가역적인 물결로 우리에게 다가오고 있다. 지금이야말로 이러한 전망을 정면에서 파악하고 우리 일본이 어떠한 전략을 구축할 것인가를 물어야 한다. 이러한 문제의식에서 우리는 '동아시아공동체평의회'라는 이름을 붙인 것이다.[4]

또, 평의회 홈페이지에 설립경위에 대해 다음과 같이 밝히고 있다.

'동아시아공동체'라는 말이 지금 큰 물결이 되면서 조용하게, 그러나 착실하게 동아시아지역 전체를 뒤덮고 있다. 작년 '동아시아 싱크탱크 네트워크'(베이징)에 뒤이어서 '동아시아포럼'(서울)의 첫 회의가 개최된 것도 계기가 되어, 우리나라에서도 2004년 5월 18일에 '동아시아공동체평의회'가 설립되었다.

즉 이 평의회는 중국이 NEAT 설립을, 한국이 EAF 설립을 주도한 일에 자극을 받아서 설립되었다며, 일본의 수동적인 태도를 솔직하게 고백하고 있다. 게다가 이 조직은 규약 제2조에서 "아세안+3정상회의로 대표되는 이른바 동아시아지역에, 정부와 민간 양쪽에서 지역통합을 촉진하고 더 나아가서는 지역공동체 구축을 지향하는 움직임이 있는 것에 주목하면서, 이 문제에 관심을 가지는 일본 국내 관민 쌍방의 관계자 간의 폭넓은 지적 연휴(連携)를 추진함으로써, 이 문제에 관한 우리나라 전체의 지적·전략적 능력 강화에 기여할 것을 목적으로 한다"라고 규정하여 동아시아공동체 실현을 위한 행동체가 아님을 밝히고 있는 것이다.

이 평의회에는 동아시아공동체 결성에 적극적인, 예를 들어 정책 본회의 책임자인 타나까 아끼히꼬(田中明彦, 당시 토오꾜오대 동양문화연구소 소장) 같은 사람이 있는가 하면, 평의회 의장인 이또오 켄이찌(伊藤憲一, 일본 국제포럼 이사장)같이 그렇지 않은 사람도 포함되어 있어서, 오월동주(吳越同舟)의 양상을 보이고 있다. 특히 주목할 만한 것은 의장인 이또오의 태도이다. 이또오는 베이징에서 개최된 NEAT 창립회의에 참석했고 평의회 설립을 주도한 장본인이면서도, 다른 한편에서는 '새로운 역사교과서를 만드는 모임(新しい歷史敎科書をつくる會)' 사람들이 중심이 되어 출간한 『신지구일본사(新地球日本史)』(이 책에 대해서는 뒤에서 다시 언급하겠다)의 집필자이기도 하다. 따라서 이 평의회가 앞으로 동아시아공동체 구축에 어떤 태도와 정책을 제기할 것인지 주시할 필요가 있을 것이다.

## 3. 일본의 동아시아론

**동아시아에 관한 연구조직과 연구단체**

일본에 '동아시아'라는 단어가 명칭에 포함된 연구조직·연구단체가 생겨난 것은 사실 최근의 일이다. 물론 그전부터 '아시아'나 '동양'이라는 단어가 들어간 연구조직은 많이 존재했다. 대표적으로 '아시아경제연구소'와 토오꾜오대학의 '동양문화연구소' 등을 들 수 있는데, 이런 조직들은 아시아 전체, 정확히 말해 일본을 제외한 아시아 전체를 연구대상으로 했다. 이러한 특징은 근대일본의 탈아적 인식 때문이었다. 즉 일본은 지리적으로는 아시아, 동아시아에 위치하지만 문화적·문명적인 면에서는 아시아와 다르다는 인식을 2차대전 패전 이후까지 유지해왔기 때문이라고 하겠다. 쿄오또대학 인문과학연구소가 일본부·서양부·동방부라는 세 분야로 나뉘어 있었던 것은 그 상징적인 예일 것이다.

그러한 가운데 특기할 만한 일은 1965년 쿄오또대학에 '동남아시아연구센터'(2004년 동남아시아연구소로 개칭)가 설립된 것이다. 이 연구소의 창립은 미국 포드재단의 기부를 받아 이루어졌다는 면에서도 중요했지만, 일본에서 패전 후 처음으로 아시아의 특정지역을 대상으로 한 연구기관이 생겼다는 면에서 하나의 획기적인 사건이었다. 또한 이 센터의 설립은 고도경제성장을 이루면서 아시아시장에 다시 등장하기 시작한 일본 자본주의의 동향을 반영한 것으로서 의미가 각별하다.

일본에서 '동아시아'라는 명칭을 내세우면서 거기에 일본을 포함하여 사고하는 연구조직·단체가 나타나기 시작한 것은 1980년대 말부터이다. 가장 앞선 예로 1989년 설립된 '국제동아시아연구센터'를 들 수 있다. 이 센터는 "동아시아의 발전과 관계된 문제에 대한 지식과 이해를 심화시키는 일에 공헌하며 국제협력을 촉진하는 것을 목적으로" 만들어졌다.[5] 주로 큐우슈우(九州)지역의 재계 인사, 대학교수 등이 중심이고 연구주제에서도 경제문제가 차지하는 비중이 크다.

다음으로는 1991년 창립된 '동아시아총합연구소'를 들 수 있다. 이 연구소는 "21세기는 동아시아의 시대라는 인식 아래 일본과 아시아의 공존공영을 위해, 궁극적으로는 동아시아공동체 구축을 위해 유용한 조사·연구를 행하는 것을 목적으로" 설립되었다. 카나모리 히사오(金森久雄, 일본경제연구센터 고문)를 회장으로, 아시아경제론의 권위자 와따나베 토시오(渡邊利夫)를 이사장으로 해서 재계 인사들과 경제학자를 중심으로 구성된 단체인데, 해외 제휴기관으로는 중국의 텐진시 사회과학원 동북아시아연구소, 한국의 대외경제정책연구원, 러시아의 극동해운연구소, 몽골의 몽골과학아카데미 등이 있다. 기관지로 월간 『동아시아 리뷰(東アジアレビュー)』를 발간하고 있다.[6]

이 연구조직들이 모두 경제관계자를 중심으로 만들어진 것이라면, 역사연구자가 만든 것으로는 1995년 창립된 '동아시아근대사연구회'를 들 수 있다. 이 연구회는 1994년에 청일전쟁 100주년을 계기로 만들어진 학회로, "동아시아지역 근대사에 관한 다양한 시각의 연구 및 그 보급"을 목적으로 한다. 일본사·한국사·중국사 연구자가 같이 모여서 연구활동을 하는 점에 특색이 있는데, 이름 그대로 근대사 연구자들이 중심이다. 기관지로 연간『동아시아 근대사』를 발간하고 있다.[7]

이상과 같은 민간의 움직임에 이어서 대학에도 '동아시아'라는 명칭을 가진 기관이 출현하기 시작했다. 먼저 국립 토호꾸(東北)대학에 '동북아시아연구센터'가 1996년에 창립되었는데, 이것은 그전에 있었던 '일본문화연구센터'를 발전시킨 것이었다. 이 센터는 "동북아시아지역의 문화·사회·경제·역사·자원·환경 등의 제문제를 종래 학문분야의 틀을 넘는 새로운 수법에 의해 학제적·종합적으로 연구함과 동시에 그 연구성과를 적극적으로 사회에 환원하는 것을 통해 상호이해와 문제해결에 기여하며 지역사회의 평화에 공헌할 것"을 그 이념으로 내세우고 있다.[8] 여기서 말하는 동북아시아란 동아시아(일본·한국·중국)와 북아시아(몽골과 러시아의 시베리아지역)를 합친 것인데, 일본의 국립대학에서 일본과 아시아를 아울러 연구하는 기관으로는 처음으로 만들어진 것이다.

한편 '타께시마의 날'을 제정해서 물의를 빚었던 시마네(島根)현의 시마네현립대학에는 2000년 '북동아시아지역연구센터'가 설립되었다.[9] 이 센터의 연구대상도 중국·한반도·몽골·동부시베리아로, 토호꾸대학의 센터와 같은데 이름이 '동북'이 아니라 '북동'인 셈이다. 이러한 양상은 좋게 말하면 일본의 다양성이라고 볼 수 있겠지만 한편으로는 일본의 지역구상이 혼란상태에 있는 것을 나타내는 현상으로도 보인다.

2003년에는 케이오오(慶應)대학에 '동아시아연구소'가 설립되었다. 이 연구소는 1984년에 만들어진 지역연구센터가 탈바꿈한 것인데, 중국·한반도·동남아시아·극동러시아·몽골 그리고 일본을 동아시아로 보면서, 21세기의 세계상과 일본의 방향을 찾기 위해서는 동아시아지역에 대한 첨예한 분석과 깊은 통찰이 필요하다는 이유로 설립되었다고 한다.[10]

이렇게 최근 일본에서는 동아시아와 관련된 연구조직·연구단체가 많이 생기고 있고 그런 흐름은 앞으로도 지속될 전망이다. 예를 들어 올해 가을에는 '동아시아사회문제연구회'가 설립될 예정이며, 또 '동아시아'라는 명칭을 쓰지는 않지만 2004년 결성된 '일본 활성화를 위한 경제연휴(連携)를 추진하는 국민회의' 같은 조직도 동아시아지역의 경제연휴 강화를 실질적인 목적으로 하고 있다.

이러한 움직임은 말할 것도 없이 동아시아공동체에 관한 논의가 고조될 뿐 아니라 구체적인 활동도 활발해지고 있는 현실과 깊은 관계가 있다. 다만 이러한 조직·단체는 앞에서 본 것같이 경제를 중심으로 한 성격이 강하며 동아시아의 범위에 대해서도 서로 통일되어 있지 않다는 면에서, 동아시아공동체 문제에 관한 일본의 애매한 태도가 여기에도 반영되어 있다고 말할 수 있을 것이다.

### 동아시아론

일본에서 동아시아공동체 문제를 생각할 때 가장 먼저 제기되는 문제는 '동아시아'라는 지역의 범위를 어떻게 설정할 것인가, 그 공동체가 왜 필요한가, 그리고 그것이 가능한가 등이다. 이러한 문제에 대해 여러가지 의견이 제기되고 있지만, 현재로서는 일반국민들은 그다지 관심을 갖지 않는 것이 현실이다. 그것은 패전 이후 일본이 나름대로의 아시아정책을 가지지 못해왔기 때문이라고 생각되는데, 그런 가운데 비록 소수에 의해서지만 지금까지 논의되어온 동아시아론에 대해 간략하게 검토하기로 한다.

패전 이후 '동아시아'라는 말을 제일 먼저 쓰기 시작한 것은 역사연구자들이었다. 이들은 중국혁명의 성공, 반둥회의 개최와 평화5원칙 발표, 그리고 1960년의 미일안보조약 개정 등의 움직임에 자극을 받아, 일본의 역사와 현실을 동아시아세계와의 관계 속에서 파악하려고 했다. 그러한 시도의 대표적 성과로, 서양사 연구자인 우에하라 센로꾸(上原專祿)가 중심이 되어 편찬한 『일본국민의 세계사』,[11] 중국사 연구자 니시지마 사다오(西嶋定生)가 주장한 동아시아 책봉체제론,[12] 동아시아지역의 근대전환기에 관한 토오야마(遠山茂樹)·시바하라(芝原拓自) 논쟁[13] 등을 들 수 있다.

우에하라의 구상은 근대 이전 세계사는 몇개의 독립된 지역에서 구성되어 있었다고 보면서 그중 하나로 동아시아세계를 설정한 것이었고, 니시지마의 책봉체제론은 우에하라의 구상을 구체화한 것이었다. 또한 토오야마와 시바하라의 논쟁은 일본의 메이지유신과 중국의 양무운동(洋務運動) 비교에 관한 것이었는데, 그것은 더 거슬러올라가자면 '근대전환기에 일본은 독립을 지킬 수 있었는데 왜 중국은 반(半) 식민지가 되었는가'라는 전전의 매뉴팩처 논쟁을 이은 것이었다.

역사학계에서는 이처럼 1960년을 전후하여 동아시아에 관한 관심이 상당히 높았는데, 1970년대에 들어서면서 이러한 경향이 급격히 약해지게 된다. 그 원인은 여러가지겠지만 연구방법 자체에 내재한 원인도 있었다고 하겠다. 첫번째로는 학문의 독립성 문제를 들 수 있다. 이 시기의 동아시아론은 전전의 이른바 '아시아 정체성론'을 거꾸로 뒤집은 형태로, '선진적인 중국과 후진적인 일본'이라는 구도를 전제로 하고 있었다. 그것은 전전의 정체성론과 마찬가지로 정치적인 성격을 강하게 띤 것으로서, 역사연구를 정치에 종속시키는 경향에서 벗어나지 못하는 약점을 안고 있었다. 또 두번째 문제로 전전의 연구를 극복하는 작업이 미약했다는 것을 들 수 있다. 패전 후 일본의 역사연구와 사회과학 연구에 큰 영향력을 발휘한 연구자로 이시모다 쇼오와 마루야마 마사오 두 사람을 드는 것에 이론이 없을 것이다. 그런데 두 사람의 대표적 저작이라고 할 만한 『중세적 세계의 형성』과 『일본정치사상사연구』는 모두 2차대전 중에 집필되어 패전 후에 출판된 책이다. 두 사람은 그 저서에서 각각 다른 방법으로이기는 하나 일본과 중국을 비교하면서 일본의 선진성과 중국의 정체성을 거론했다. 패전 후 이들은 그러한 전전의 견해에 대해 자기비판을 하게 되는데, 문제는 그 자기비판 자체가 애매했을 뿐만 아니라 이들의 저서가 일본 학계에 지대한 영향을 주었다는 점이다. 전전의 동아시아론에 대해 철저하게 비판하면서 그것을 극복할 방향을 찾지 못했다는 문제는 오늘날 일본의 동아시아론에도 부정적인 영향을 주고 있다고 볼 수 있다.[14]

1970년대 이후 역사학계에서 동아시아에 대한 관심이 떨어진 데에는 앞서 말한 것 같은 연구방법의 문제도 있었지만, 그보다도 현실의 변화에 의한 바가 더 컸다고 할 수 있다. 즉 일본경제의 고도 성장, 중국의 문화대혁명, 그리고 한국과 대만의 경제성장 등 동아 시아지역에 큰 변화가 생기면서, 60년대까지의 동아시아론이 그 유 효성을 상실하게 된 것이다. 한때 크게 주목받았던 타께우찌 요시 미(竹內好)의 '방법으로서의 아시아' 같은 논의도 동아시아사회의 현실과 너무나 동떨어진 것임이 분명해지면서 영향력을 잃게 되었 다.[15]

한편, 동아시아론이 퇴조하면서 부각된 것이 근대화론이었는데, 그 영향력은 일시적이며 크지 못했다. 근대화론이 그다지 영향력을 발휘하지 못한 이유는 너무나 단순한 논리 탓으로 생각되는데, 그것 보다도 주목할 만한 현상은 생태학자인 우메사오 타다오(梅棹忠夫) 가 제창한 '문명의 생태사관' 같은 새로운 형태의 탈아론적 일본론 이 등장한 것이다. 카와까쯔 헤이따(川勝平太)의 해양사관, 아다찌 케이지의 중국 전제국가론 등이 신(新)탈아론적 연구경향을 대표하 는 것이라 여겨지는데,[16] '새로운 역사교과서를 만드는 모임'이 제 시하는 역사상도 크게 볼 때 이러한 신탈아론적 연구와 궤를 같이하 는 것으로 보인다.

1970년대 이후 신탈아론적인 연구가 계속해서 제기되는 동안, 새 로운 동아시아 이해를 도모하는 연구도 나타나기 시작했다. 그러한 연구 중에서 여기서는 다음 두가지를 언급하고 싶다. 하나는 '아시 아 네트워크론'이라고 칭할 수 있을 아시아 내부의 관계를 중시하는 연구들이며, 다른 하나는 '중진국자본주의론'이다.

아시아 네트워크론이라는 것은 여러가지로 다양한 연구들을 포함하는데, 크게 일본사의 입장에 선 연구와 아시아사의 입장에 선 연구로 나눌 수 있다. 그중 일본사의 입장에 선 연구로는 일본 '중세사'의 '왜구해역론(倭寇海域論)'과 '근세사'의 쇄국비판론(일본형 화이華夷질서론)을 들 수 있을 것이다. 왜구해역론이란 14~16세기 동중국해에서 일본인뿐 아니라 다양한 지역 출신자들이 국경을 넘어서 무역활동에 종사하는 한편, 때로는 무력으로 해적행위를 했다는 것이며,[17] 쇄국비판론은 토꾸가와시대의 일본을 쇄국으로 파악한 기존의 견해를 비판하며 제기된 것으로, 네개의 창문을 통해 외부세계와 관계를 유지했다는 주장이다.[18] 이러한 연구들은 일본사 연구의 일국사적인 경향을 비판하면서 외부세계와의 관계를 중시했는데, 80년대 이후 일본사 연구 전체에 큰 영향을 주고 있는 아미노 요시히꼬의 문제제기와도 깊은 관계가 있다고 생각할 수 있다. 즉, 아미노가 종전의 일본사 연구를 농업중심사관, 서(西)일본중심사관 등으로 비판하면서 비농업부문, 유통부문, 외부세계와의 관계 등을 중시할 것을 주장했던 것에서 보듯,[19] 일본사 연구에서 아시아 네트워크론은 이러한 아미노의 주장과 공명하는 연구로 볼 수 있다.

한편 아시아사 연구의 입장에 선 것으로서는 하마시따 타께시(濱下武志)의 '조공체제론', 스기하라 카오루(杉原薰)의 '아시아 교역권론' 등이 대표적이다.[20] 이들은 19세기 이전에 활발하게 전개된 아시아 역내무역이 19세기 이후에도 큰 영향을 주었다고 하면서 이른바 서양의 충격이 아시아에 미친 영향을 상대화하려고 한다.

이처럼 아시아 네트워크론에는 다양한 경향들이 혼재하지만, 바다를 중시하면서 일본을 고립시키는 바다가 아니라 외부와의 관계를 매개하는 존재로서 바다를 보려 한다는 공통점을 갖고 있다. 그리고 이러한 연구에 의해 새로운 사실들이 많이 밝혀졌고, 나아가서 일본의 역사를 새로운 각도에서 볼 수 있게 된 것은 높이 평가할 만하다. 한가지 더 지적한다면, 이러한 연구가 70년대 이후 일본과 아세안지역의 경제관계 강화라는 시대적 환경과 깊은 관계가 있다는 점도 주목해야 할 것이다. 그런데 문제는 이러한 연구에 의해 그전의 일본사상이 완전히 바뀌었다고는 하기 힘들다는 것이다. 오히려 외부세계와의 교류가 강조되면서, 일본형 화이질서의 주장에서 보듯 일본의 민족주의적 경향을 강화하는 측면이 있는 것도 부정하기 힘들 것이다. 이러한 문제점이 생긴 이유는, 국제관계 중시라는 새로운 주장이 일본 국내체제에 대한 새로운 인식과 연결되지 못한 데 있다고 생각한다. 예를 들어 쇄국비판론의 대표적 연구자인 아라노 야스노리(荒野泰典)는 다음과 같이 지적한 바 있다.

종래 '쇄국'으로 불려온 근세일본의 체제는 '해금(解禁)'과 '화이질서'라는 두 개념으로 치환하는 것이 타당하다고 나는 생각한다. 이러한 개념으로 일본 근세국가의 성립을 생각한다면, 종래 유럽 봉건제와 비교되는 면이 많았던 막번제(幕藩制) 국가를 동아시아의 중국·조선의 국가와 비교하면서 생각할 필요성을 통감하게 된다. 이 점에 대해 이 책에서는 거의 전개하지 못했지만 관료제와 상비군을 가진 중국·조선의 국가와 영주제에 의거한 일본 근세국가는 외견상 분명히 다르게 보이면서도 한 걸음 더 들어가서 본다면 막번제 국가도 동아시아 제국과의 관련 속에서 자기를 형성함으로써 한편에서는 동

아시아의 전통적 국가상의 규정성을 받았다고 지적할 수 있지 않을
까?[21)

이러한 아라노의 지적에도 불구하고, 사실 토꾸가와시대 일본사
회를 중국, 조선과 비교하는 연구는 전혀 진전이 없는 상황이다. 네
트워크론의 입장에 선 연구들이 어쩌면 일본 민족주의에 이용당할
위험성을 면치 못한 원인이 여기에 있다고 생각되는 것이다.

다음으로는 중진자본주의론인데, 주지하듯이 이 논의는 70년대
이후 한국, 대만 등 아시아 신흥공업국(NICS, 중진국)의 등장이라는
현상을 바탕으로 새로운 경제사상을 그리려는 시도이다.[22) 그것은
전전의 매뉴팩처 논쟁이나 60년대의 토오야마·시바하라 논쟁을 완
전히 새로운 각도에서 보려고 하는 것으로, 한국의 연구에도 큰 영
향을 주었다. 이 입장에 선 연구들에 의해 동아시아 근대경제사를
새롭게 볼 수 있게 되었지만, 경제중심적인 경향이 강한 점, 그리고
일본 자본주의를 찬미하는 측면이 강하고 그에 대한 비판적인 파악
이 약하다는 점 등의 문제점을 지적할 수 있다.[23)

### 동아시아공동체와 관련된 최근의 논의

1970, 80년대에도 이상과 같이 동아시아적 시각을 가진 연구성과
가 어느정도 제출되기는 했지만, 전체적으로 볼 때 그다지 활발하지
못했다고 할 수밖에 없겠고, 특히 80년대 말의 사회주의권 붕괴와
그에 따른 맑스주의의 쇠퇴로 연구의 분산화·개별화가 급속히 진행
되는 가운데 연구와 현실의 긴장관계, 연구의 사회적 의미 등에 대

한 연구자들의 관심이 약화되면서 오늘날에 이르렀다고 하겠소. 그
런데 최근에 와서 동아시아공동체가 현실적인 문제로 부상하면서,
그와 관련된 연구가 몇몇 연구자에 의해 제기되기 시작했다. 그중
가장 먼저 동아시아공동체 문제를 거론한 사람은 모리시마 미찌오
(森嶋通夫)이며, 다음으로 와다 하루끼(和田春樹)와 재일교포 연구자
강상중(姜尙中)의 '동북아시아 공동의 집' 제기가 있었고, 2004년에
는 타니구찌 마꼬또(谷口誠)의 동아시아공동체론이 제기되기에 이
르렀다. 그중에서 동아시아공동체 결성 문제와 직접적인 관계를 가
진 것으로는 모리시마와 타니구찌의 연구를 들 수 있다.

　일본 외무성 관료이며 OECD 사무차장을 맡았던 타니구찌는 그
경력을 바탕으로 동아시아공동체의 필요성을 강하게 주장하는 대
표적인 인물이라고 할 수 있는데, 그의 동아시아공동체론은 '아세
안+3'의 틀을 전제하면서 특히 경제통합의 필요성을 강조하는 것으
로서, 일본의 전형적인 동아시아공동체 추진론이라고 할 수 있다.
그가 동아시아공동체론을 적극적으로 주장하게 된 이유는 다음 문
장에 잘 나타난다.

　21세기 세계경제는 1980~90년대의 일본·미국·유럽에 의한 낡은
삼각구조가 붕괴되고 그대신 확대되는 EU와 NAFTA, 그리고 약진하
는 아시아에 의한 새로운 삼각구조가 출현할 것이라고 생각되었다.
그리고 일본은 경제발전 절정기에 안고 있었던 일·미·구(유럽) 삼각
구조의 일단을 담당하고 있다는 옛날의 엘리뜨의식을 버리고 장기간
의 경제정체에서 탈출하기 위해서라도 먼저 '동아시아경제권'을 구

축해서 아세안·중국·한국과 함께 발전함으로써 동아시아의 발전과
안정에 공헌할 길을 가야 한다고 생각하게 되었던 것이다.[24]


즉 타니구찌의 주장은 무엇보다도 일본의 장기불황, 이른바 잃어
버린 10년을 극복하기 위해 동아시아공동체 결성이 필요하다는 것
으로, 일본의 경단련이나 경제동우회 같은 재계에서 주장하는 적극
론과 궤를 같이하는 것이다(다만 재계 일부에는 소극론, 반대론도
존재한다).

타니구찌의 동아시아공동체론은 대단히 공리주의적이고 현실주
의적이며, 더욱이 외무관료 출신이라는 조건으로 인해 일본에서 어
느정도 영향력을 발휘할 수 있는 주장으로 평가될 만하다. 그러나
다른 한편 현실주의적인 만큼 역사문제에 대해서는 그다지 통찰이
깊지 않고, 또한 중국과의 관계는 중시하지만 한국과의 관계에는 미
흡하다는 아쉬움도 있다. 물론 타니구찌가 역사문제를 전혀 무시한
다는 것은 아니지만, 기본적으로는 먼저 경제공동체를 결성한 다음
에 동아시아로서의 공동체의식을 강화하겠다는 구상이기 때문에,
요즘처럼 역사문제 탓으로 모든 문제가 암초에 걸린 듯한 상황을 볼
때 너무나 낙관적이 아닐까 싶은 생각을 금할 수 없다.

그에 비해 와다와 강상중의 '동북아시아 공동의 집' 구상은 '아
세안+3'의 움직임과는 별도로 주로 북한의 핵문제와 관련해서 제기
된 것이다.[25] 따라서 안보문제에 역점을 둔 구상이라 할 수 있는데,
그 대상범위도 동남아시아는 제외된 반면 한·중·일뿐만 아니라 북
한·미국·러시아·대만·몽골을 포함하고 있다. 그리고 동북아시아

지역에 널리 살고 있는 한(韓)민족이 '공동의 집'의 핵심적인 존재로 주목되고 있는 점이 최대 특징이다.

여기서는 '동북아시아 공동의 집'을 제일 먼저 주창한 와다의 견해를 중심으로 검토하겠다. 와다의 주장에서 가장 문제가 되는 부분은 '동북아시아 공동의 집'이라는 구상과 지금 논의되고 있는 동아시아공동체론이 어떠한 관계에 있는지가 애매하다는 점이다. 원래 '동북아시아 공동의 집'은 동아시아공동체와는 무관하게 제기된 것인데, 요새 동아시아공동체론이 활발하게 구체화되면서 와다의 책이 출판되었다. 이러한 경과를 보면 양자는 가까운 관계에 있는 것같이 보이지만, 자세하게 보면 상당히 괴리가 있다. 즉 '동북아시아 공동의 집'은 기본적으로 안보문제에 주안점을 둔 주장이기에 EU 같은 공동체와는 다른 수준의 구상이다. 그것을 의식하면서 '공동체'가 아닌 '공동의 집'이라는 명칭을 내세웠다고 볼 수 있거니와, 최근 와다의 논의는 양자의 관계에 대해 애매한 면이 많다. 특히 동아시아공동체론은 미국에 대항하면서 구상된 것인데, '공동의 집'에는 오히려 미국과 러시아가 포함되어 있다는 큰 차이가 있어서, 쉽게 넘어갈 수 없는 문제로 생각되는 것이다.

그러나 와다는 역사연구자이기 때문에 역사문제에 대해서는 타니구찌보다도 많은 관심을 기울이고 있다. 와다는 '동북아시아'라는 지역을 설정하는 데 있어서 과거·현재·미래의 세가지 측면을 고찰해야 한다고 주장하며 역사문제에 접근하는데, 구체적으로는 근대 이후 일본이 이 지역을 어떻게 인식해왔는가, 그리고 그 인식에 의거해서 일본이 이 지역을 어떻게 침략·지배하려고 했는가, 두가지 문제를 거론한다. 그런데 와다의 동북아시아에는 미국이나 러시아도 포함되어 있기 때문에, 동북아시아 전체의 역사문제에 대한 고찰도 근대 이후에 한정될 수밖에 없으며, 문화적·문명적으로는 다양하고 이질성이 많은 지역으로서 동아시아를 보게 된다. 바꿔 말하면 동북아시아가 하나의 유기적인 지역으로 설정될 수 있는 역사적 근거는 희박하다고 할 수밖에 없다. '공동체'가 아니고 '공동의 집'이라고 하는 것도 이러한 문제와 관련된다고 생각되는데, 그런 의미에서는 와다의 논의도, 타니구찌와는 다르지만 역시 공리주의적이고 현실주의적인 성격이 강한 것이라 하겠다.

주지하는 바와 같이 올해 들어서 한·중·일 삼국 간에는 많은 대립과 알력이 일어나고 있다. 특히 야스꾸니신사 참배 문제와 역사교과서 문제, 그리고 영토 문제를 둘러싸고 관계악화가 심각한 수준까지 이르고 있다. 2002년 월드컵, 일본의 '한류'현상 등으로 우호관계가 매우 진전했다고 생각되던 시절이 언제였을까 의아할 정도이다. 이렇게 갈등이 재발하는 근저에 역사인식 문제가 깔려 있다는 것은 새삼 말할 필요조차 없을 것이다.

문제는 지금 일본에서 논의되고 있는 동아시아공동체 문제가 이러한 역사인식 문제를 어떻게 극복하려고 하는가이다. 이런 관점에서 볼 때 솔직히 말해서 타니구찌나 와다와 강상중의 제안은 충분치 못하다고 여겨진다. 물론 그들의 논의에는 역사문제, 특히 일본 근대의 침략의 역사에 관한 이야기, 그것에 대한 일본의 반성을 호소하는 내용이 포함되어 있다. 그러나 '동아시아공동체' 혹은 '동북아시아 공동의 집'의 형성이 일본역사에서 어떤 의미를 가질 것인가에

대한 문제의식이 약하다는 인상을 면치 못하는 것 같다. 그런 의미
에서 지금까지 일본에서 제기된 동아시아공동체론으로서 내가 주
목하고 싶은 것은 모리시마의 공동체론이다.


## 4. 동아시아공동체와 동아시아론의 새로운 방향

### 모리시마의 동아시아공동체론

여기서 모리시마의 동아시아공동체론을 별도로 소개하는 것은
그것이 일본역사에 대한 깊은 통찰을 바탕으로 일본의 신생(新生)을
위한 문제로 동아시아공동체 결성을 제기하고 있기 때문이다.

유명한 경제학자이며 런던정경대학(LSE) 교수였던 모리시마가
유언처럼 남긴 것이 동아시아공동체 제안이다. 이 제안은 1995년
출간된 『일본의 선택(日本の選擇)』이란 책에서 처음으로 제기되고,
그후 저자가 중국 난카이(南開)대학에서 행한 강연을 바탕으로 한
『일본이 할 수 있는 일은 무엇일까?―동아시아공동체를 제안하다
(日本にできることは何か―東アジア共同體を提案する)』에서 본격적
으로 제기된 것이다.

모리시마의 동아시아공동체론의 핵심은 일본과 한국의 경제력과
기술을 이용해서 중국과 북한의 오지(奧地)를 개발하겠다는, 어쩌면
아주 단순한 것인데, 내가 주목하고 싶은 면은 동아시아공동체 결성
이 일본을 신생시킨다는 발상과 그 아래 깔린 일본의 역사, 문화에
대한 모리시마의 인식 부분이다. 특히 모리시마가 말하는 일본과 중

국의 비교는 경청할 만하다. 조금 길어지겠지만 모리시마의 책이 한
국에 번역되지 않았기 때문에 그 중심적인 부분을 소개한다.

천황제국가에서 국민은 인권이 거의 없었다. 자기들이 그렇기에 조
선인이나 중국인에게는 인권이 전혀 없다고 대부분의 일본인들이 믿
고 있었던 것이다. 이렇게 생각한다면 난징(南京)대학살과 싱가포르
대학살 및 조선여성과 기타 아시아 여성을 위안부로 쓴 일은 당연한
것으로서, 일본인은 그것을 중대한 일이라고 생각지 않았던 것이다.
일본의 군인이나 병사들은 천황을 위해서라면 무엇이든 하겠다는 정
신으로 식민지와 점령지 사람들을 죽이거나 위안부로 삼았던 것이다.
천황제국가에서는 일본인의 윤리감각이 마비되어 있었던 것이다.[26]

황조(皇祖)는 구체적인 특정인물이 아니라 무한한 과거까지 거슬
러올라가는 가공의 인물이었는데, 천황에게는 이러한 ‘황조’의 뜻에
따르는 일이 무엇보다도 중요했다. ‘황조’의 뜻은 일본에서는 정의 및
정통성의 근원이다. 그러한 의미에서는 중국의 ‘천(天)’에 해당한다.
그러나 그것은 ‘천’과는 다르다. ‘천’ 아래서는 기회가 모든 사람에게
열려 있지만 ‘황조’는 지극히 차별적이다. ‘황조’의 후손인 천황 일가
이외의 사람들이 천황의 지위에 지명되는 일은 결코 없다. 이에 반해
중국에서는 ‘천’의 지지를 잃은 왕조는 권력을 잃게 되는 것이다. 그
러고 나서 천의(天意)에 들어맞는 다른 왕조가 지배자의 지위에 올라
간다. 이렇게 해서 중국에서는 혁명이 가능한 데 비해, 일본에서는 혁
명이 전혀 불가능하게 ‘국체’가 만들어져 있다.

물론 중국에서도 무엇이 '천의'인지는 불분명하다. 천의가 명시되어 있어서 그것에 따라 군주가 뽑히는 것이 아니라, 현실의 피비린내 나는 싸움의 결과 황제가 결정된다. 그 전형(銓衡)의 결과를 천의로 보는 것이다. 이처럼 천의를 이론적으로 'revealed preference'로 규정한다면 '천' 개념의 초월적 존엄성은 없어져버리겠지만, 민주주의 정체에서의 민의도 이론적으로 'revealed preference'로 구상할 수 있는 것이다. 따라서 일본의 존황(尊皇)사상을 중국의 역성혁명사상 및 서구의 민주주의사상과 비교한다면 전자는 나머지 둘과 심하게 대립하지만 후자 둘은 꽤 닮았다고 하지 않을 수 없다.[27]

중국에서는 천은 모두 옳으며, 인간사회에서 천에 가장 가깝게 위치하는 것은 황제라는 사상이 존재한다. 가령 황제가 잘못해서 천도(天道)에 어긋나는 행위를 했을 경우, 천은 황제를 질책하고 경우에 따라서는 황제에게 교대를 명령한다. 이리하여 왕조는 교체된다. 따라서 천의 존재는 최종적인 이성의 존재를 보증할 뿐 아니라 혁명을 허용한다. 고대일본의 상층 계층, 즉 천황 일가에 연계되는 사람들은 천을 위험한 것으로 생각해 천의 존재를 부정했다. 황제는 천 가까이에 존재하는 것이 아니라 천 그 자체라고 생각했던 것이다. 그래서 칭호를 바꾸어 이러한 황제를 천황이라고 칭했다.

(…) 유교에는 상하관계에 관한 덕목 이외에 횡적인 대등관계에 관한 덕목이 있다. 여기서 중요한 덕목은 인·의·예·지·신인데, 교육칙어에는 "붕우(朋友)는 서로 믿을 수 있어야 한다" "학문을 하며 일을 배워서 지식을 획득하라"라고 해서 지(知)와 신(信)에 대한 언급이 있

다. (…) 그러나 칙어가 인(仁)에 대해서도 의(義)에 대해서도 아무것도 말하지 않고 있는 것은—공자가 유교에서 제일 중요한 덕목은 인이라고 말했는데도—일본의 유교가 중국의 그것과 다르다는 것을 보여준다. 의에는 그것이 옳은지 여부를 판단할 수 있는 확고하고 일반적인 기준이 있어야 한다. 중국에서 그것은 천에 의해 주어진다고 여겨진다. 천의 존재를 인정하지 않는 일본에서는 모든 일의 정사(正邪)가 천황의 '오오미꼬꼬로(大御心)'대로 결정된다. 이러한 일본에서 칸트 철학은 절대로 이해될 리가 없으며 칸트를 인정한다는 것은 천황을 부정하는 것과 마찬가지다. 그리하여 '의'라는 것이 무엇인지 깊이 생각하지 않는 '지'는 단순한 지식의 집적에 불과하다. 천을 황제에서 분리시키는 중국유교는 근대사상과 양립할 수 있지만, 천을 천황과 동일화하는 일본유교는 고작 의사(擬似) 근대의 교의(그것이 일본 근대화의 원동력이었다 하더라도)에 불과한 것이다. 이제야 비로소 중국이 일본보다도 훨씬 서구적이라는 말이 분명해진다 하겠다.[28]

이처럼 모리시마는 중국과 비교하면서 일본 천황제의 특수한 성격을 역설했다. 천황제는 상징천황제로 바뀐 패전 후의 일본사회에도 많은 문제점을 남겼으며, 아직까지 해결되지 않았다는 것이 그의 견해이다. 특히 지금 일본에서 제일 심각한 문제로 정치의 부재, 정치가의 부재를 거론하면서, 동아시아공동체의 결성을 그 해결책으로 제시한다.

다른 한편 일본정부는 혁신적인(innovative) 발안을 하지 못하는 약점을 안고 있다. 그것을 위해서는 야당의 비판이 가장 필요한데 국내 야당도 혁신적이지 못하기 때문에 국외의 비판에 반응해서 전진하지 않으면 창조적일 수 없는 것이다. 일본, 특히 정부가 '참된 정계'다운 정계가 될 수 있는 길은 동아시아공동체(EAC)를 결성해서 그 의회에서 일본 정치가들이 훈련을 받게 될 경우뿐이라고까지 말해도 좋겠다. 일본인이 세계무대에서 충분히 자기주장을 하지 않는 일은 유명하지만, EAC 무대에서 훈련을 받는 것은 일본의 세계적 지위 향상에 큰 도움이 될 것이다. 나는 한국이나 대만에 대해 (나의 지식 부족 때문에) 많은 것을 말하지 못하지만, 혁신적으로 사고하거나 분명히 자기주장을 하는 점에서는 일본인보다 훌륭하다고 생각한다. 북한의 EAC 가입은 이종성(異種性)이 짙은 요소를 주입할 것이다.[29]

현재 아시아의 상황을 보면 공동체 창설이라는 조직혁신을 위한 유물론적 기초는 충분히 마련되어 있다. 동아시아에는 일본과 한국이라는 강력한 자동차 생산국이 있고, 중국의 도로는 유럽의 그것과 비교해서 결코 문제가 없을 정도는 아니지만, 여객기 이용을 확대할 여지는 충분히 있다. 다만 그러한 정치적 제휴안을 제안할 수 있는 정치가가 없을 뿐이다. 만약 있다면, 제일 그럴듯해 보이는 나라가 중국이고 그 다음이 한국인데, 절망적으로 없는 나라가 일본과 북한이다.[30]

## 역사연구자의 입장에서

모리시마의 일본 비판은 정말로 신랄하다. 어쩌면 역사연구자가 아니기 때문에 가능한 비판인지도 모르겠다. 일본사 연구자로서 천황제비판을 가장 집요하게 지속해온 사람은 작고한 아미노라고 생각되는데, 그러한 아미노조차 모리시마처럼 일본의 역사를 상대화하지는 못했다. 그뿐만 아니라 일본열도와 외부세계의 교류를 강조함으로써 '훌륭한 일본의 역사'라는 식으로 이용당할 위험성마저 우려되기도 한다.

아미노의 연구뿐 아니라 아시아 네트워크론이나 중진자본주의론도 자칫하면 앞에서 지적한 대로 일본의 민족주의적 성향을 조장하는 측면을 갖고 있다. 한가지 더 예를 들면, 요새 일본에서 주목받는 역사인구학 연구에 대해서도 비슷한 문제를 지적할 수 있다.

역사인구학은 객관적이고 실증적으로, 그리고 민중을 대상으로 일본사회의 장기적인 변동을 밝힐 수 있는 연구라는 구호 아래 활발하게 진행 중인데, 일본은 비서구지역으로서는 예외적으로 예방적 인구조절이 일찍부터 실시되어왔다고 주장한다(인구를 조절하는 방법으로는 사망률을 높이는 적극적 방법과 출생률을 낮추는 예방적 방법이 있다. 인구학의 개척자 맬서스T. Malthus는 서구에서 유일하게 예방적 방법이 존재했다고 주장했다). 따라서 여기서도 일본예외론, 일본과 서구의 동질론이 도출되었는데, 문제는 중국과 한국 같은 지역의 인구동태가 충분히 밝혀지지 않은 상태에서 이렇게 조급한 결론을 내린다는 데 있다. 그런 의미에서 객관적이고 실증적이라는 구호에도 불구하고 역사인구학 역시 이데올로기적인 편향을 면치 못하고 있다고 하면 지나친 것일까?[31]

어쨌든 일본에서는 새로운 연구성과가 계속 나오고 있지만, 그 대부분이 일본예외론, 서구와의 동질론 같은 탈아론적 해석과 쉽게 연결되는 경향이 뿌리깊다. 이러한 경향은 근대일본의 학문연구 자체가 처음부터 서구를 따라잡을 것을 목표로 시작되었기 때문에 어쩔 수 없는 것이라고 할 수도 있지만, 오늘날까지 그러한 경향을 극복하지 못하고 있는 것은 문제다.

최근에 와서 '새로운 역사교과서를 만드는 모임'을 중심으로 만들어지고 있는 『지구일본사』와 『신지구일본사』[32)에서는 '일본과 유럽의 동시 발흥' '에도시대가 가능하게 만든 메이지유신' '쇄국은 정말로 존재했을까' 등 최근의 연구성과를 나름대로 수용하면서 민족주의적인 일본사상을 그리려 하고 있는데, 이러한 경향을 어떻게 비판할 것인가도 문제가 된다. 이를 위해서는 많은 부분에서 일본역사를 재검토해야겠지만, 그중에서도 일본이 동아시아세계에서 얼마나 고립되어 있었는가를 밝히는 것이 중요하다.

일본이 제대로 된 아시아정책을 가지지 못한 것은 어제오늘만의 일이 아니다. 6~8세기의 고대국가 성립기를 제외하면, 일본은 대체로 동아시아세계에서 동떨어져 있었다. 통설적으로는 9세기 이후가 이른바 '국풍(國風)문화'의 시대로 일본에 독특한 문화가 꽃핀 시기로 평가되어왔는데, 정말 그랬을까? 중국 송대에 등장한 새로운 유학혁신운동도 모르고, 몽골족의 대두와 세계제국의 건설도 모르며, 16세기에 동아시아해역에 등장하기 시작할 때는 폭력적으로 거기에 참입하려고만 했던 일본에게는 외교적 세련이나 타협 같은 것은 있기 어려웠던 것이다.

그런 의미에서 모리시마의 일본사 이해는 충분히 음미할 가치가 있다고 생각한다. 내가 올해 5월 일본에서 개최된 학회에서 일본의 토꾸가와시대와 조선시대를 비교하는 발표를 한 것도 그러한 문제의식에서였다. 그 학회는 '에도시대 재방(再訪)'이라는 주제로 행해졌는데, 나는 일본의 토꾸가와시대를 이해하기 위해서는 주자학을 부분적으로만 수용했던 것을 지금까지처럼 긍정적으로만 보기보다 그 부정적인 면도 봐야 한다고 주장했다. 예를 들어 에도시대에는 아주 엄격한 신분제가 존재했고 고닌구미(五人組, 다섯 가구를 한 단위로 연대책임을 지게 한 인보隣保제도)나 슈우몬아라따메(宗門改, 천주교도를 적발하기 위한 종교조사) 같은 심한 인민통제가 실시되었는데, 이러한 현상도 16세기 이후 민중들의 성장을 효과적으로 통치할 체제로서 주자학적 국가체제를 구축할 수 없었기 때문이라는 것이 나의 주장의 핵심이었다.

한편, 나에게 충격적이었던 일은 그 학회에 참가한 일본의 대표적인 토꾸가와시대 연구자가 토꾸가와시대의 공동체적 정신을 현재 일본이 다시 찾아낼 가치가 있다고 발언한 것이다. 패전 후 일본사회가 전전의 반성과 함께 공적인 것을 부정적으로 보고 사적인 것을 소중하게 간주해왔기 때문에 젊은 사람들을 비롯해 전반적으로 사회적인 관심이 없어진 반면에, 요새는 거꾸로 그런 상황에 만족하지 못하고 사회참여를 원하는 사람도 증가하고 있다는 현실('새로운 역사교과서를 만드는 모임'의 지지기반도 여기에 있다고 생각된다)을 볼 때, 그런 발언이 이해되는 면도 있기는 하지만 대단히 위험한 발상임에는 틀림이 없다. 자기가 소속한 공동체만 알고 그 공동체를 넘어선 국가에 대해서는 스스로 생각할 수 없는 국민이었기에 정신적으로 '마비'상태에 빠져버리고, 그 때문에 침략과 식민지지배를 자기 스스로의 문제로 인식하지 못했는데, 그러한 공동체정신을 어떻게 재평가할 수 있다는 말인가? 이러한 일본의 상황을 볼 때 동아시아공동체는 일본에 대단히 의미있는 제안으로 생각되는데, 그것을 위해서도 동아시아 속의 일본사를 어떻게 구상할 것인가에 대한 고민이 앞으로도 매우 필요할 것이라고 생각한다.


## 5. 맺음말

이상과 같은 일본의 움직임과 관련해서 마지막으로 한국의 연구자에게 몇가지 바라는 점을 지적하면서 마무리를 짓고자 한다.

먼저 분명히 해두어야 할 것은, 일본의 동아시아공동체론과 관련된 논의는 중국과 한국을 다같이 염두에 둔 것이 아니라는 점이다. 예를 들어 타니구찌와 모리시마의 논의는 중국을 깊이 분석하고 있지만 한국에 대해서는 상당히 소략하다. 반대로 와다와 강상중의 논의는 한국과 북한을 비중있게 언급하지만 중국에 대해서는 모자란 면이 많아 보인다. 이러한 경향은 연구자에 따라 연구대상이나 관심 대상이 다르기 때문에 어쩔 수 없는 것이기도 하겠지만, 동아시아 전체를 골고루 시야에 넣는 것이 바람직할 것이다. 그런 면에서는 일본 연구자보다 한국 연구자가 동아시아 전체를 볼 수 있는 위치에 있다고 생각되는데, 따라서 한국의 입장에서 일본의 논의에 적극적으로 대응하는 일이 일본에도 도움이 되지 않을까 싶다. 특히 한국의 동북아논의와 관련해서 일본의 동아시아공동체 논의를 검토할 필요가 있을 것이다.

한가지 더 지적하고 싶은 점은 일본이 지금 무엇을 고민하고 있는지에 대해 조금 더 구조적인 파악이 필요하지 않을까 하는 것이다. 한국의 일본론에는 항상 일본의 우경화를 경계하는 목소리가 높았다. 그 지적 자체는 옳은 일이지만 '늑대와 소년'의 우화처럼 늘 되풀이되면 불감증에 걸리게 마련이다. 내 생각으로 이제 일본의 우경화는 위험한 수준으로 가고 있다고 판단되는데, 문제는 일본이 왜 그렇게 위험한 길을 다시 밟으려고 하는가이다. 그 최대 원인은 일본이 앞으로 가야 할 길을 찾지 못하는 데 있다고 생각한다. 그래서 한국의 일본 비판이 일본의 이러한 상황을 고려하면서 건설적인 방향을 제시하는 형식으로 이루어지기를 바라는 것이다.

제11장

# 후꾸자와 유끼찌의 유교인식

## 1. 후꾸자와 유끼찌라는 인물

후꾸자와 유끼찌(福澤諭吉, 1813~1901)는 근대 초기 일본에서 가장 영향력있던 계몽사상가이며, 케이오오의숙(慶應義塾)의 창립자로도 널리 알려진 인물이다. 그리고 『아사히신문(朝日新聞)』이 실시한 여론조사 '일본사 1000년·일본의 정치지도자 독자 인기투표' 결과에 의하면 후꾸자와는 7위를 차지했고,[1] 현재 1만엔 지폐에 그의 초상이 그려져 있다.

후꾸자와가 이처럼 저명한 인물이기 때문에 그에 관한 연구도 활발하게 이루어져왔으며 지금도 많은 연구가 계속 발표되고 있다. 하지만 연구만 많은 것이 아니라, 후술하듯이 그에 대한 평가는 크

게 대립하고 있다. 특히 그의 탈아론에 대해서는 그것을 일본 역사
교과서에 게재하느냐의 문제를 둘러싸고 제2차 교과서재판이 진행
중이다.

　이렇듯 방대한 연구가 축적되었음에도 평가가 크게 대립하고 있
는 후꾸자와에 대해서 한국사 연구자인 내가 이 글을 발표하는 것
은, 지금까지의 연구에 대해 큰 의문을 느끼기 때문이다. 그 의문이
란, 후꾸자와의 유교인식에 관한 문제이다.[2] 즉 후꾸자와의 유교인
식에는 근본적인 오류가 있었음에도 불구하고 연구자들 역시 후꾸
자와에 대한 평가는 달라도 유교인식에 있어서는 후꾸자와와 같은
오류를 범하고 있다고 생각되는 것이다.

　그래서 이 글에서는 먼저 후꾸자와에 관한 연구사를 간략하게 되
돌아본 후 후꾸자와 본인의 유교인식과 그 문제점을 검토한다. 그
다음에는 후꾸자와 연구자들의 유교인식의 문제를 특히 후꾸자와
연구에 큰 영향력을 발휘해온 마루야마 마사오의 유교인식을 중심
으로 논의할 것이며, 더 나아가서 후꾸자와와 후꾸자와 연구자들의
잘못된 유교인식이 한국과 중국에 대한 정당한 이해를 방해해왔다
는 사실도 지적하겠다.


## 2. 후꾸자와 연구사의 개요와 그 문제점


　후꾸자와에 관한 연구는 방대하게 축적되어 있다. 야마다 히로오
(山田博雄)의 소개에 의하면 매년 80건 내외의 연구가 발표되고 있

으며, 후꾸자와 저작을 포함한 주요 참고문헌만으로도 600개에 이른다고 한다.[3] 후꾸자와 연구사의 특색으로 그 양적인 방대함과 더불어 후꾸자와에 대한 평가가 연구자에 따라 크게 다르다는 점을 지적할 수 있다. 김영작(金榮作)은 후꾸자와에 대한 평가를 분류하는데 있어서 ① 후꾸자와를 시민자유주의자로 볼 것인가 국권절대주의자로 볼 것인가, ② 그의 사상이 시종일관 변하지 않았는지, 혹은 변했다면 어느 시기에 변했는지, 이 두가지 문제를 기준으로 삼아 아래와 같이 일곱가지 유형을 제시한 바 있다.[4]

① 시민자유주의자로서의 후꾸자와 이미지를 전면에 내세우면서 그 일관성을 주장하는 견해

② 국권주의자 후꾸자와를 전면에 내세워 근대일본의 국가발전을 이끈 역할을 높이 평가하는 견해

③ 국권주의자라는 관점에서는 ②와 같지만 후꾸자와 사상의 부정적 역할을 비판하는 견해

④ 국내정치론, 국제정치론을 불문하고 자유주의자로 일관했다고 보는 견해

⑤ 국제정치면에서는 변화했지만 국내정치론에 있어서는 자유주의자로 일관했다는 견해

⑥ 국제정치론만이 아니라 국내정치론에 있어서도 변화를 인정, 초기의 계몽적 자유주의자에서 후기의 국권주의적 내셔널리스트로 변했다고 보는 견해

⑦ 후꾸자와는 초기부터 '일국(一國) 독립, 부국강병'을 근본원리로 삼았다고 보고 자유주의자적인 측면을 전면적으로 부정하는 견해

이상과 같은 일곱가지가 김영작이 제시한 분류이다. 이 중에서 ④의 견해가 후꾸자와를 가장 높게 평가하는 입장이고 ⑦의 견해가 가장 비판적인 입장이라고 말할 수 있는데, 같은 사람에 대한 평가가 이렇게 극단적으로 갈라지는 것은 흔히 볼 수 있는 현상이 아니다.

후꾸자와 연구는 일본 내에서 활발할 뿐 아니라 국외에서도 특히 최근 들어 활발하게 이루어지게 되었다. 한국에서도 후꾸자와의 대표저작인 『학문의 권장(學問のすすめ)』과 『후쿠옹자전(福翁自傳)』 『문명론의 개략(文明論の槪略)』 등이 번역, 출판되었으며, 전문적인 연구서도 몇권 간행된 상태이다.[5] 그런데 국외, 그중에서도 한국과 중국의 후꾸자와 연구는 후꾸자와에 대한 부정적 평가가 압도적으로 우세하고 일본 내의 후꾸자와 연구처럼 계몽주의자로서의 역할을 적극적으로 평가하려는 입장은 소수이다. 일본 국내외에서 이렇게 평가가 크게 다른 이유는 후꾸자와의 한국과 중국에 대한 입장과 견해를 어떻게 이해하는가에서 의견이 분열되는 데에 있다. 특히 1885년 후꾸자와가 사장이던 『시사신보(時事新報)』에 발표된 '탈아론'으로 상징되는 그의 입장을 일본의 아시아침략의 급선봉으로 보는 견해와, 개화파인 김옥균(金玉均) 등에 대한 후꾸자와의 원조와 협력을 근거로 한국의 문명개화를 적극적으로 지원했다고 보는 견해 사이에는 넘기 힘든 골이 존재한다고 말할 수밖에 없다.

이러한 연구상황을 볼 때, 일본과 한국·중국 사이에 존재하는 역사인식의 대립을 해소하기 위해서는 어떻게 해야 하는가? 일본 역사학계의 문제점으로 유교에 대한 올바른 인식의 부재, 그리고 유교를 국가이념으로서 내세운 조선시대 한국과 명·청시대 중국에 관한 대단히 편파적인 이해라는 문제를 나는 지금까지 지적해왔다.[6] 후꾸자와 및 후꾸자와 연구자들의 유교인식에 대해서도 같은 문제를 지적할 수 있다고 생각된다. 즉 후꾸자와가 이해한 유교는 일본식으로 변형된 유교였으며, 그가 한국과 중국을 잘못 이해한 것도 그러한 유교이해에 연유했을 뿐만 아니라 후꾸자와 연구자들도 후꾸자와와 같은 오류에 빠져 있다는 것이 나의 견해이다. 이 글에서는 후꾸자와 저작 중 초기 작품인 『학문의 권장』과 『문명론의 개략』을 주요 검토대상으로 삼아 이 문제를 차례차례 밝힐 것이다. 후꾸자와의 유교에 대한 왜곡된 인식은 초기부터 존재하던 것이며, 그것이 후기의 적극적인 해외진출론, 침략론으로 이어졌다고 여겨지기 때문이다.

## 3. 후꾸자와 유끼찌와 유교의 다양한 관계

### 후꾸자와의 유교에 관한 지식

1835년에 나까쯔번(中津藩, 현재의 오오이따현大分縣 나까쯔시를 중심으로 한 번)의 하급무사의 차남으로 태어난 후꾸자와는 유학에 심취했던 아버지의 영향도 있어서, 유교적인 분위기 속에서 성장했다고 한다. 그리고 14,15세 무렵부터 한문서적을 배우게 되었는데, 그의 유교공부에 관해 자서전에서는 다음과 같이 기술하고 있다.

그러던 중 숙(塾, 사설 교육기관)도 두번인가 세번인가 옮긴 적이 있었

는데, 가장 많이 한서를 배웠던 것은 시라이시(白石常人)란 선생님에
게서였다. 그분의 집에 4, 5년 가량 통학하면서 한학을 배웠고, 그 의
미를 이해하는 것이 아무런 어려움 없이 의외로 빨리 향상이 되었습
니다. 시라이시의 숙에 다니면서 어떤 한서들을 읽었는지 말씀을 드
리자면, 경서를 위주로 하면서 논어·맹자는 물론이요 모든 경서의 의
미에 대한 연구에 몰두하였으며, 특히 선생님의 취향 때문인지 시경
과 서경이라는 것은 진지한 강의를 해주셔서 잘 읽었습니다. 그리고
몽구(蒙求), 세설(世說, 世說新語), 좌전(左傳, 春秋左氏傳), 전국책(戰國策),
노자(老子), 장자(莊子)와 같은 한서도 자주 강의를 들었고, 그 이후는
나 혼자의 공부로 특히 역사의 경우, 사기(史記)를 비롯하여 전후한서
(前漢書, 後漢書), 진서(晉書), 오대사(五代史), 원명사략(元明史略) 같은
책도 읽었고 그중에서도 나는 좌전에 자신이 있어서 대개의 서생들이
좌전 15권 중 3, 4권으로 끝내는 것을, 나는 전부 처음부터 끝까지 내
리 읽었고 아마도 열한번이나 반복하여 읽었으며 재미있는 곳은 암기
하고 있었다. 그래서 어느 정도 한학자의 보좌역 수준 정도가 되었는
데, 전체적인 학문의 흐름은 가메이(龜井南冥)학파로, 나의 선생님은
가메이를 크게 존경하셔서 별로 시 같은 것을 짓는 것은 가르치지 않
고 오히려 냉소하는 편이었다.[7]

후꾸자와의 유교에 대한 신랄한 비판이 "유학의 거의 모든 경서
에 대해 상당히 고도의 이해수준에 입각하고 있었다"[8]라고 하는 것
은 분명히 지나친 평가이지만, 인용문에서 보듯 후꾸자와가 유교에
기초적인 소양을 갖추고 있었던 것은 틀림없다. 아울러 잘 알려진

사실이지만, 그가 생애를 통해 유교를 계속 비판한 동기에 하급무사처지였던 아버지의 인생에 대한 깊은 동정이 있었던 점 또한 유의해야 한다.

이런 일들을 생각하면 부친의 생애 45년의 그 세월, 봉건제도에 속박되어 아무것도 할 수 없어 허무하게 불평을 삼키며 세상을 떠났던 것이야말로 참으로 애석하도다. 또한 갓 태어난 어린아이의 앞날을 헤아려 이 아이를 스님으로 만들어서 명성을 얻게 하려고까지 마음먹었던 그 심적 고통, 그 애정의 깊이, 나는 언제나 이 일을 상기하며 봉건의 문벌제도를 개탄함과 더불어, 망부의 심중을 헤아리며 혼자 울 때가 있습니다. 나에게 문벌제도는 부모의 원수로다.[9]

여기서 토꾸가와시대 일본의 문벌제도를 부모의 원수로 말하고 있는데, 후꾸자와에게는 이 문벌제도를 지탱하는 것이야말로 유교라는 인식이 있었다. 그러나 유교＝봉건제도＝문벌제도라는 것이 후꾸자와의 유교인식에서 가장 큰 왜곡임은 나중에 자세하게 논하겠다.

### 유교적 개념 구사

생애를 통해 유교를 비판한 후꾸자와였지만, 그가 계몽사상가로서 서양의 사상 등을 소개할 때 유교에서 유래한 개념을 많이 사용했다는 것도 부정할 수 없는 사실이다. 천(天)·의(義)·이(理)·덕(德) 등 유교에서 핵심적인 의미를 지닌 문자가 그의 저작 속에서 유교적 의미로 사용되었다는 사실을 쉽게 발견할 수 있다. 이러한 현상은 후꾸자와만이 아니라 당시 일반적인 것으로서 다른 사상가의 경우도 마찬가지였다. 후꾸자와가 가장 빛나게 활동하던 '메이지' 초기는 서구에서 새로운 개념들이 많이 유입되면서, 그것들을 어떻게 번역하는가에 지대한 노력을 기울이던 시기이다. 후꾸자와 본인도 그러한 번역과 소개의 일익을 맡았는데, 번역어를 새롭게 만드는 데 제일 큰 위력을 발휘한 것은 추상적 개념을 풍부하게 가진 유교 관련 어휘였던 것이다. 현재 한국과 일본에서 모두 '인권'이라고 번역되는 'human right'를 후꾸자와는 '인간의 통의(通義)'라고 번역했는데, 여기서 의(義)라는 문자의 용법도 유교의 '의'개념을 빼고서는 있을 수 없는 것이다.

원래 난학(蘭學, 네덜란드 학문)을 배운 후꾸자와는 처음 미국에 여행갔을 때 영어의 필요성을 자각해 영어를 열심히 배우게 되었다. 그가 처음 손에 넣은 영어사전이 중국인이 편찬한 영어-중국어사전 『화영통어(華英通語)』라는 것은 대단히 상징적이다.[10] 다시 말해 영어 등 구미의 언어를 한자를 이용해 번역하는 당시 일본인의 작업에 앞서서 이미 중국인에 의한 영어 번역의 노력이 존재했던 것이며, 유교적 개념을 이용한 번역어 고안이라는 면에서도 중국이 선배였던 셈이다. 이러한 경위 때문인지, 후꾸자와도 유교의 모든 면을 부정하지는 않았다.

그러나 다른 한편으로 보면 옛날에 만일 일본유교라는 것이 없었던들 오늘날과 같은 모습이 되지는 못했을 것이다. 서양에 리파인멘

트(refinement)라 하여 마음을 단련시키고 세련되게 만드는 것을 의미하는 말이 있는데, 그런 점에서는 유교의 공덕 또한 적지 않았다. 다만 옛날에는 효능을 발휘했지만 오늘날에는 쓸모가 없다는 것을 말하고자 할 따름이다. 물건이 매우 부족한 때는 찢어진 거적도 잠옷이 될 수 있다. 겨도 식량이 될 수 있다. 하물며 유학에 있어서랴! 반드시 그 구악을 탓할 수만은 없는 것이다.

생각건대 유학으로 옛날의 일본인을 가르친 것은 시골의 처녀를 양반집에 드난살이시킨 것과 같다. 양반집에서 기거하면 동작도 자연히 세련된 맛을 띠고 그 재지(才智)도 영민해지는 수가 있지만, 활발한 기상을 완전히 잃어서 가정의 영위에 있어서는 쓸모없는 여자가 되고 마는 일이 있다. 필경 그 시절에는 처녀를 교육할 만한 기관이 없었으므로 드난살이도 이유가 없는 것이 아니지만 오늘날에 이르러서는 그 이해득실을 살펴 다른 방향을 정해야 하는 것이다.[11]

여기서 후꾸자와는 이전에는 유교가 여러가지로 의미를 가졌지만 현재 폐해가 심하고 그 질곡으로부터 벗어나는 일이 서양문명의 수용에 꼭 필요하다고 주장하고 있다. 다만, 앞의 인용문에서 보듯이 후꾸자와는 행동거지를 세련되게 하는 것으로 일본유교의 공덕을 부분적으로만 인정하는데, 이러한 점은 그의 유교인식이 가진 문제점과 밀접하게 관련된 부분이다.

### 문명화 = 유교화라는 아이러니

유교의 혹닉에서 벗어나 서구문명을 받아들임으로써 일본의 독립을 확보하는 일을 최대 목표로 삼은 후꾸자와였지만, 그가 추구하려고 한 서구문명화라는 과제가 실은 유교화이기도 했다는 매우 아이러니컬한 현상을 후꾸자와의 저작물 중에서 발견할 수 있다. 여기서는 두가지만 예로 들겠다.

하늘은 사람 위에 사람을 만들지 않고 사람 밑에 사람을 만들지 않는다고 한다. 그 뜻은 하늘이 사람을 만들었을 때 누구에게나 다 똑같은 지위를 부여했으므로 태어날 때부터 상하귀천의 차이가 없다는 것이다. 그리고 인간은 만물의 영장으로 심신의 활동을 통해 천지간에 있는 모든 것을 이용하여 의식주를 해결하고, 자유로이 생활하며, 서로의 생활을 방해하지 않고, 각자 편안하고 즐겁게 살아가도록 했다는 뜻이다. 그러나 오늘날의 인간세계를 널리 살펴보면, 현명한 사람이 있는가 하면 어리석은 사람도 있으며, 가난한 사람이 있는가 하면 부유한 사람도 있고, 귀한 사람이 있는가 하면 천한 사람도 있다. 이토록 현상이 천차만별한 것은 무슨 까닭인가. 그 이유는 아주 명백하다. 실어교(實語敎)에 사람은 배우지 않으면 지혜를 얻을 수 없으며 지혜가 없는 사람은 어리석다라고 쓰여 있다. 그러므로 현명한 사람과 어리석은 사람의 차이는 배움의 유무에 달려 있는 것이다. 또한 이 세상에는 어려운 일도 있고 간단한 일도 있다. 어려운 일을 하는 사람은 신분이 높은 사람이라고 하며 간단한 일을 하는 사람은 신분이 낮은 사람이라고 한다. 정신적으로 해결하는 일은 어렵고 손과 발을 사용하는 육체적인 일은 쉽다. 그러므로 의사나 학자, 정부의 관리, 또는 큰 장사를 하는 조닌(町人) ― 많은 호코닌(奉公人)을 거느리는 큰백성(大

百姓)들은 신분이 중하고 귀한 사람이라고 할 수 있다. 신분이 높고 귀하면 자연히 그 집안이 부유하게 된다. 신분이 낮은 사람들에게는 그것이 전혀 이루어질 수 없는 것처럼 생각되지만, 그 이유를 잘 생각해보면 오직 그 사람에게 학문의 힘이 있느냐 없느냐에 따라 생긴 차이일 뿐 태어날 때부터 하늘이 정해준 것이 아니다. 속담에 "하늘은 부귀를 인간 자체에 부여하는 것이 아니라 인간의 활동에 부여한다"라는 말이 있다. 그러므로 앞에서도 말한 것처럼 사람에게는 태어날 때부터 빈부귀천의 구별이 없다. 오로지 학문을 열심히 닦아 사물에 대해 잘 아는 사람은 귀한 사람이 되고 부자가 되며, 무학인 사람은 가난하고 천한 사람이 된다.[12]

이 문장의 첫머리는 일본 교과서에 반드시 나오는 유명한 것인데, 후꾸자와의 주장을 요약하면 인간은 선천적으로 평등하다는 것과, 그럼에도 불구하고 현실로 존재하는 인간 사이의 다양한 차이는 배우는가 배우지 않는가에 따라 결정된다는 두가지 점이다. 이 문장은 미국 독립선언문에서 받은 영향이 지적되어왔지만, 그것보다 중요한 것은 이러한 주장이 송학(宋學) 이후의 유교, 즉 신유교의 기본적 명제이기도 하다는 점이다. 송학과 그것을 집대성한 주자학은 인간은 모두가 성(性) 즉 이(理)를 태어나면서 부여받지만 살면서 기(氣)의 방해를 받아 본연지성(本然之性)을 발휘하지 못하는데, 누구나 올바르게 배움으로써 본연지성을 충분히 발휘할 수 있는 인간, 즉 성인(聖人)이 될 수 있다고 주장하는 사상이다. 따라서 후꾸자와의 주장은 원래 신유교의 입장과 같은 것이었는데, 후꾸자와는 인간평등

사상을 "사람 밑에 사람을 만들지 않는다고 한다"라고 전문(傳聞) 형태로 표현한 것이다. 여기에 후꾸자와 유교인식의 문제점이 단적으로 나타난다고 하지 않을 수 없다.

또 하나의 예는 다음과 같다.

중국이나 일본 같은 나라에서는 군신(君臣)간의 윤리를 사람의 천성으로 알아왔다. 군신간에 윤리가 있는 것은 부부간이나 부자간에 윤리가 있는 것과 마찬가지로 생각되어 군신간의 구별은 선천적으로 정해진 것으로만 여겨왔다. 공자 같은 사람도 이런 혹닉에서 벗어날 수 없었다. 그의 평생의 관심은 주(周)나라의 임금을 도와 정치를 하거나, 혹은 매우 궁색한 형편이 되면 제후(諸侯)나 지방 행정관 중에서 자신을 등용하는 자가 있을 때는 그를 섬겨, 여하튼 간에 그 지방의 국민을 지배하는 군주에 의뢰하여 성사(成事)하려는 것뿐이었으며 그외로는 다른 방책이 없었다. 결국 공자도 아직 사람의 천성을 구명(究明)하는 길을 몰랐다. 다만 그 시대에 널리 퍼진 사물의 양상에 눈이 어둡고 그 시대에 살고 있는 국민의 기풍에만 마음이 쏠려서 모르는 사이에 그런 상황에 휘말려들었고, 입국(立國)을 위해서는 오직 군신간의 관계밖에는 다른 수단이 없는 것으로 억단(臆斷)해서 그런 가르침을 남겼을 따름이다. 물론 그 가르침에 군신에 관한 일을 논한 취지는 매우 순수하고 그것 자체로만 볼 때는 해로운 것이 없을 뿐 아니라 자못 인간관계의 아름다움을 설파한 것처럼 보인다. 그러나 군신간의 관계는 원래 사람이 태어난 후에 생긴 것이므로 이것을 천성이라고 말할 수는 없다. 인간이 천성으로서 갖추고 있는 것은 근본이며 태어난 후에 생긴 것은 그 말단이라 말할 수 있다. 사물의 말단에 관한 논의가 아무리 순수한 것일망정 그것으로써 근본을 움직일 수는 없는 것이다.[13]

여기서 후꾸자와가 말한 내용을 검토하기 전에 먼저 사실인식에 오류가 있음을 지적해야겠다. 후꾸자와는 중국과 일본의 군신관계를 똑같은 것으로 보면서 논의를 전개하지만, 중국의 군신관계는 "선천적으로 정"해진 것으로 인식되지 않았다. '부자천합(父子天合), 군신의합(君臣義合)'이라는 말이 있듯이 아버지와 아들의 관계는 하늘이 정한 것으로 바꿀 길이 없지만, 임금과 신하의 관계는 의에 의해 묶인 것으로, 신하인 자는 주군에게 세번까지 간언해도 자신의 의견이 받아들여지지 않을 경우 주군을 떠나도 괜찮다는 것이 유교의 군신관이었다. 한국도 중국과 마찬가지로 주군에 대한 충(忠)보다 부모에 대한 효(孝)가 우선되었다. 그에 반해서 일본에서는 효보다 충이 우선되었는데, 후꾸자와는 일본유교의 이러한 특수한 관념을 유교의 원래 모습으로 잘못 인식했던 것이다.

일본유교의 이러한 관념은 토꾸가와시대의 이른바 막번체제의 특수성과 깊이 결합된 것이었다. 즉 전국시대의 기나긴 동란을 극복하는 과정에서 형성된 막번체제하에서는 쇼오군(將軍)과 다이묘오, 하따모또(旗本, 토꾸가와시대 쇼오군 직속으로 만석 이하의 영토를 받던 무사) 및 극히 일부의 상층무사를 제외하고 대부분의 무사는 자신의 지배영역을 독자적으로 보유하지 못하고, 그 생활을 전면적으로 주군이 주는 녹봉에 의존하게 되었던 것이다(그에 비해 전국시대까지의 무사들은 크고작은 차이는 있었지만 기본적으로 자신의 영토를 가진 사람이 중핵을 차지했다). 따라서 유교가 말하는 군신관계같이 주군을 떠난다는 일은 곧 생활기반의 상실을 의미했으며, 간언을 받아들이지 않는 주군이라도 신하인 자는 주군을 떠날 수가 없었던 것이다. 이에 비해 중국의 사대부나 조선시대의 양반은 관료로서 받는 녹봉(그것 자체는 대단히 적었다) 이외에 자기 소유의 토지를 갖고 있는 것이 일반적이라서 주군을 떠나는 일도 가능했다.

앞에서 소개했듯이 유교에 대한 증오에 가까운 후꾸자와의 인식은 하급무사로 불우한 생애를 보낸 부친에 대한 추억과 깊게 관련되어 있었는데, '부모의 원수'라고까지 생각했던 문벌제도도 일본식 유교에서 연유한 것으로, 참된 유교는 후술하듯이 문벌제도와 무관한 사상이었다.

### 후꾸자와의 유교비판

여기서는 후꾸자와의 유교비판 자체를 구체적으로 검토하기로 한다. 후꾸자와는 유교에 대해서 여러가지로 비판했는데, 그 비판의 핵심은 유교가 정치의 요체로 무엇보다도 중시한 덕치(德治)에 대한 비판이었다고 여겨진다. 예를 들어 다음 문장이 후꾸자와의 유교 비판의 전형이다.

공맹(孔孟)은 일세의 대학자이며 고래로 드문 사상가이다. 만일 그들이 탁견을 품고 당시의 정치풍토의 범위를 벗어나서 하나의 별세계를 개척하여 인류의 본분을 밝히고 만대에 걸쳐 보편타당한 가르침을 베풀었다면 그 공덕은 반드시 넓고도 큰 바가 있었으리라. 그러나 그들은 평생을 두고 정치의 테두리 속에 농락되어 한 발자국도 빠져나오지 못하고 그 가르침 때문에 도리어 체면을 잃고 순수한 이론을 제시한 것이 아니라 태반은 정치적인 이야기를 섞어넣었으니, 이른바 필로소피(philosophy)의 품위를 떨어뜨린 것이다. 그런 정치의 길로 접어들려는 자들은 비록 만 권의 책을 읽었다 해도 정부의 윗자리에 서서 일을 하지 않으면 소용이 없는 것으로 생각하는 것 같았고, 물러서서는 저 혼자 불평을 일삼을 따름이다. 이것을 어찌 비열하다고 말하지 않을 수 있겠는가.

(…) 또한 이렇게 배움의 길을 정치에 적용하겠다는 것 자체에 크나큰 불합리성이 있다. 원래 공맹의 교설은 수심윤상(修心倫常)의 길이다. 결국 무형의 인의도덕을 논한 것으로 이것을 마음의 학문이라고도 할 수 있을 것이다. 물론 도덕도 순수하고 잡티가 없으면 이를 가볍게 여길 수는 없다. 그러나 한 사인(私人)으로서의 자아에 있어서는 효능이 매우 크지만, 덕은 한 사람의 내부에 존재할 따름이라 유형의 외적 사물에 접하는 작용을 할 수는 없다. 따라서 무위혼돈(無爲混沌)하고 할 일이 적은 세상에서는 그것은 국민을 다스리기에 편리하지만, 문명이 발달됨에 따라서 그 힘을 잃지 않을 수 없다. 한데 내부에 존재하는 무형의 것을 외부로 나타나는 유형의 정치에 적용하고, 옛날의 도(道)로써 오늘날 세상의 일을 해결하며 마음으로써 서민을 다스릴 수 있다고 생각하는 것은 혹닉치고도 대단한 혹닉이다. 이렇듯 때와 장소를 모르는 것은 마치 배를 타고 육지를 달리거나 삼복더위에 털옷을 요구하는 것과 같다. 그것은 도저히 실행될 수 없는 계획이

다. 오늘날에 이르기까지 수천년 동안 오랜 세월에 걸쳐 공맹의 가르침을 정치에 적용해서 능히 천하를 다스린 자가 없다는 사실이 그 분명한 증거가 될 것이다.[14)

요컨대, 유교는 원래 '수심윤상(修心倫常)의 길', 즉 도덕에 관한 가르침인데 공자와 그 추종자가 유교를 '정치에 시행'하려고 하던 때처럼 '할 일이 적은' 시대에는 도덕을 정치철학으로 시행하는 것이 가능했을지라도 문화가 발전한 시대에 이 가르침을 실행할 수는 없다, 바로 여기에 유교의 '혹닉'이 있다는 것이다. 바꿔 말하면 도덕과 정치는 별개이며 정치는 도덕으로부터 분리되어야만 한다는 것이 후꾸자와의 유교비판의 요체이다.

그런데 후꾸자와는 토꾸가와막부를 섬긴 무사 출신으로, 메이지유신 이후 유신정권을 섬긴 것을 떳떳하게 여기지 않았던 탓으로 평생 정치에는 직접 관여하지 않았다. 유신 이후 그가 자기의 임무로 삼은 일은 계몽과 교육이었는데 그러한 자세와 관련해서 유교 비판의 또 하나의 핵심은 덕과 지(智) 혹은 지(知)의 이해에 관한 것이었다.

이렇게 생각하면 총명성과 예지의 작용은 흡사 지덕을 지배하는 것과 같기 때문에 덕의(德義)에 관해서 논할 때는 이것을 대덕(大德)이라고 말해도 좋을지 모른다. 그러나 세상에서 일반적으로 사용되어 온 그 글자의 뜻에 비추어본다면 그것을 덕이라고 이름지을 수 없는 이유가 있다. 필경 고래로 일본의 사람들이 덕이라고 불러온 것은 오직 한 사람의 사덕(私德)일 따름이다. 그 개념의 본질을 살펴보자면 고서에서 말하는 온량공겸양(溫良恭謙讓)이나, 무위(無爲)가 곧 다스리는 길이라는 말이나, 성인에게는 꿈이 없다는 말이나, 군자로서 덕을 이룬 사람은 어리석은 사람과 같다는 말이나 또는 인자(仁者)는 산과 같다는 말 따위는 모두가 그런 사덕을 본질로 삼고 있는 것이다. 결국 밖으로 나타나는 작용보다는 내부에 존재하는 것을 덕의라고 부를 따름이다. 이것을 서양말로 하면 패시브(passive)가 될 것이며, 내가 작용주(作用主)가 되는 것이 아니라 사물에 대해서 수동의 양상을 띠고 다만 사심(私心)에서 해탈하는 것만을 요체로 삼는 듯하다. 하기야 경서를 보면 그 견해가 이 모두 수동의 덕만을 논하고 있는 것은 아니며, 더구나 기력이 넘쳐흐르는 훌륭한 대목도 없지는 않다. 그러나 책의 전체적인 어조로 느끼는 것은 다만 인내하고 비굴해지기만을 권하고 있음을 어찌하랴! 그외로 신불(神佛)의 가르침도 수덕(修德)이라는 점에서는 별 차이 없다. 일본의 국민은 그런 가르침을 받고 자란 것이니만큼, 일반인의 생각에 따르면 덕이라는 글자의 뜻은 매우 좁아 총명성과 예지의 작용은 그 뜻에 전혀 포함되어 있지 않은 것이다.[15]

덕의는 예부터 부동(不動)하다. (…) 공자의 오륜(五倫)은 첫째 부자유친(父子有親), 즉 부자는 서로 친애해야 한다는 것, 둘째 군신유의(君臣有義), 즉 윗사람과 아랫사람은 의리를 지키고 성실하지 않은 거동을 하지 말라는 것, 셋째 부부유별(夫婦有別), 즉 남편과 아내는 너무 허물없이 지내서 민망한 꼴을 보이는 일이 없도록 하라는 것, 넷째 장유유서(長幼有序), 즉 젊은 사람은 모든 일에 있어 삼가는 태도를 보

이고 나이든 사람을 공경하라는 것, 다섯째 붕우유신(朋友有信), 즉 친
구들 사이에서는 기만을 해서는 안된다는 것이다. 이 십계명과 오륜
은 성인이 정한 대강령(大綱領)으로서, 수천년 동안 바뀌지 않았다. 수
천년 이래로 오늘날까지 덕망 높은 사군자들이 속출했지만 그들은 모
두 이 대강령에 주석을 달았을 따름이며 한 항목이라도 따로 덧붙인
것이 없다. 송나라에서 유학이 번창했으나 오륜을 바꾸어서 육륜으로
만들지는 못했다. 덕의의 항목이 적지만 변혁할 수 없다는 것을 이 사
실로도 분명히 알 수 있는 것이다. (…) 따라서 덕의는 후세에 이르러
서 진보할 수 없다. 개벽시대의 덕도 오늘날의 덕도 그 본질에 있어서
다른 바가 없는 것이다.

　지혜는 그렇지 않다. 옛사람이 하나를 알았다면 현대인은 백을 알
고, 옛사람이 두려워한 것을 현대인은 멸시하고, 옛사람이 괴이하게
생각한 것을 현대인은 우습게 생각한다. 이렇듯 지혜의 항목은 나날
이 증가하고 예부터의 그 많은 발견과 발명은 일일이 열거할 수조차
없다. 금후의 진보 역시 예측할 수 없는 것이다.[16)

그의 대표저작인 『문명론의 개략』은 전체 10장으로 구성되어 있
는데, 그중 4, 5장은 '일국 인민의 지덕(智德)을 논하다'라는 제목이
고 이하 6장 '지덕의 변(辯)', 7장 '지덕이 행해져야 할 시대와 장소
를 논하다'라는 제목으로 논의를 이끌고 있다. 이와 같이 네개 장에
지덕에 관한 논의가 등장하는 것을 보면 이 지덕의 문제가 『문명론
의 개략』의 가장 중요한 주제임을 알 수 있다. 그리고 유교와 관련해
서는 지보다 덕을 중시하는 입장을 역전시켜서 지의 중요성을 강조

하는 데에 계몽사상가, 교육자인 후꾸자와의 진면목이 있었다고 하겠다.

이상과 같은 후꾸자와의 유교비판은 어떤 의미에서 유교의 문제점, 약점을 날카롭게 찌른 것이었다. 특히 이른바 서양의 충격이 밀려들던 당시 상황에서 그에 신속하게 대응하지 못한 청나라와 조선의 모습을 목격해온 후꾸자와(및 그 당시의 많은 일본인)에게 있어, 청나라와 조선이 겪고 있는 현실의 밑바닥에 유교가 존재한다는 인식은 자연스러운 것이었을 뿐만 아니라 당시 유교의 모습 자체에는 비판당할 만한 문제점이 허다했다는 점도 부정할 수 없다.

그러나 동시에, 후꾸자와의 비판이 현실의 유교, 또는 청나라와 조선의 현상에 대한 비판으로는 정당한 면이 있었다고 해도 유교의 원리 자체, 혹은 유교이념에 입각한 청나라와 조선의 체제원리 자체에 대한 비판으로서는 상당히 편파적인 것이었다. 이제 이 문제를 검토해보자.

### 후꾸자와의 유교비판의 문제점

후꾸자와의 유교비판에서 가장 큰 의문으로 생각되는 부분은, 송학 이후의 신유교에 대한 인식 부족과 주자학을 국가이념으로 세웠던 명·청시대 중국과 조선시대 한국의 국가체제에 관한 이해의 결여이다. 앞서 『학문의 권장』 첫부분을 소개하면서 후꾸자와가 주장한 것이 사실 신유교의 기본이념이기도 했다는 아이러니한 현상을 지적했는데, 이는 후꾸자와 유교이해의 문제점을 잘 보여주는 대목이다. 후꾸자와의 이러한 문제는 그가 토꾸가와시대 일본유교와 같은 시기 중국과 한국의 유교 사이에 존재한 차이를 거의 인식하지 못했기 때문에 생긴 것으로 여겨지므로, 일본과 중국·한국의 유교에 어떤 차이가 있었는지, 특히 중요한 점을 중심으로 검토하겠다.

후꾸자와 유교비판의 핵심이 유교의 덕치주의, 즉 덕에 의거한 정치를 이상으로 간주하는 유교 정치관에 있었음은 앞서 지적한 그대로인데, 중국과 한국에서 덕치의 문제는 후꾸자와의 이해와 달리 단순한 마음가짐의 문제가 결코 아니었다. 그것을 단적으로 보여주는 것이 과거제도의 존재이다.

중국에서는 송나라시대에, 한국에서는 조선시대에 들어 본격적으로 확립된 과거제도는 과거시험에 합격한 사람을 관료로 등용하는 제도이다.[17] 과거시험의 핵심인 문과시험은 유교 관련지식을 묻는 시험이었기에 수험생들에게는 유교 고전을 배우는 것이 필수조건으로 요구되었다. 문과시험에서 유교지식 유무가 중요시된 것은 유교에 조예가 깊은 자가 도덕적으로 뛰어난 자로 인정되고, 덕이 높은 사람이야말로 통치업무를 맡아야 한다는 이념이 사회적으로 공유되어 있었기 때문이다. 즉 덕치라는 통치이념은 결코 이념이나 마음가짐의 문제에 머무는 것이 아니라 과거라는 제도에 의해서 현실적인 영향력이 보장되어 있었다고 봐야 한다. 그에 반해 일본에서는 토꾸가와시대가 되면서 점점 주자학이 지배적 이념으로서의 지위를 획득하게 되었으며 일부 지역에서는 과거시험과 비슷한 시험제도가 도입되기도 했지만, 국가적 제도로서의 과거는 마지막까지 받아들여지지 않았다. 따라서 덕치라는 것도 후꾸자와가 말했듯이 통치자의 마음가짐으로 강조되는 범위를 넘지 못했던 것이다. 이처럼 유교의 사회적 역할에 있어서 중국·한국과 일본 사이에 큰 차이가 있었는데도 불구하고 후꾸자와는 이러한 차이를 거의 자각하지 못했던 것 같다.

또한 과거제도는 신분이나 출신가문에 관계없이 누구나 응시할 수 있고 시험에 급제만 하면 가난한 집에서 태어난 사람이라도 최고 관직까지 올라갈 수 있게 하는 제도였다. 물론 이러한 과거의 이념이 상대적으로 잘 지켜진 중국에서도 장기간에 걸친 시험준비를 할 수 있으려면 경제적인 여유의 유무가 크게 작용했기 때문에 이념이 그대로 실현되었다고는 보기 어렵지만, 어느 시대에도 항상 최하층 출신자 중에서도 급제자가 계속 나왔다.

한국의 경우 문과시험의 수험자가 사실상 양반층으로 한정되었기 때문에 과거의 이념과는 무관하게 운용되었지만, 아무리 명문 집안 출신이라고 해도 고위관직에 오르기 위해서는 역시 문과시험에 급제하는 것이 필요했으며, 양반 내부에서는 치열한 경쟁이 반복되었다.

이러한 중국과 한국에 비해 엄격한 신분제도가 존재했던 토꾸가와시대 일본에서는 신분만이 아니라 사회적 지위도 상속에 의해 계승되는 것을 원칙으로 했기 때문에, 어떤 사람이 올라갈 수 있는 지위는 그 사람의 출신가문에 의해 결정되었다. 후꾸자와가 줄곧 공격한 문벌제도도 일본의 독특한 문제로서 유교 본래의 이념에 어긋난 제도였다.[18]

과거제도에서 알 수 있듯이 주자학을 이념으로 한 국가체제는 대단히 이상주의적인 것이었다. 그리고 이상주의적이었던 만큼 그것은 경우에 따라서 현실비판적 기능을 다하기도 했다. 주희가 태어난 남송시대에 그의 사상과 주장은 과격한 것으로, 정부로부터 탄압받았다는 사실이 주자학의 현실비판적인 측면을 잘 보여준다. 한국에서도 조선왕조가 건국되는 과정에서 정도전을 비롯한 유학자들은 고려사회의 현실을 강하게 비판하면서 유교를 건국의 이상으로 내걸고 새 왕조 건설에 참여했다.

이와 같이 중국과 한국에서 주자학이 국가이념으로서의 지위를 획득하는 과정은 구체제를 극복하고 이상적인 국가체제를 건립하려는 과정이었지만, 일본에서는 이러한 주자학의 혁신적 측면이 부각된 적이 전혀 없었다. 오히려 확립된 막번체제를 옹호하는 사상으로 도입되었으므로 처음부터 현실긍정적·체제옹호적인 성격을 현저하게 지녔다고 말하지 않을 수 없다. 후꾸자와의 유교인식은 일본의 유교를 곧 유교 자체로 오인한 데 근본적인 문제가 있었던 것이다. 이러한 오인은 다음에 검토하는 후꾸자와의 중국·한국 인식의 문제와 깊이 연결되는 문제이기도 했다.

**후꾸자와의 유교인식과 중국 · 한국에 대한 인식**

자기 생애의 목표로 삼았던 서양문명의 수용이라는 과제와 관련해서, 그것을 방해하는 최대요인이 구체제, 막번체제에 있다고 본 후꾸자와가 일본의 구체제와 비슷한(더 정확하게 말하면 비슷하다고 그가 생각했던) 중국과 한국의 현실을 향해 비판의 창칼을 댄 것은 자연스런 결과였다. 그의 중국에 대한 비판은 다음 문장에 집약되어 있다.

중국의 경우를 보면, 주나라 말기에 제후가 저마다 할거하여 큰 힘을 이루고 민중은 주왕조의 존재조차 모르고 지낸 것이 수백년이나 된다. 그때 천하를 잃듯 큰 난세에 빠졌으나 독재권력의 뿌리는 자못 약화되어 사람들의 마음에 어느 정도 여지가 생겨 자연히 자유로운 사상들이 싹트게 된 것이다. 중국문명의 3천년의 세월에 걸쳐 이설쟁론(異說爭論)이 비등하고 상반되는 양극단의 것들이 세상에 모두 통용된 것은 특히 주나라의 말기에 있어서 그렇다. 노장양묵(老莊楊墨)을 비롯하여 그외에도 백가(百家)가 쟁명(爭鳴)했다. 공맹이 말하는 이른바 이단이 바로 이것이다. 그러나 그 이단이라는 것도 공맹의 견지에서 볼 때 이단일 따름이며, 이단의 견지에서 볼 때는 공맹 역시 이단일 수밖에 없다.

(…) 아울러, 진시황은 천하를 통일하자 책을 불살랐는데 그는 오직 공맹의 가르침만을 배격하려는 것이 아니었다. 공맹이건 양묵이건 백가의 뭇 이설쟁론을 금하려는 것이었다. (…) 그렇다면 특히 진시황이 당시의 이설쟁론을 나쁜 것으로 여기고 금한 이유는 어디에 있는가? 그 중론(衆論)이 소란스러워, 특히 자기의 전제(專制)에 방해가 되었기 때문이다. 전제를 방해하게 되었다는 점으로 비추어볼 때, 이러한 이설쟁론의 사이에서 태어난 것이 자유의 원리였던 것은 분명한 일이 아닐 수 없다.

따라서 단일한 교설(敎說)을 지키면 그 교설의 성격이 비록 순수하고 선량한 것이라고 해도 결코 자유의 기풍을 태어나게 할 수 없는 것이다. 자유의 기풍은 오직 다사쟁론(多事爭論)의 사이에서만 존재할 수 있다는 것을 명심해야 한다. 진시황이 일단 이 다사쟁론의 원천을 봉쇄한 이후 천하는 다시 합쳐져서 오랫동안 단일한 독재정치하에 있었다. 정치를 지배하는 가문은 자주 바뀌었지만 사회의 양상은 고쳐지지 않았으며 지존(至尊)의 지위와 지강(至强)의 힘이 한덩어리가 되어 세상을 지배하고, 그 기구를 유지하는 데 가장 편리하다는 이유에서 오직 공맹의 가르침만이 세상에 전해내려온 것이다.

어떤 사람의 주장에 의하면, 중국은 비록 독재정부의 지배를 받아왔으나 정부의 변혁이 있었던 반면에, 일본은 일계만대(一系萬代)의 양상을 띠어왔으므로 그 국민의 마음도 고루할 수밖에 없었다고 한다. 그러나 이 주장은 외형의 명목에만 구애되어 사실을 통찰하지 못한 것이다. 사실이 어떤 것인지를 깊이 살피면 도리어 반대의 현상을 알게 될 것이다. 하기야 일본에서도 옛적에는 신권정치가 일세를 지배하여 국민의 마음이 단일하고, 지존의 지위는 지강의 힘과 일체를 이루는 것이라고 믿어 의심치 않았다. 그러기에 그 생각하는 바가 한쪽으로 쏠려 있었고 이 점에서 과연 중국과 다를 바가 없었다. 그러나 중세에 무가(武家)의 시대가 시작되자 차츰 사회의 기존 체제가 파괴되어, 지위의 존엄성이 반드시 힘의 강대함을 의미하지 않고 또한 힘의 강대함이 반드시 지위의 존엄성을 의미하지 않는 형세가 되었다. 국민들도 이것을 느껴 지위의 존엄성과 힘의 강대함을 자연히 다른 것으로 생각하고 마치 마음속에 이 두 가지 다른 것을 동시에 받아들여 그 활동을 용인한 것이나 같았다.

이렇듯 두 가지의 다른 것을 받아들여 그 활동을 용인하는 경우에는 그 사이에 한 가닥의 도리를 끼워넣지 않을 수 없다. 따라서 신정을 숭상하는 생각과 무력의 압제에 대한 생각과 이에 덧붙여 도리에 대한 생각의 삼자 사이에는 각각 강약이 있기는 하지만 그중의 어떤 한 가지가 그 힘을 독점할 수는 없는 것이다. 한데 이렇듯 힘의 독점이 불가능한 경우에는 자연히 자유의 기풍이 생기지 않을 수 없다. 중국인들이 순전한 독재정치를 하는 한 사람의 임금을 떠받들고 지존지강을 한가지로 생각하여 한결같이 그것을 믿는 무분별한 현상과 일본의 경우를 비교하면 결코 같은 것이 아니다. 이 점에 있어서만은 중국인에게는 일이 없고〔無事〕 일본인에게는 일이 많다〔多事〕. 이모저모로 정신을 쓰고 사상이 풍부한 사람에게 있어서는 무분별한 경향도 그만큼 엷은 것이 아닐 수 없다.

(…) 이 사실에 초점을 맞추어 문명을 논한다면 중국은 일단 변모하지 않는 한 일본에 미치지 못할 것이다. 서양문명의 섭취에 있어서 일본은 중국보다 용이한 입장에 있다고 말할 수 있다.[19]

여기서 후꾸자와는 중국에서 지존(至尊)과 지강(至强)이 일치하는 점, 바꾸어 말하면 권위와 권력이 황제 한몸에 집중됨을 비판하는 것과 동시에, 일본에서는 무사세력이 등장한 이후 지존과 지강이 분리된 것을 대비하면서 서양문명의 수용에 있어 일본은 중국보다 유리한 조건을 갖추고 있다고 역설한다. 이러한 후꾸자와의 논의는 일본과 중국의 비교로서 타당한 것으로, 나도 동감하는 부분이 많다. 서양문명의 수용, 근대화에 있어서 일본이 중국보다 한걸음 앞섰다는 사실 자체가 후꾸자와의 논의를 설득력있게 만들었다는 사실을 부정하기는 어렵다.

그럼에도 불구하고 유교에 관한 논의가 그랬듯이 여기서 보이는 후꾸자와의 중국 비판, 중국과 일본의 비교론 역시 일면적이라고 나는 생각한다. 후꾸자와의 중국 비판(기본적으로 한국에 대한 비판도 마찬가지지만)의 요점은 중국이 유교에 대한 혹닉에서 벗어나지 못했다는 데 있다고 말할 수 있으나, 그렇다면 왜 중국이 쉽게 그 혹닉으로부터 빠져나올 수 없었는가, 그 원인에 대한 물음이 후꾸자와에게는 완전히 결여되었던 것이다.

앞서 말했듯이 주자학을 국가이념으로 한 당시 중국과 한국의 체제는 이상주의적인 성격을 강하게 지니고 있었다. 다만 그러한 이상과 동떨어진 현실이 존재했던 것이 사실이며, 나도 그것을 인정한다. 그렇지만 유교의 이상 자체에 문제가 있기 때문에 그러한 현실이 생겼다고 봐야 하는가, 아니면 이상 자체에는 문제가 없지만 운용면에 문제가 있어서 이상과의 괴리가 생겼다고 봐야 하는가? 그것은 쉽게 판단할 수 없는 일이다. 그리고 서양문명 자체가, 특히 군사력을 전면에 내세워 동아시아지역에 등장했다는 사실, 영국과 프랑스가 인도와 동남아시아를 식민지로 지배하고 있었다는 사실 등은 서양문명의 수용을 망설이게 할 요인으로 작용했다는 것도 간과할 수 없다.

이러한 중국 및 한국과 달리 무사정권인 토꾸가와정권의 경우 서양의 군사력에 대응하지 못하다는 것은 곧 정권의 존재이유를 위태롭게 하는 것으로, 개항 이후 불과 10여년 만에 메이지유신이 일어나게 된 이유 중 하나가 거기에 있었다. 원래 무사가 정권을 계속 잡는 것 자체가 유교이념에 어긋나는, 있을 수 없는 일이다. 즉 유교의 속박에서 비교적 자유로웠던 일본은 서양의 충격에 민감하게 대응할 수 있었으나 중국이나 한국에서 유교를 부정하는 일은 용이하지 않았던 것이다.

결국 일본은 재빨리 서양문명 수용에 나섰는데, 그 대신 서양문명에 대한 비판의 계기를 잃게 되었다. 그와 반대로 중국이나 한국에서는 유교의 이상을 계속 고집함으로써 서양문명에 대한 원리적 비판을 모색하게 되는데, 그 내용에 대해서는 이 글의 주제를 넘는 문제로서 다른 기회를 기하기로 한다.

후꾸자와가 1885년에 발표한 「탈아론」은 지금까지 검토해온 그의 유교인식, 중국·한국 인식의 필연적인 귀결이었다. 즉 「탈아론」을 계기로 그의 입장이 바뀐 것이 아니라 갑신정변의 실패로 그가 독선적으로 생각했던 조선 개혁구상이 좌절됨으로써 한국·중국과의 먼 거리를 실감한 결과가 「탈아론」으로 나타났다고 보아야 한다.


## 4. 후꾸자와 연구에서 유교인식의 문제

### 마루야마 마사오의 후꾸자와 연구와 유교인식

지금까지의 후꾸자와에 관한 많은 연구 중에서 가장 큰 영향을 끼쳐온 연구가 마루야마 마사오의 후꾸자와 연구라는 점에 대해서는 이견이 없을 것이다. 후꾸자와가 근대 초기의 계몽사상가로서 중요한 역할을 다한 것과 마찬가지로 마루야마 역시 1945년 일본의 패전 이후 이른바 전후계몽의 기수로 활약했다. 그리고 마루야마의 명성과 그의 후꾸자와에 대한 높은 평가가 후꾸자와의 위상을 한층 더 높였다.

마루야마의 후꾸자와 연구는 비교적 짧은 몇개 논문과 1952년 간행된 『후꾸자와 유끼찌 선집』 제4권의 해제, 그리고 가장 상세한 후꾸자와 연구라고 할 수 있는 『「문명론의 개략」을 읽는다』(「文明論之槪略」を讀む, 岩波新書 1986) 등이 있다. 마루야마의 후꾸자와 연구는 후꾸자와의 저작을 빌려 마루야마 자신의 사상을 피력한 것으로 생각되는 측면이 있으며 꽤 주관적인 이해가 눈에 띄는 부분도 많지만, 이 문제는 여기서 직접 다루지 않겠다. 앞서 논한 후꾸자와의 유교인식이 거의 그대로 마루야마에게서도 발견된다는 사실을 밝히는 것이 여기서의 과제이다.

우선 후꾸자와에게 있어 유교와의 대결이 지닌 의미를 살펴면서 마루야마는 다음과 같이 지적하고 있다.

바쿠후 말기에서 메이지 초기에 걸쳐 최대의 계몽사상가였던 후쿠자와 유키치가 '양학(洋學)'으로 새 일본 건설의 소재가 된 유럽 시민문화의 이입 보급과 국민에게 깊이 뿌리 내린 봉건의식 타파에 혼신의 힘을 기울일 때 그에게 가장 커다란 장벽이 된 것은 바로 유교사상이었다. 물론 하나의 정리된 사상체계로서의 유교가 일본 국민들 사이에 어느 정도 광범위하게 수용되었으며, 일상생활에 실질적으로 어느 정도 규제력을 가졌는가 하면, 유교의 전성기로 여겨지는 도쿠가와 시대조차도 상당히 문제가 될 것이고, 또한 사상계에 한정시켜 보더라도 이것이 거의 독점적 위치를 차지했던 것은 도쿠가와 전기뿐이지만, 유교의 강력함은 이같은 체계 때문에 영향력이 있었던 것이 아니라, 오히려 유교의 다양한 이념이 봉건사회의 인간들에게 '사유의 틀'(思惟範型, Denkmodelle)이 되어 있었다는 점에 있다.

(…) 무릇 학문 대상으로서 유교는 그 논리적 정치(精緻)함과 체계적 정서성(整序性) 면에서 근대과학 앞에서 도저히 견뎌낼 수 없으므로 그렇게 문제삼을 만한 것은 아니다. 또한 유교가 단순히 봉건지배자의 위로부터의 설교에 머물거나, 혹은 어떤 제도적 표현을 갖는 것일 뿐이라면 그런 지배자의 배제 내지는 제도의 소멸과 함께 그 영향도 금세 옅어질 것이다. 하지만 사람들에게 몇백 년에 걸쳐 익숙해진 사유의 틀은 거의 생리적인 것이 되어 설령 그것이 본래적으로 적응한 대상——이 경우는 봉건사회——이 소멸된 후에도 쉽게 떨쳐버릴 수 없다.[20]


이러한 마루야마의 지적은 조금 현학적인 경향을 제외하면 비판할 만한 문제는 없다. 다만 마루야마는 유교를 봉건사회의 '사유의 틀'을 제공한 사상으로 파악하고 있는데, 명·청시대의 중국이나 조선시대 한국을 봉건제라는 개념으로 파악할 수 있는지가 중요한 문제임에도 불구하고 마루야마에게 그러한 문제의식이 전혀 없었다는 점은 유의할 필요가 있다. 후술하듯이 후꾸자와와 마찬가지로 마루야마도 일본의 구체제와 중국·한국의 구체제를 동질적인 것으로 보았다는 사실을 이 문장은 잘 보여준다.

후꾸자와의 유교비판과 관련해서 마루야마의 생각이 잘 나타나는 문장을 들겠다.

이러한 의미에서 도학의 대표로서의 유교, 그중에서도 그것을 가장 이론적으로 정비한 송학의 사유방법에는 앙시앵 레짐(ancien régime) 하의 인간과 사회와 자연의 모습이 훌륭하게 부각되어 있다. 즉, 유교에 있어서의 천인합일(天人合一)은 송학에 있어 태극(太極), 이(理)에 근거하고 이 태극에 의해 인간과 사회와 자연은 한줄기로 관통된다. 우주적 질서를 궁극적으로 성립시키는 천리(天理)가 인간성에 내재해서는 본연의 성(性)이 되고, 사회질서로 대상화되어서는 군신·부자·부부·형제·붕우의 '윤(倫)'이 된다. 따라서 사회질서의 근본규범은 선천적으로 인간성에 내재하기 때문에 인간 본연의 모습은 그러한 객관적 소여(所與)로서의 사회질서에 귀의할 수밖에 없다. 한편, 그러한 사회질서는 우주세계로 이어져 영원한 순환 속에서 재생산된다. 인간은 사회에 얽매이고, 사회는 자연에 얽매인다. 게다가 그 삼자를 관철하는 태극이나 천리는 "성(誠)은 하늘의 길"이라고 일컬어지듯이 성이라는 윤리성을 본래 부여받고 있는 것이다. 이것은 이른바 자연과 인간을 관철하는 근원적 윤리성이다. 따라서 일목일초(一木一草)의 이(理)를 구명하는 자연탐구도 필경 "하나의 사물은 모두 하나의 태극을 갖추고 있다"라는 연유로 의의가 주어진다. 즉 자연의 사물 속에 내재하는 근원적인 윤리성을 인식함으로써 인간관계를 규율하는 윤리(仁義禮智信)의 선천적 타당성을 한층 더 확인하는 것이 자연탐구의 목적이며, 그밖에 다른 목적이 있어서는 안된다. 인간적 가치로부터 독립한 완전히 외적·객관적 자연은 성립할 수 없는 것이다. '물리'는 '도리'로서만 스스로를 드러낸다.

정주학(程朱學)의 기저에서 뻗어나온 이러한 사유경향은 궁극적으로 앙시앵 레짐의 사회체제와 그 속의 보편적 사회의식의 반영이며, 결국 동시대의 모든 학술 내지 사조는 학설의 차이를 초월한 '정신'의 문제로서는 근본적인 공통성을 찾을 수 있는 것이다. 물론 그러한 '정신'인 송학의 순수성은 토꾸가와시대를 통해서 늘 유지된 것은 아니고 서서히 그 해체가 진행되어왔다는 것도 일찍이 필자가 특정된 시각에서 지적한 그대로이다. 그러나 도의 학문이 모든 학문의 이념형(Idealtypus)이며, 그 '도'에 있어서 물리와 윤리가, 즉 존재적인 '법칙'과 가치적인 '규범'이 미묘하게 교착된 상태였다는 사정은 끝내 근본적인 변혁을 보지 못했다. 그것은 그런 사고방식이 얼마나 탄탄하게 사회체제의 구조적 특질에 뿌리박혀 있는가를 말해줄 따름이다. 신분적 위계질서가 전사회를 관철하는 곳에서, 인간은 태어났을 때부터 이미 일정한 사회적 위치가 정해지고 그 환경은 그에게 운명으로까지 고정된다. 모든 인간이 선천적인 위치를 '분한(分限)'으로 준수하는 것이 사회질서 안정성의 기초이다. 생활은 전통과 인습의 단순한 재생산이며, 확실히 사계절처럼 순환적이다. 여기서 사회는 인간에 의해 주체적으로 지탱되는 것이 아니며 반대로 소여로서의 사회질서에 의존하는 것이 인간 원래의 모습이다. 그러한 선천적 환경에 대한 의존이 곧 '가치'이며, 거기서부터의 이탈이 곧 반(反)가치가 된다. 따라서 모든 이데올로기는 필경 "빈부 다 천명이기에 지금 상태에 만족하기 위한 가르침"(이시다 바이간石田梅巖)이 될 수밖에 없다. 이러한 사회체제 아래서 일정한 사회관계의 틀 속에서 성장한 사람에게 사회질서와 자연질서의 자동성(自同性)이라는 의식이 생기는 것은 너무나 당연한 일이라고 말하지 않을 수 없다. 또한 인간은 그에게 주어진 사회적 규정(상급무사나 하급무사, 혹은 농민이나 도시생활자 등)과 함께하며, 그것을 떠나서 존재하지 않기 때문에 개인이 사회적 환경을 떠나서 직접 자연과 마주본다는 의식이 성숙하지 않다는 것도 쉽게 이해할 수 있을 것이다. 인간이 자기를 둘러싼 사회적 환경과의 괴리를 자각할 때 그는 비로소 아무런 매개 없이 객관적 자연과 대결하고 있는 자신을 보게 된다. 사회로부터의 개인의 독립은 동시에 사회로부터의 자연의 독립이며, 객관적 자연, 일체의 주관적 가치 이입을 제거한 완전히 외적인 자연의 성립을 의미한다. 환경에 대한 주체성을 자각한 정신이 비로소 '법칙'을 '규범'에서 분리하고, '물리'를 '도리'의 지배에서 해방하는 것이다.[21]

여기서 마루야마는 송학 또는 그중에서도 가장 체계적인 정주학(주자학)을 앙시앵 레짐에 적합한 사상으로 파악하면서, 신분질서에 의거한 정태(靜態)적인 사회체제에 어울리는 이데올로기로 이해하고 있는데, 이와 같은 마루야마의 주자학이해는 그의 출세작인 『일본정치사상사연구』에 이미 등장했었다.[22]

주자학을 현상유지적인 사상체계로 파악해서 사회의 위계적 편성을 옹호하는 사상으로 이해하는 방식은 후꾸자와나 마루야마만이 아니라 많은 연구자들에게서도 공통적으로 볼 수 있는 것이다. 그러나 이러한 이해는 극히 유동적이고 동태적이던 송나라시대 중국사회를 눈앞에 보고 거기에서 어떻게 사회질서를 구축할 수 있는가를 과제로 삼으면서 형성된 정이천(程伊川)이나 주희의 사상과는 동떨어진 이해이다. 또한 앞에서도 지적한 주자학의 강한 현실비판적·변혁적 측면을 완전히 무시한다는 것도 마루야마와 후꾸자와의 공통점이다. 나 자신은 주자의 사상이 상당히 근대적인 내용을 갖고 있다고 생각하지만, 그렇든 그렇지 않든 간에 전후계몽의 기수였던 마루야마도 유교에 대한 이해 및 유교국가였던 중국과 한국에 대한 이해는 후꾸자와로부터 한걸음도 진보하지 못했다고 말할 수밖에 없다. 그리고 이러한 사실은 전전의 탈아적인 동아시아 인식이 전후에도 극복되지 못했다는 사실을 단적으로 보여주는 대목이다.

### 야스까와 주노스께의 후꾸자와 비판과 유교인식

야스까와 주노스께(安川壽之輔)는 일본 연구자 중에서 후꾸자와의 사상에 가장 비판적인 연구자로, 김영작의 분류로는 ⑦에 해당하는 대표적 연구자이다. 야스까와의 후꾸자와 이해는 초기 저작에서 볼 수 있는 '일국의 독립'을 전제로 한 '일신의 독립'이라는 입장을 긍정적으로 평가하면서도, 실제로는 '일신의 독립'이라는 과제가 이른 시기부터 방치되고 '일국의 독립'이라는 과제를 절대시함으로써 중국과 한국에 대해 아주 노골적으로 침략적인 언사를 숨기지 않았다는 점을 강하게 비판하는 것이다.[23]

야스까와의 이러한 후꾸자와 비판은 정곡을 찌른 것이라고 생각되지만, 유교에 대한 이해라는 면에서는 야스까와 역시 후꾸자와 및 마루야마와 별다른 차이를 보이지 않는다. 예를 들면 야스까와는 후꾸자와가 평생동안 유교와 줄곧 싸워왔다는 마루야마의 의견이 사실과 맞지 않음을 지적하면서 후꾸자와가 충효라는 유교적 가치관을 통치에 이용할 것을 주장했음을 그 근거로 들고 있다. 이러한 입장은 야스까와도 충효라는 유교적 관념을 부정되어야 할, 시대에 뒤떨어진 사상으로 파악하고 있음을 잘 보여준다.

문제는 유교에 대한 부정적 평가를 후꾸자와와 공유하면서 당시의 중국과 한국의 실태를 어떻게 보는지, 후꾸자와와 다른 견해가 있을 수 있는지 하는 데에 있다. 중국이나 한국의 실태에 대해 야스까와는 지극히 간략하게 언급할 뿐인데, 그것은 우연한 일이 아니라고 여겨진다. 유교를 부정적으로 보는 입장에 서면 중국과 한국에서도 유교를 부정하는 정치세력에 기대를 걸 수밖에 없는데 그러한 세력은 대단히 소수에 지나지 않았다. 한국의 경우에는 개화파, 특히 그중에서도 갑신정변을 주도한 이른바 급진개화파를 높이 평가하게 되는데(실제로 야스까와의 견해도 그렇지만), 다른 한편으로 야스까와는 갑신정변을 "주둔군사력의 격차를 고려하지 않은 허술한 실행계획"이었다고 하여, 결과적으로는 한국에 있어서 서양문명 수용의 어려움을 인정하지 않을 수 없는 견해에 귀착하는 것이다.

야스까와는 후꾸자와가 유교라는 낡은 사상의 이용을 주장했다는 것을 일본 근대화의 불충분함을 나타내는 것으로 보고 있다.

(후꾸자와의 사상은 모순으로 가득 찬 것이었지만) 그것은 후꾸자와에 국한된 사상이 아니라 오히려 근대 일본의 한 특징이었다고 말할 수 있다. 근대 일본사상의 특징을 보여주는 현상적 모순은 일본이 자생적으로 근대화의 진로를 갖지 못했다는 점, 사상적으로 말하자면 '후진국' 일본이 사상의 자생적 형성과정을 갖지 못한 채 오로지 구미 '선진'제국

의 근대사상을 길잡이로 삼아 이론적으로 수입, 수용, 섭취하면서 독자적인 '사상'을 형성해나갔다는 점에 기인한다.[24]

그러나 이렇게 파악하면 한국과 중국은 일본보다 한층 더 '후진'적이었다고 판단할 수밖에 없으며, 위정척사파의 사상과 운동, 또는 동학으로 결집한 농민운동도 그 자리매김이 불가능해질 것이다.


## 5. 마치면서

이 글에서는 후꾸자와 유끼찌의 사상과 후꾸자와에 관한 연구를 대상으로, 특히 유교에 관한 인식을 중심으로 검토했다. 결론적으로 후꾸자와뿐만 아니라 후꾸자와 연구자도 유교에 관한 인식이 매우 불충분했다는 점, 그리고 그 원인으로 일본식 유교와 중국·한국의 유교가 지닌 차이에 대한 이해가 부족했다는 점 등을 지적하였다. 또한 이러한 유교에 대한 이해 결여로 중국과 한국을 정확히 이해하지 못해 일본의 침략정책을 조장하는 결과를 가져왔다는 문제에 대해서도 언급했다.

그렇다면 정치이념으로서의 유교를 어떻게 인식해야 하는 것일까? 이는 지금까지 일본만이 아니라 중국과 한국에서도 충분히 논의되지 못한 문제이다. 나는 근대일본의 아시아침략과 한국과 중국의 근대사를 이해하는 데 있어 유교인식이 핵심적으로 중요한 의미를 가진다고 생각하고, 그 일단을 이미 발표한 논문에서도 피력한 바 있다.[25] 하지만 여전히 스스로 유교에 대한 이해가 부족하다고 생각하는 만큼, 앞으로 유교문제에 초점을 맞춘 동아시아역사의 재검토를 계속할 것이다.

**제6장**

1) 근세라는 말은 원래 일본에서 근대와 같은 의미로, 즉 현재와 같은 시대라는 의미에서 사용되었는데, 중세 및 근대와 구별되는 하나의 시대로서 근세라는 말이 사용되기 시작한 것은 러일전쟁 시기부터이다. 16세기 토요또미정권 성립 이후를 근세로 보는 것이 현재의 주류적 견해인데, 근세를 근대와 전혀 다른 반동적 시대로 보는 이해와 근대를 준비한 긍정적 시대로 보는 이해가 대립적으로 존재해왔다. 최근에는 후자의 이해, 즉 근세에 대한 긍정적 이해가 일반적이라고 할 수 있는데, 좌파적 연구자도 '새로운 역사교과서를 만드는 모임'의 참가자도 이러한 점에서는 같은 입장에 있다.

2) 백남운의 연구는 봉건제 문제만이 아니라 실학사상의 문제, 자본주의 맹아의 문제 등 여러 면에서 해방후 북한과 한국의 연구에 큰 영향을 주었다. 이에 대해서는 이 책 2장 참조.

3) 유럽의 봉건제가 고대제국 붕괴과정에서 나타난 열악한 체제였다는 점, 중국과 같이 관료제에 의해 그 붕괴과정에 대응하는 것이 훨씬 어려웠다는 점에 관해서는 J. R. 힉스 지음, 김재훈 옮김 『경제사 이론』, 서울: 새날 1998, 33~38면 참조.

4) 한일역사공동연구위원회 엮음 『韓日歷史共同硏究報告書』 제2분과편, 서울: 한일

문화교류기금 2005. 특히 요네따니 히또시(米谷均)의「조선침략 전야의 일본 정
세」를 둘러싼 토론부분 참조.

5) 이 책 1장과 2장 참조.

6) 이 책은 원래『列島と半島の社會史』, 東京: 作品社 1988로 출판되었지만, 여기에서
는『歷史としての天皇制』, 東京: 作品社 2005에 재록된 것에 의거했다. 아미노의 연
구는 박훈 옮김『일본이란 무엇인가』, 서울: 창작과비평사 2003을 통해 한국에도
소개된 바 있다.

7)『歷史としての天皇制』104~5면.

8) 같은 책 136~38면.

9) 같은 책 195면.

10) 같은 책 197면.

11) 같은 책 119면.

12) 이 책 2장, 특히 73~79면.

13) 網野善彦『蒙古襲來』, 日本の歷史 第10券, 東京: 小學館 1974, 443면.

14) 현재 일본과 한국의 역사교과서에 서술된 '봉건제'론이 지닌 문제점에 관해서
는 이 책 3장 참조.

15) 保立道久『歷史學をみつめ直す――封建制槪念の放棄』, 東京: 校倉書房 2004, 183면.

16) 다만 일본의 중국사 연구자나 한국사 연구자 사이에서는 명·청시대나 조선시
대를 '근세'라는 개념으로 파악하는 것이 일반적이지만, 일본사 연구자 사이에
서는 중국·한국의 '근세화' 자체를 인정하지 않고, 고대 이래의 체제가 지속되
는 것으로 이해하는 경향이 있는 것 같다. 아미노에게도 그러한 점이 보인다.

17) 동아시아의 전통사회를 소농사회라는 개념으로 파악하는 입장 및 소농사회의
내용에 관해서는 이미「동아시아 소농사회론과 사상사 연구」, 한국실학연구회
편『한국실학연구』5호(2003)에서 간략하게 논의한 적이 있다. 이 글에서는 지
면관계상 전면적으로 다룰 여유가 없는데, 그 자세한 내용은『동아시아 소농사
회론』이란 제목으로 이른 시일 내에 출판될 예정이다.

18) 송학 및 주자학의 대두와 그 담당자인 사대부층의 독특한 모습에 관해서는 島
田虔次『朱子學と陽明學』, 東京: 岩波書店 1967 참조.

19) 丸山眞男「原型·古層·執拗低音」, 加藤周一·木下順二·丸山眞男·武田清子『日本文化の
かくれた形』, 東京: 岩波書店 1984, 134면.

20) John B. Duncan, *The Origins of The Choson Dynasty*, Seattle: University of
Washington Press 2000.

21) Martina Deuchler, *The Confucian Transformation of Korea: A Study of Society and*

*Ideology*, Cambridge, MA and London: Harvard University Press 1992, 27면.

22) 고려의 군현제가 균일한 지방통치체제가 아니라 신분적 성격을 띤 것이었다는 점에 대해서는 旗田巍 『朝鮮中世社會史の研究』, 東京: 法政大學出版局 1972에 수록된 여러 논문들 참조.

23) 고려시대부터 조선초기에 걸친 거주형태를 삼변적(trilateral)이라는 개념으로 파악한 연구로 Mark A. Peterson, *Korean Adoption and Inheritance*, Ithaca: Cornell University Press 1996; 한국어판 김혜정 옮김 『유교사회의 창출 ── 조선 중기 입양제와 상속제의 변화』, 서울: 일조각 2000 참조.

24) 壇上寬 「中國專制國家と儒敎イデオロギ? ──'士'身分の變遷を通して」, 『史窓』 51號 (1994).

25) 井上徹 『中國の宗族と國家の禮制 ── 宗法主義の視點からの分析』, 東京: 硏文出版 2000 참조.

26) 水林彪 『封建制の再編と日本的社會の確立』, 東京: 山川出版社 1987, 154면.

27) 에도시대 막부의 법령 「武家諸法度」 제3조에 있는 문구, 같은 책 163면에서 재인용.

## 제7장

1) 『표해록』과 『당토행정기』에 관해서는 졸고 「최부 『표해록(漂海錄)』의 일역(日譯) 『당토행정기(唐土行程記)』에 대하여: 강호시대(江戶時代) 일본 유학자의 동아시아관과 그 딜레마」, 성균관대 대동문화연구원 『대동문화연구』 56집(2006)에서 상세히 논한 바 있다.

2) 이또오 유끼오가 중심이 되어 진행한 한일 연구자들의 이또오 히로부미 연구 성과는 伊藤之雄·李盛煥 編 『伊藤博文と韓國統治 ── 初代韓國統監をめぐる100年目の檢證』, 京都: ミネルヴァ書房 2009; 이성환·이토 유키오 엮음 『한국과 이토 히로부미』, 서울: 선인 2009로 한일 양국에서 동시 출판되었다. 일본어판을 입수할 수 없었기 때문에 여기서는 한국어판을 이용했다.

3) 伊藤博文 「日本の目的は韓國の扶植に在り」, 小松綠 編 『伊藤公全集』 第2卷, 昭和出版社 1928, 488면.

4) 「日本は韓國の獨立を認承す」, 같은 책 460면.

5) 일본 '봉건제'론의 형성, 성립과정과 현재의 역사교육에 미친 영향에 관해서는 이 책 1, 2, 3장을 참고하기 바란다.

6) 이 책 6장의 일본어 원문 「東アジア世界における日本の'近世化'」, 『歷史學硏究』 第821號(2006. 11)와 이에 대한 稻葉繼陽 『日本近世社會形成史論 ── 戰國社會論の射程』,

東京: 校倉書房 2009의 서장.

7) 稻葉繼陽, 같은 책 18~19면.

8) 같은 책 제8장.

9) 같은 책 396면.

10) 安丸良夫『日本の近代化と民衆思想』, 東京: 青木書店 1980, 33면.

11) 같은 책 53면.

12) 牧原憲夫 編『'私'にとっての國民國家論——歷史研究者の井戶端談義』, 東京: 日本經濟評論社 2003, 181면.

13) 西川長夫「日本型國民國家の形成」, 西川長夫·松宮秀治 編『幕末·明治期の國民國家形成と文化變容』, 東京: 新曜社 1995, 24~25면.

14) 西川長夫『增補 國境の越え方』, 東京: 平凡社 2001, 234면. 강조는 인용자.

15) 西川長夫, 앞의 글 26면.

16) 山田央子「栗谷李珥の朋黨論——比較朋黨論史への一試論」, 渡邊浩·朴忠錫 編『韓國·日本·'西洋'——その交錯と思想變容』, 東京: 慶應義塾大學出版會 2005 수록; 한국어판은 와타나베 히로시·박충석 공편『한국·일본·'서양'』, 서울: 아연출판부 2008.

17) 深谷克己「東アジア法文明と敎諭支配」, 早稻田大學アジア地域文化エンハンシング研究センター『アジア地域文化學の發展』, 東京: 雄山閣 2006, 179면

18) 조선시대 신분제의 존재양태를 동시대의 중국·일본과 비교한 연구로 미야지마 히로시「조선시대의 신분, 신분제 개념에 대하여」, 성균관대 대동문화연구원『대동문화연구』42집(2003) 참조. 덧붙이자면 '신분'이라는 용어는 조선시대에는 사용되지 않았고 근대가 되어 일본에서 수입되었다.


## 제8장

1) 이 책 6, 7, 9장 참조.

2) 무라이의 연구는 다수에 달하지만, 이 글과 관련해서는 다음 저작들이 중요하다. 村井章介「中世日本列島の地域空間と國家」,『思想』732(1985),『アジアの中の中世日本』, 東京: 校倉書房 1988에 재수록;『中世倭人傳』, 東京: 岩波書店 1993;『境界をまたぐ人々』, 東京: 山川出版社 2006.

3) 村井章介「地域と民族」, 歷史學研究會 編『戰後歷史學を檢証する』, 東京: 青木書店 2002, 69~79면.

4) 宮嶋博史·李成市 編『植民地近代の視座——朝鮮と日本』, 東京: 岩波書店 2004에 수록된 한국인 연구자의 모든 논고 참조.

5) 宮紀子『モンゴル時代の出版文化』, 名古屋: 名古屋大學出版會 2006. 위구르 출신 집단

으로는 이밖에 덕수(德水) 장씨(張氏)가 있으며, 이 집단에서는 조선시대에 10명
이 넘는 문과급제자가 나왔다.
6) 『八旗滿洲氏族通譜』, 1735~44, 한국 국립중앙도서관 소장.
7) 村井章介·入間田宣夫 對談「新しい中世國家像を摸索する」, 『歷史評論』 1986年 9月號,
20, 28면. 이 대담이 게재된 『역사평론』은 페이지 순서가 바뀐 부분이 있으므로
주의를 요한다.
8) 같은 글 15~16면.
9) 같은 글 21면.
10) 같은 글 17~18면.
11) 같은 글 21면.
12) 歷史學硏究會 編, 앞의 책 43면.


## 제9장

1) 이 책 6장(원문 「東アジア世界における日本の '近世化' —— 日本史硏究批判」, 『歷史學硏
究』 第821號, 2006)이 그것이다.
2) 富田宏治 『丸山眞男 ——「近代主義」の射程』 第4장, 神戶: 關西大學出版會 2001.
3) 加藤聖文 『「大日本帝國」崩壞』 中公新書, 東京: 中央公論新社 2009, 232~33면.


## 제10장

1) 동아시아공동체에 관한 움직임을 생각할 때 북한 핵문제를 빼놓을 수 없지만,
이 연표에서는 양적인 어려움도 있어서 이 문제에 관계되는 사건은 제외하기로
한다.
2) EAVG 보고서는 아세안 홈페이지(http://www.aseansec.org)에서 볼 수 있다.
3) EASG 보고서는 동아시아공동체평의회 홈페이지(http://www.ceac.jp) 참조.
4) 같은 곳 참조.
5) http://www.icsead.or.jp 참조.
6) http://eari.jimdo.com 참조.
7) http://www.cnc.chukyo-u.ac.jp 참조. 이 연구회에 앞서 1993년에는 동아시아(동
북아시아와 동남아시아)의 경제·정치·역사·문화를 종합적으로 파악할 것을 목
적으로 '동아시아지역연구회'가 조직되었는데, 이 연구회와 '동아시아근대사연
구회'는 그 회원이 상당수 중복된다.
8) http://www.cneas.tohoku.ac.jp 참조.
9) http://hamada.u-shimane.ac.jp/research/organization/near/ 참조.

10) http://www.kieas.keio.ac.jp 참조.

11) 上原專祿 編『日本國民の世界史』, 東京: 岩波書店 1960.

12) 니시지마의 책봉체제론에 대해서는 西嶋定生『中國古代國家と東アジア世界』, 東京: 東京大學出版會 1983 참조.

13) 토오야마·시바하라 논쟁에 대해서는 幼方直吉 等編『歷史像再構成の課題』, 東京: お茶の水書房 1966 참조.

14) 이시모다와 마루야마의 중국인식의 문제점에 대해서는 이 책 6장에서 논한 바 있다.

15) 1970년대까지 일본의 동아시아론에 대한 비판적인 논설로는 이 책 9장 참조.

16) 梅棹忠夫『文明の生態史觀』, 東京: 中央公論社 1967; 川勝平太『文明の海洋史觀』, 中央公論社 1987; 足立啓二『專制國家史論』, 東京: 栢書房 1998.

17) 대표적인 연구로 村井章『アジアのなかの日本』, 東京: 校倉書房 1988.

18) 荒野泰典『近世日本と東アジア』, 東京: 東京大學出版會 1988.

19) 아미노의 연구는 다양한 분야에 걸쳐 있는데 만년의 대표적인 저서로『日本社會の歷史』1~3, 東京: 岩波新書 1997 및『‘日本’とは何か』, 東京: 講談社 2000; 한국어판 박훈 옮김『일본이란 무엇인가』, 서울: 창비 2003 등이 있다.

20) 浜下武志『朝貢システムと近代東アジア』, 東京: 岩波書店 1997; 浜下武志·川勝平太 編『アジア交易圈と日本工業化』, 東京: リブロポート 1991.

21) 荒野泰典, 앞의 책 6~7면.

22) 대표적인 연구로 中村哲, 정안기 옮김『근대 동아시아 역사상의 재구성』, 서울: 혜안 2005.

23) 앞에서 소개한 ‘동아시아지역연구회’가 편찬한『講座 東アジア近現代史』1~6, 東京: 靑木書店 2001~2는 동아시아 근현대사를 전체적으로 파악한다는 목표에도 불구하고 역시 개별 논문을 모은 것이며, 일본의 위상이 분명치 않다는 인상을 받는다.

24) 谷口誠『東アジア共同體──經濟統合のゆくえと日本』, 東京: 岩波書店 2004, 2면.

25) 와다 하루키, 이원덕 옮김『동북아시아 공동의 집』, 서울: 일조각 2004; 강상중, 이경덕 옮김『동북아시아 공동의 집을 향하여』, 서울: 뿌리와이파리 2002 참조.

26) 森嶋通夫『日本にできることは何か』, 東京: 岩波書店 2000, 52면.

27) 같은 책 72~73면.

28) 같은 책 140~42면.

29) 같은 책 152~53면.

30) 같은 책 192~93면.

31) 일본 역사인구학의 이러한 문제점에 대해서는 미야지마 히로시, "The Present
Situation and the Subject of Korean Population History", *Sungkyun Journal of East
Asian Studies*, 4-2(2004) 참조.

32) 西尾幹二 責任編集『地球日本史』1~3, 産經新聞ニュースサービス 1998~99;『新地球
日本史』1, 扶桑社 2005.


## 제11장

1)『아사히신문』2000년 3월 12일.

2) 한국에서는 '유학'이라고 하는 경우가 일반적이지만 여기서는 일본에서 많이
사용하는 '유교'로 통일한다.

3) 山田博雄「福澤諭吉像の變遷: 政治經濟論をめぐる近年の議論を中心に」, 寺崎修 編『福澤
諭吉の思想と近代化構想』, 東京: 慶應大學出版會 2008.

4) 金榮作「〈특별기고〉福澤諭吉・ナショナリスト」, 현대일본학회『일본연구논총』
22(2005).

5) 한국의 후꾸자와 연구에 관해서는 林宗元「韓國における'福澤諭吉': 1920年代におけ
る福澤諭吉の硏究狀況を中心に」,『近代日本硏究』25(2008) 참조.

6) 이 책 7장 참조.

7) 임종원 옮김『후쿠옹자전(福翁自傳)』, 서울: 제이앤씨 2006, 27~28면. 아래 인용
문을 포함해 어미가 일관되지 않은 것은 원문대로이다.

8) 마루야마 마사오, 김석근 옮김「후쿠자와 유키치의 유교 비판」,『전중과 전후 사
이 1936-1957: 마루야마 마사오, 정치학의 기원과 사유의 근원을 읽는다』, 서울:
휴머니스트 2011.

9)『후쿠옹자전』25~26면.

10) 이 책을 후꾸자와는 1860년『(增訂)華英通語』로 일본어로 번역, 출판하기도 했
다. 국립중앙도서관 소장.

11) 정명환 옮김『문명론의 개략』, 서울: 홍성사 1986, 189면. 번역문을 일부 수정
했다.

12) 남상영・사사가와 고이치 옮김『학문의 권장』, 서울: 소화 2003, 21~22면.

13)『문명론의 개략』52면.

14) 같은 책 73~74면.

15) 같은 책 100면.

16) 같은 책 108~9면.

17) 과거 자체는 중국 수나라시대와 한국 고려시대부터 실시되었지만 관료 등용

제도로는 매우 불충분한 것이었다.

18) 일본, 한국 및 중국의 신분제 문제에 관해서는 미야지마 히로시 「조선시대의 신분, 신분제 개념에 대하여」, 『대동문화연구』 42집(2003) 참조.

19) 『문명론의 개략』 28~32면.

20) 마루야마 마사오, 앞의 글 64~65면.

21) 丸山眞男 「福澤に於ける實學の轉回: 福澤諭吉の哲學研究序說」, 『丸山眞男集』 제3권, 東京: 岩波書店 1995, 119~21면.

22) 마루야마의 유교와 중국의 정체성에 관한 인식은 마루야마 마사오, 김석근 옮김 『日本政治思想史研究』, 서울: 통나무 1995, 107~9면에 전형적으로 나타난다.

23) 安川壽之輔 『福澤諭吉のアジア認識: 日本近代史像をとらえ直す』, 東京: 高文研 2000.

24) 같은 책 21면.

25) 필자의 유교인식에 대해서는 미야지마 히로시 「儒教的近代について: 21世紀東アジア研究のパラダイム」, 한국일본학회 『日本學報』 84(2010)를 참조.

1장 일본 '국사'의 성립과 한국사 인식: '봉건제'론을 중심으로   원제 「日本におけ
る "國史" の成立と韓國史認識——封建制論を中心に」, 宮嶋博史·金容德 編『近
代交流史と相互認識 I』日韓共同硏究叢書 2, 東京: 慶應義塾大學出版會 2001;
한국어판『근대교류사와 상호인식 I』, 서울: 아세아문제연구소출판부
2001.

2장 식민지기 일본과 한국에서의 '봉건제'론(1910~45)   원제 「日本史·朝鮮史硏究
における "封建制" 論——1910年~45年」, 宮嶋博史·金容德 編『近代交流史と相
互認識 II: 日帝支配期』日韓共同硏究叢書 12, 東京: 慶應義塾大學出版會 2005;
한국어판『근대교류사와 상호인식 II: 일제강점기』서울: 아연출판부
2007.

3장 한일 고등학교 역사교육의 세계사 인식과 '봉건제'론   원제 「高校の歷史敎育に
おける世界史認識と "封建制" 論」, 宮嶋博史·金容德 編『近代交流史と相互認
識 III: 1945年を前後して』日韓共同硏究叢書 17, 東京: 慶應義塾大學出版會
2006; 한국어판『근대교류사와 상호인식 III: 1945년 전후』서울: 아연출
판부 2008.

　　이 세 논문은 한일공동연구포럼 역사2팀(근현대사)의 공동연구에 참
가하면서 집필한 것들이다. 이 포럼은 한일 간의 역사문제를 둘러싼 대
립을 강하게 의식하면서 양국의 지적 교류 촉진을 목적으로 조직된 것으
로, 양국 연구자가 7개 팀을 구성해서 시작되었다. 나는 김용덕 서울대

교수(당시)와 함께 역사2팀의 일본측 책임자로 이 포럼에 참가하였다. 이 포럼은 1기부터 3기까지 세번에 걸쳐 열렸는데, 우리 팀은 전체 주제를 '근대교류사와 상호인식'으로 설정해서 개항기·일제지배기·해방전후기를 연속적으로 연구한다는 계획을 세우고 출범하였다. 각기 3년의 연구기간을 가지고 토론과 논문 집필을 거듭하면서 이후 그 연구성과를 단행본으로 출판하였다. 매회 참가자는 달랐지만 합숙을 하면서 밤 늦게까지 술을 마시면서 마음껏 토론할 수 있는 대단히 좋은 기회였다.

나는 이 공동연구에서 근대일본의 역사학계에 지대한 영향력을 발휘해온 '봉건제' 문제를 연속적으로 연구했는데, 그 의도는 이 책의 서문에서 말한 대로이다.


4장 봉건제와 feudalism의 사이: 인문학과 정치학의 대화를 위해  성균관대학교 동아시아학술원 동아시아지역연구소『동아시아 브리프』7호(2007).

2007년 4월 13, 14일 동아시아학술원과 한국정치학회 공동주최로 개최된 국제심포지엄 '아시아의 도약과 미래'에서 했던 강연내용을 정리한 글이다. 참석자 거의가 정치학을 연구하는 사람들이었기에 사회과학·정치학과 역사연구의 접점을 찾는다는 입장에서 동아시아의 전통적 체제이념인 봉건제 문제와 근대 이후의 변용 및 그 현재적 의미를 제기한 것이다. 1~3장을 보완하는 의미가 있다고 생각되어 여기에 수록한다.


5장 근세일본의 조선인식: 임진왜란의 기억을 중심으로 동북아역사재단 편『동아시아의 지식교류와 역사기억』(동북아역사재단 2009).

2008년 12월 5, 6일에 열린 동북아역사재단 주최 국제심포지엄 '동아

시아 역사교류와 역사기억'에서 발표한 글이다. 조선후기의 한일관계는
통신사로 상징되듯이 우호적이었다고 인식되고 있지만, 다른 한편 일본
에서는 임진왜란에 대한 긍정적인 평가가 지배적이었음을 지적하고 그
것이 근대 이후 한국에 대한 침략정책으로 이어지게 되었음을 지적했다.

**6장 평화의 시각에서 다시 보는 일본 '근세화': 탈아적 역사이해 비판**  원제「東アジ
ア世界における日本の'近世化'──日本史研究批判」, 歷史學研究會 編『歷史學
研究』2006년 11월호; 한국어판 계간『창작과비평』2007년 여름호.

    이 논문은 원래 일본의 대표적 역사학회인 역사학연구회의 기관지 월
간『역사학연구』가 ''근세화'를 생각한다'('近世化'を考える)라는 주제로
낸 특집호에 편집위원회의 청탁을 받아 집필하였다. 이후 지금까지 이어
지게 된 일본사 연구를 직접 비판하는 작업의 계기가 된 논문이다. 한국
어판은『창작과비평』편집부의 의뢰를 받아 번역, 게재하였다.

**7장 일본사 인식의 패러다임 전환을 위하여: '한일병합' 100주년에 즈음하여**  원제
「日本史認識のパラダイム轉換のために: '韓國併合'100年に際して」,『思想』
2010년 1월호; 한국어판 계간『창작과비평』2010년 여름호.

    본래 이와나미서점의 잡지『시소오』2010년 1월호 특집 ''한국병합'
100년을 묻는다'에 게재된 글이다. 이 특집은 2008년부터 기획, 준비된
것으로, 일본이 한국을 병합한 지 100년이 되는 2010년에 역사연구자
로서 지금 '한국병합'을 묻는 의미를 생각하기 위해 마련되었다. 2년간
에 걸쳐서 연구회를 거듭하면서 준비된 특집이어서 많은 호응을 받을 수
있었다. 이 특집호는 최덕수 교수의 수고로 전체가 한국어로 번역, 출판

되기도 했다(미야지마 히로시 외 지음『일본, 한국 병합을 말하다: 일본
의 진보 역사학자들이 말하는 한국 강제 병합의 의미』, 파주: 열린책들
2011).

**8장 한국사 인식의 함정**  원제「朝鮮史認識の陷穽」, 國立歷史民俗博物館 編『「韓國
倂合」 100年を問う: 2010年8月シンポジウム』, 東京: 岩波書店 2010.

　　『시소오』 2010년 1월 특집호 기획을 이어받아 2010년 8월 7, 8일 개최
된 심포지엄 ‘ ‘한국병합’ 100년을 묻는다’에서 발표한 글이다. 이 심포지
엄은 한일 간 역사문제를 해결하기 위한 계기를 만들기 위해 기획된 것
이었는데, 이틀간 1천명을 훨씬 넘는 많은 사람들이 참가했다. 그때의 열
기는 어디로 갔는지, 지금의 일본은 2011년의 대재해를 경험하면서 내
향적으로 방향을 선회한 것 같아서 우려하지 않을 수 없다.

**9장 ‘방법으로서의 동아시아’를 다시 생각한다**  원제「方法としての東アジア再考」,
歷史科學評議會 編『歷史評論』 2011년 1월호.

　　이 논문은 역사학연구회와 더불어 일본의 진보적 역사학회를 대표하
는 단체인 역사과학평의회의 기관지『역사평론』이 기획한 ‘ ‘전후역사
학’과 역사학의 현재’라는 특집에 게재된 것이다.『역사평론』에 일찍이
「방법으로서의 동아시아」라는 논문을 게재한 적이 있었는데, 이번 논문
의 제목은 그 논문을 의식한 것이다. 2차대전 이후 일본 역사학계를 주도
해온 ‘전후역사학’이 1980년대에 들어와 점점 쇠퇴하게 되었는데, 그 원
인과 극복방향을 모색하는 데에 이 특집의 의도가 있었다.

10장 일본 동아시아공동체론의 현주소 『역사비평』 2005년 가을호.

이 논문은 『역사비평』 편집부의 의뢰를 받아서 집필한 것이다. 당시만 해도 일본에서 동아시아공동체에 대한 관심이 고조되어 있었는데, 그후 일본이 중국과 대항하기 위해 미국과의 관계를 중시하는 정책을 실시하면서 이러한 논의도 퇴색하기에 이른 상태다.

11장 후꾸자와 유끼찌의 유교인식  한국실학학회 편 『한국실학연구』 23호(2012년 6월).

2010년 10월 7일 개최된 대진대학교 대학원 학술회의 '동아시아 유교문화와 근현대'에서 발표한 논문을 바탕으로 『한국실학연구』에 투고한 글이다. 근대 이후 일본의 유교인식에 큰 영향을 끼친 후꾸자와 유끼찌의 유교인식과 후꾸자와 연구자의 유교인식을 비판적으로 검토하면서 유교에 대한 인식이 한국과 중국에 대한 인식과 깊은 관계를 가짐을 논의했다.

미야지마 히로시(宮嶋博史)

1948년 일본 오오사까 출생. 쿄오또대학 문학부를 졸업하고 동 대학원 박사과정을 수료했다. 토오꾜오대학 동양문화연구소 교수를 거쳐 2002년부터 성균관대 동아시아학술원 교수로 재직 중이며 2010년부터 토오꾜오대학 명예교수로 있다. 조선시대 사회·경제사를 연구하여 동아시아적 시야에서 한국사를 파악하는 데 주력해왔으며 한일 역사학의 교류와 소통에 힘쓰고 있다. 주요 저서로『朝鮮土地調査事業史の硏究』『양반』(일본어판『兩班』)『미야지마 히로시, 나의 한국사 공부』 외에『조선과 중국 근세 오백년을 가다』(일본어판『明淸と李朝の時代』)『植民地近代の視座』(한국어판『국사의 신화를 넘어서』)『동아시아 근대이행의 세 갈래』『일본, 한국 병합을 말하다』(이상 공저)『근대교류사와 상호인식 I~III』(공편) 등이 있다.

일본의 역사관을 비판한다

초판 1쇄 발행/2013년 3월 29일
초판 2쇄 발행/2013년 7월 19일

지은이/미야지마 히로시
펴낸이/강일우
책임편집/김정혜
펴낸곳/(주)창비
등록/1986년 8월 5일 제85호
주소/413-120 경기도 파주시 회동길 184
전화/031-955-3333
팩시밀리/영업 031-955-3399 편집 031-955-3400
홈페이지/www.changbi.com
전자우편/human@changbi.com

ⓒ 미야지마 히로시 2013
ISBN 978-89-364-8262-6 03910